北京

历史

口述

找寻京郊旗人社会

——口述与文献双重视角下的城市边缘群体

邱源媛 著

北京出版集团公司
北京出版社

图书在版编目（CIP）数据

找寻京郊旗人社会：口述与文献双重视角下的城市
边缘群体／邱源媛著. — 北京：北京出版社，2014.10
　　（北京口述历史）
　　ISBN 978 - 7 - 200 - 10932 - 0

　　Ⅰ . ①找… Ⅱ . ①邱… Ⅲ . ①满族—民族社会学—史
料—北京市—清代 Ⅳ . ①K282.1

中国版本图书馆 CIP 数据核字（2014）第 202106 号

北京口述历史

找寻京郊旗人社会——口述与文献双重视角下的
城市边缘群体
ZHAOXUN JINGJIAO QIREN SHEHUI——KOUSHU YU WENXIAN
SHUANGCHONG SHIJIAO XIA DE CHENGSHI BIANYUAN QUNTI
邱源媛 著

*

北 京 出 版 集 团 公 司
北 京 出 版 社　　出版
（北京北三环中路6号）
邮政编码：100120

网　　　址：www.bph.com.cn
北 京 出 版 集 团 公 司 总 发 行
新 华 书 店 经 销
鸿博昊天科技有限公司印刷

*

787 毫米×1092 毫米　　16 开本　　18 印张　　280 千字
2014 年 10 月第 1 版　　2014 年 10 月第 1 次印刷
ISBN 978 - 7 - 200 - 10932 - 0
定价：58.00 元
质量监督电话：010 - 58572393

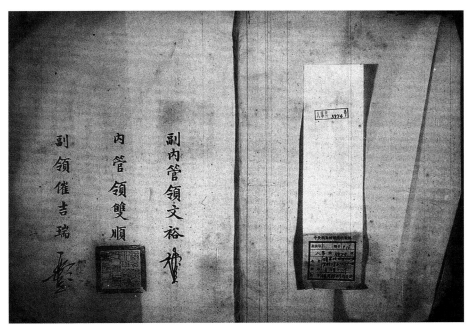

镶黄旗四班双顺管领下食家口人丁户口册 1（光绪十六年，1890年）

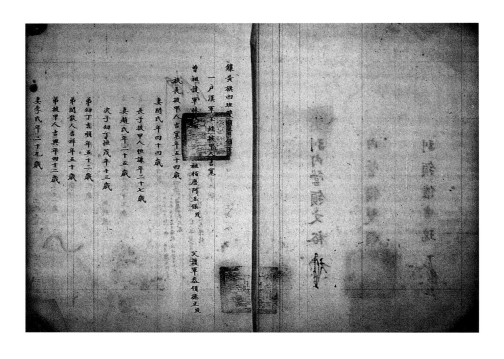

镶黄旗四班双顺管领下

一户汉军　吉宽

曾祖护军永禄丁

祖护领原阿玉保丁

父护军太领德主丁

故长故甲人吉宽年五十四岁

妻阎氏年四十四岁

长子放甲人世袭年二十七岁

妻赵氏年二十五岁

次子幼丁无茂年十三岁

弟闲丁吉顺年五十二岁

弟闲散人吉祥年五十岁

弟故甲人吉兴年四十二岁

妻李氏年三十九岁

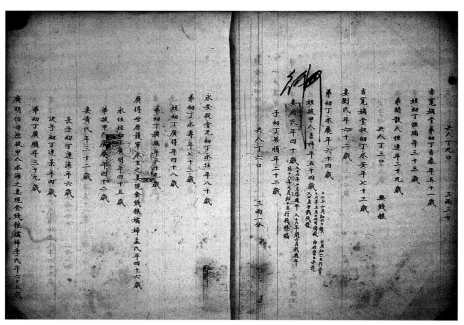

共人丁九口

三两三分

吉宽摘堂幕幼丁吉春年五十一岁

娃幼丁恒瑞年三十三岁

弟闲散人惟连年二十九岁

共人丁三口

无钱粮

吉宽摘堂叔幼丁永安年七十三岁

妻刘氏年六十二岁

弟幼丁永庆年六十四岁

妻阎氏年四十岁

娃放甲人吉祥年五十四岁

子幼丁英顺年二十二岁

共人丁六口

三两一分

永安从宣兄幼丁永往年八十岁

弟幼丁永寿年七十二岁

娃幼丁广得年四十八岁

弟幼丁广瑞年三十九岁

广得母原护军永生之妻现食钱粮

娃王氏年四十六岁

长子幼丁连镇年六岁

次子幼丁连荣年四岁

弟放甲人广庆年四十二岁

妻贾氏年三十二岁

弟幼丁广顺年三十九岁

广明伯母原故甲人永海之妻现食钱粮娃婿李氏年六十五岁

镶黄旗四班双顺管领下食家口人丁户口册2（光绪十六年，1890年）

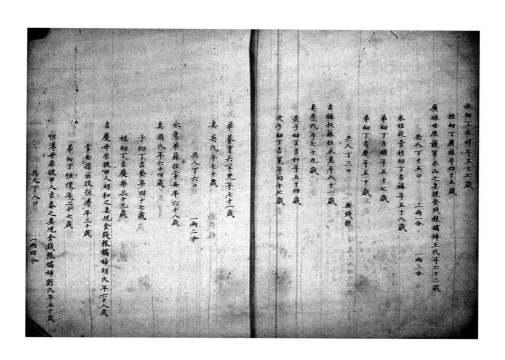

叔妇丁永祥年五十七歳
姓妇丁广禄年四十五歳
广禄母原籍军永山之妻现食钱粮婚娉王氏年六十三歳
　　共人丁十五口　　三两二分
永住堂姓妇丁吉福年四十八歳　　一两三分
弟妇丁吉湘年五十七歳
弟妇丁吉庆年五十三歳
次子妇丁吉宽年四十七歳
长子妇丁吉和年五十四歳
妻季氏年七十九歳
　　共人丁三口　　无钱粮
吉福叔苏拉永惠年八十一歳

弟养育兵午兜年七十一歳
妻吴氏年七十歳
　　共人丁六口　　一两二分
永惠弟珠拉常安年六十八歳
妻周氏年六十四歳
吉庆母原籍甲人朝和之妻现食钱粮婚娉胡氏年六十八歳
姓妇丁吉庆年三十九歳
常安语匠钱恒薄年三十歳

弟妇丁恒俊年二十七歳
恒薄母原籍甲人吉春之妻现食钱粮婚娉刘氏年五十歳
　　共人丁入口　　一两四分

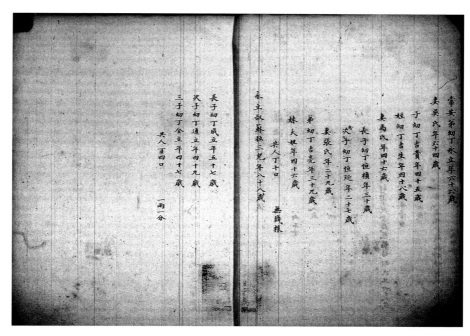

常安第妇丁永立年六十六歳
妻吴氏年六十四歳
子妇丁吉贵年四十五歳
姓妇丁吉生年四十八歳
妻马氏年四十六歳
长子妇丁恒横年三十歳
次子妇丁恒延年二十七歳
弟妇丁吉亮年三十九歳
妻张氏年二十九歳
妹大妞年四十六歳
　　共人丁十口　　无钱粮
永立永苏拉三兜年八十八歳

长子妇丁成立年五十七歳
次子妇丁通立年四十九歳
三子妇丁全立年四十七歳
　　共人事四口　　一两一分

镶黄旗四班双顺管领下食家口人丁户口册3（光绪十六年，1890年）

镶黄旗蒙古世管佐领家谱裁职原由档（嘉庆十八年，1813年，局部）

正黄旗崔户头目王泽纯名下罗永财家谱（光绪三年，1877年）

北京市顺义区北河村于池家谱

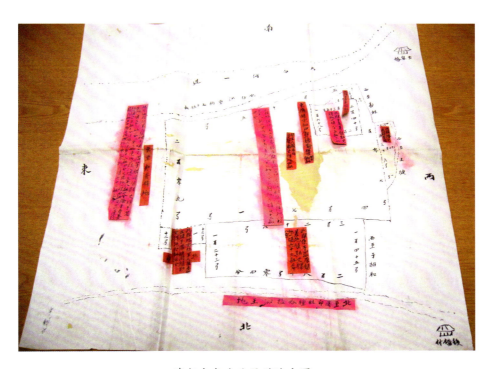

清朝末年庄头于满地亩图

順義縣公署行政公署傳票

為傳案事查有下坡村村正內務府催領商女娶遊不禁其經手祖賬不齊等

情據出有種種示不課被留置各佃因多現實不前有得違行請飭傳查該

催頭現無村正體統收關未子差傳飭由該者察如所請傳

案到署以憑訊究誤違轉催始報前來報到礙難准于佃村辦理祖賬理

合查照員問其始經礙務迅即託詞聽送來局即其自應名分所

該催頭不將及將祖賬補送來局佃戶礭有現實情形誠屬有歸

違章違報能再于始查詢幹催前往該村嚴催商女娶務於

司內將其責成隹之理印違章繳備留置佃租賬簿報送至現種之地亦不

押違切切速諭計傳 下坡村佃戶娶女商 信匾下坡村

中華民國十六年十月 十 日

知事劉

局長張

主编的话

定宜庄

    这套《北京口述历史》是由北京出版集团与我，以及几位年轻同人共同策划的。我们的宗旨，是希望用口述历史的方式，为北京这个城市独一无二的历史文化，以及它所经历的这百余年的变迁，尽我们所能地，留下一些记录，哪怕只是些断片和残影。

    北京作为一个数百年的"京城"，一个大国的首都，研究和介绍它的各种学术著作和其他出版物，乃至描述它的故事的文学作品和民间传说，早已经是汗牛充栋。而我们这个口述系列与其他诸多作品的不同，就在于这是以北京人自己的口，来讲述的他们在这座城市所亲历的生活、感受，以及对祖先记忆的一套丛书。我们试图以这样一种具有学术规范的访谈方式，让北京人自己说话，自己来展现他们的性格与待人处事的特点，反之也通过他们，来深入具体地观察北京这个城市和它的历史。

    之所以选择这样一个角度，是因为北京的文化，与其他任何"文化"一样，它的载体都是"人"。无论这种文化的历史多么悠久、多么辉煌灿烂，一旦承载着这种文化的"人"逝去，那些名胜古迹、琼楼玉宇、风味美食、时尚服饰，便都成为徒具形式的空壳而再无灵魂。而"人"的变化和消失，又远远比"物"更为迅速，尤其是在如今这个因"城市化"而使旧的一切都急剧消失的时刻。

    如今是个"大家来做口述史"的时代，口述史的重要性已经被越来越多的人们认知，以口述的方式记录各种事件、各种人物的做法正在

1

遍地开花。但即便如此，像我们这套系列所提出的主题之厚重和想要完成的规模之宏大，在以往国内口述史中还不多见，这对我们来说也是一场挑战，正是出于对北京城的感情和对抢救它的文化的急切，我们这套丛书的所有作者和编辑才会走到一起，才情愿以我们艰苦的努力和探索，来完成我们共同的心愿。至于这个尝试能否达到预期效果，还需读者的检验。

这套丛书既然做的是北京人的口述历史，就有必要先将何为"北京人"交代一下。

首先是时间的断限。如今北京居民中的大多数都是在清朝覆亡之后陆陆续续从全国各地涌入的，据1937年的人口统计，民国之初北京人口不足百万。民国四年（1915年）将京城四郊划入，人口增至120万。迄至1937年，北京人口为150万人左右。到1949年，常住人口达到420万。此后一直持续增长，到1990年就已经突破千万。到2009年，则已经突破了3000万。尽管这3000万人口毫无疑问地都是今天的北京人，但如果我们将这么庞大的人群都划在我们的口述访谈之内，范围就未免太大了。

本来，我们拟将寻访的"北京人"限定在1949年以前来京的420万人口之内。但在实际操作过程中，却发现在20世纪50年代初期那个新旧政权交替、新的政治制度和社会生活开始创立并生长的时代，有着更为生动丰富的内容，并对北京的今天仍然产生着重大的、持续的影响，将这一切记录下来，也许比此前的某些内容更有意义。而亲身经历过这个时期并且能够述说的人，如果以当时18岁计算，到如今六十余年，也都已经80岁有余，也就是说，如果再不抓紧记录，不出几年，对这段历史的所有记忆也都会迅速消逝。所以，我们不得不将寻访的北京人的时间断限再延后五年左右，也就是将20世纪50年代初期进入北京的人也包括在内，并将这一特定时期的历史，也与老北京一样，作为我们进行访谈的重要目标之一。

其次，是北京所辖区域的界限。民国以来，北京的行政区划变动频繁复杂，总的趋势是城市不断扩大，四周的区县被不断划入城市之中。简要地说，民国十九年（1930年）北京被降为北平特别市，管辖区域包括内城六区、外城五区和东西南北四个郊区；1945年以后作出调整，为内城七区、外城五区和八个郊区。直到1949年，这种"内七、外五、郊八"的区级区划仍然保持着。1949年以后，北京的行政区划又经历了多次的大调整，其中变动最大的一次在1958年，当年3月将河北省通县专区所属通县、顺义、大兴、良乡、房山等五县及通州市划入北京市。撤销通县和通州市，合并设立通州区；撤销良乡、房山二区，合并设立周口店区；撤销大兴县，改为大兴区；撤销南苑区，划归朝阳区、丰台区和大兴区；撤销顺义县，改为顺义区。同年10月又将河北省所属怀柔、密云、平谷、延庆四县划入北京市。到1958年底，北京市下辖13个市辖区、4个县。以后又经过撤区设县、撤县设区等反复调整，到2010年为止，北京共有14区2县，① 我们相信，北京市辖区的范围还在继续拓展中而远未停止。

我们决定将访谈的"北京人"范围扩展到郊区包括远郊区县，是出于这样几个考虑：

第一，清朝时的北京，是皇室与八旗官兵居住的重地，不仅驻扎在京郊与京师周边的八旗营房的官兵与京城内的旗人属于同一整体，是京师八旗中不可分割的组成部分，而且为皇室供应粮草和各种生活必需品的八旗庄园，也都主要分布在京郊各地，他们被纳入专为皇室而设的机构——内务府的名册之内，其生活方式乃至心态，都与皇室、与京城有着千丝万缕的联系而不同于一般以务农为生的农民。所以，当我们将清代京师旗人的生活形态纳入我们的访谈重点时，也不得不将这些人包括

---

① 北京具体的行政区划为：①首都功能核心区：东城区、西城区（相当于过去的城区）；②城市功能拓展区：海淀区、朝阳区、丰台区、石景山区（相当于过去的近郊区）；③城市发展新区：通州区、顺义区、房山区、大兴区、昌平区；④生态涵养发展区：怀柔区、平谷区、门头沟区、密云县、延庆县。（③与④相当于过去的远郊区。）

在内。

再者，如今城市改建拆迁规模空前，人口流动异常活跃，大量世代居住于城内的老北京人已经迁居在郊区甚至远郊区的居民小区之中，城市与郊区的区别已经越来越不明显。事实上，这种变化早在 1949 年之后即已开始，尤其是城墙被拆除、大量郊区县被划入北京市之后。老北京胡同的生活既然已经成为越来越久远的记忆，我们对北京人生活的寻访，也无法仅仅局限于胡同之间。

当然，即使我们将口述访谈的时间和地域范围都予以扩大，还是尽量以 1949 年以前生活在四九城之内的北京人为重点。从时间上说，我们希望被访者年龄越大、记忆的年代越久远越好；而从地域上说，即使访谈的范围扩展到京郊，我们寻访的，主要也还是那些依赖京城为生、而非以务农为主的人们，我们想要展示的，主要还是城郊与城市之间存在的相互依存、难以割舍的关系，因为这也是北京城的一个显著特征。

正如人们都知道的那样，虽然口述史目前正处于方兴未艾的阶段，但作为一个学科，至少在中国还尚不成熟，有关它的理论、实践与整理等各方面的探索都还在进行之中，口述史究竟应该如何来做，也就没有一定之规。正因为如此，我们这套口述史系列强调的，是无论从题材和风格上都能够不拘一格，能够根据参与者的学科所长和特定条件，来进行多学科、多角度的尝试。譬如将口述史的访谈与人类学的田野作业结合，或者以口述与史家所擅长的考证与检索文献相参照，等等。从题材上，可以是一个人的传记，也可以是一个人群、一个家族的记忆，还可以是一个店铺、一所学校的历史。总之，能够通过我们的工作，为北京这个城市的历史和文化开拓更多的研究视角与领域，是我们努力的方向。

目　录

图 表 目 录

序

  说起北京文化，人们总是会对前门外的天桥、宣武门外的会馆津津乐道，这些带有浓郁汉族色彩的所在，已经成为北京文化的标志。可人们却在有意无意间忽略了一个事实，即曾经对北京历史、文化风貌产生过深刻影响的大清王朝是由旗人①建立、统治的，北京文化与旗人密不可分。旧时的北京有句老话"不分满汉，但问旗民"，旗人与民人是清代北京社会成员的基本分野。谈起老北京，但凡带有"京味儿"的东西，几乎都渗透着旗人的影响。② 离开旗人的历史和文化，所谓的"京味儿"便无从谈起。

  近年来，北京城内的旗人文化逐渐得到学术界、文化界的重视③，也引起普通百姓的广泛关注，但凡此种种大多限于城区，郊区大量的旗人群体尚未进入大众视野④。随着整体史研究的兴起，城市郊区，即城市边缘的研究，成为 Urban History（城市史）中的重要组成部分。与以往 History of city（城市的历史）相比，Urban History 不再是单纯地描述城市发展历史，而是将城市看作有机的社会主体，将城市化视为特定环

---

  ① "旗人"，是清代八旗成员的统称。"满族"一称的正式出现和使用，始于 20 世纪 50 年代中国民族识别。此前，概而言之，八旗成员被称为"旗人"。辛亥革命前后，曾出现过"旗族"一词，但该词流传时间短暂，范围并不广泛。因此，在对该人群的称呼上，本书除了引用他人文章、访谈或涉及他人观点，为尊重本人意见，采用其所之词外，其余用词，原则上以时间为界限：20 世纪 50 年代之前，使用"旗人"；20 世纪 50 年代之后，使用"满族"。

  ② 参见刘小萌：《清代北京旗人社会》，中国社会科学出版社 2008 年版。

  ③ 主要代表著作如金启孮：《北京城区的满族》，内蒙古大学出版社 1989 年版；刘小萌：《清代北京旗人社会》，中国社会科学出版社 2008 年版等。

  ④ 金启孮：《北京郊区的满族》对此有相对集中的阐述，内蒙古大学出版社 1989 年版。

境和历史条件下发生的广泛的社会运动过程，以城市的社会集团矛盾、都市环境与人类生活的相互影响为主要研究目的，从整体史的角度考察城市的变迁。在这种研究模式下，城市边缘成为城市史研究中无法割裂而且相当重要的一部分。然而，当前的北京城市史中，循此路径而展开的研究并不多见，这成为本书关注北京城郊的出发点之一。

1644年之后，旗人进入山海关，在畿辅（今天的北京、天津、河北等地）各个地区定居下来，形成层层环绕京师的完整的军事戍防和社会生活体系。这些旗人中，除了征战沙场的八旗兵丁之外，还有诸如庄头、壮丁等人群。所谓庄头、壮丁，就是生活在八旗庄园体制下的旗人群体。八旗庄园制度源于入关前的努尔哈赤时期，是后金国的一种生产组织单位。庄，大体上可分为皇庄、王庄、八旗官庄等。以壮丁（庄奴）从事生产，并从中选择一名经济条件较好、有管理能力的壮丁充任庄头以管理庄务，为王公贵族和普通旗丁提供了生活保障。该群体达数十万乃至百万之众，他们中不少人便居住在现今的北京郊区，曾经是该地区的主要居民。

遗憾的是，该群体虽然人数庞大，对于北京的历史和社会也曾产生过深刻影响，但由于种种原因，逐渐被后人忽略，或者与其他人群相混淆。时至今日，他们的历史渊源和祖先记忆，更是在一代一代的沉寂中逐渐泯灭，被众人，也包括他们自己慢慢淡忘。京郊旗人后裔，便是本书的主人公；探访该人群、问寻其祖先的故事，即是本书的主题。

基于主题与研究方式，本书希望做一次尝试，即将口述访谈、民间文献和官方史料相结合，在多重视角下考察清代畿辅地区庄头旗人社会及其后人的生活。

当年的旗人后代，如今仍然在这片土地上平静地繁衍和生活着，老人们用自己的记忆方式淡淡地讲述着祖先的故事。在时间的磨蚀中，有的记忆正逐渐消失，有的变得支离破碎，而有的却在祖祖辈辈的口耳相传中，不断重复、塑造，最终固化。

正是这些模糊的记忆以及各种不确定因素，让该群体长期隐匿于京、津、冀等地的村村落落，融于其他人群之中，也使得我们不得不在田野与文献中，点点滴滴"寻找"他们的踪影。最初的"寻找"迷雾重重，田野中的口述访谈不断出现让人意外的疑问，茫然之中，只能转而求索于文献。文献是一把钥匙，是"寻找"这群人的起点和基础，它弥补了口述中缺失的历史，是田野调查不可缺少的依据和引导。依凭文献指引的方向，我们回到田野，用文献去度量口述；反之，再以口述来反思历史。从口述到文献，再从文献回到口述，这样的过程不断反复，记忆的碎片逐渐被拼合连缀，历史的脉络也逐渐清晰。

人类的历史，就如同拥有无数棱面的水晶体，无论是口述，还是各类文献，都是一个个相对独立而又彼此关联的棱面。每个棱面在构成整体的同时，都会透射出自我个性的独特光彩。本书希望通过不同层面、不同方式的叙事（文献记载、口述记忆），从一个侧面，向读者展示一部京郊旗人群体历史兴衰与沉浮的"生命史"。正是这一幅幅众生画卷，构成了凝重而悠远的北京城市史。

第一章　被遗忘的人群

——寻找北京郊区的皇粮庄头

　　本书讲述的是一个"寻找"的故事，寻找什么呢？一个人群，一个如今生活在北京郊区的普通人群。他们散居在京郊的各个村落中，当我们偶然发现他们，并一个村子一个村子寻访他们的时候，并没察觉到他们与村里的其他旁人有什么区别。与当今中国社会变迁大潮中无数个村落的情形一样，老人在家留守着少量的土地，年轻人或在镇上，或到北京城里工作、谋生。他们默默无闻地生活着，与其他居民完全融合在一起，服饰、语言、习俗毫无二致，就像一汪水，没有任何界线。如果不是某种机缘巧合，如果不是我们执拗地刨挖着数百年前的故纸堆，他们的故事，或许依然不会被任何人注意，包括他们自己。

　　正是这群普通的农人，数百年前，甚至直到数十年前，他们的社会地位、经济状况和生活境遇与当地的普通居民迥然不同。让我们将时间回溯到清代，如今的北京郊区，那时候，大都属于顺天府①管辖。在这里，不仅生活着汉族老百姓，当时被称为民人，还有加入八旗组织的旗人。旗人、民人混居在这片土地上，我们要寻找的就是旗人中的一支。与他们的后人相遇，说起来有很大的偶然性，但其实也是一种必然，因

---

① 清代顺天的辖区在清初多有变化，直至乾隆八年（1743）才固定下来，共领五州十九县，划分为四个厅。西路厅的同知驻卢沟桥拱极城，分管涿州、大兴、宛平、良乡、房山；东路厅驻张家湾，分管通州、蓟州、三河、武清、宝坻、宁河、香河；南路厅驻黄村，分管霸州、保定、文安、大城、固安、永清、东安；北路厅驻沙河镇巩华城，分管昌平州、顺义、怀柔、密云、平谷。

为在当前北京郊区和河北的农村，这些人群的后裔散落于村村落落，比比皆是，只不过他们自己不知道，我们也没意识到而已。

他们到底是一群什么样的人呢？传奇小说中有不少他们的影子，戏曲中有许多他们的故事，清代的官方正史对他们有着详尽的记载。但他们在各处的形象却是那么的不同，让人疑惑。这些谜团紧紧地吸引着我们，于是，翻阅一页一页档案史籍，走进一个一个京郊村落，我们固执地追寻着他们的踪迹，寻找现实生活中真实的他们。

"寻找"，追寻的是故事；而"寻找"本身，其实就是故事。让我们一起走进"寻找"的故事吧。

一、庄头"脸谱"种种

正如前文所述，庄头负责管理八旗庄园，为皇室、王公贵族、八旗兵丁服务。本书考察的重点皇粮庄头，即是指专门为皇室提供粮食的皇庄的头目，也被称为大粮庄头。有清一代，他们生活在近畿五百里①以及山海关外的广大地区。只要略熟悉些中国古代文学和戏曲的人，对这个称呼都不会感到太陌生，他们为富不仁、作恶多端的地主老财形象，在各类作品中俯拾皆是。比如流行于晚清的民间通俗小说《施公案》②，里面就有多起皇粮庄头横行霸道，因属皇差，气焰嚣张，结果遭到施公与黄天霸等人铲除的故事。从《施公案》取材的京剧《霸王庄》中，有一位抢粮盗首于七的表兄、称霸一方的皇粮庄头黄隆基，瞧他的扮相，勾蓝膛花三块瓦脸、勾宽眉、尖眼窝、眉尖套红，夸张地展现了这位皇粮庄头凶狠奸诈、骁勇威煞、急躁火爆的性格，这便是当时人们心目中庄头的典型形象。

---

① 近畿五百里，一般而言，主要指畿辅地区，即京城周围的地区。

② 《施公案》，晚清民间通俗小说。亦称《施公案传》《施案奇闻》《百断奇观》，8卷，97回，未著撰者。大约由于其故事始于说书，后经人加工整理敷演而成。现存道光四年（1824）刊本，有嘉庆三年（1798）序文，可推知它大约成书于嘉庆年间。

图 1－1　《霸王庄》皇粮庄头黄
隆基

　　悠悠百年，清代的历史早已经成为前朝往事，可皇粮庄头的形象却
依旧深深地刻在人们的脑海中，没有多少改变。有"大运河之子"之
称的现代作家刘绍棠在 20 世纪 80 年代初撰写的小说《蒲剑》，开篇就
把皇粮庄头的形象描绘得活灵活现：

　　　　蒲柳春的爷爷蒲老大，是当年义和团的大师兄，死在皇粮庄头
　　王二皇上手里。

　　　　清朝皇室入主北京以后，跑马圈地，多尔衮王爷圈占了天子脚
　　下的运河滩，打发他的一个姓王的奴才当皇粮庄头。从此，运河滩
　　的黎民百姓世世代代为奴，给王爷开出百顷百顷的肥田沃土，栽起
　　大片大片长满着摇钱树的果园，打上满船满船的鲜鱼肉虾。多尔衮

王爷住在北京王府里，从没有驾临过运河滩。只是姓王的庄头每年两趟进京，送去一驮驮白花花的银两，运去一船船丰盛甘美的土产……姓王的庄头也盖起高墙大院，像一座拔地而起的恶山，盘踞在运河滩上。

姓王的皇粮庄头传到第八代，就是这个王二皇上，更比他的老祖宗穷凶极恶。他私立公堂，凡拖欠田租的佃户，口出怨言的长工，轻则一顿毒打，押入水牢；重则处死，拦腰挂上石头，沉下河去，尸骨无收。①

这样的描述，当然摆脱不了当时特定的革命文学描写阶级斗争、阶级敌人的套路，但庄头尤其是皇粮庄头，那种"仗势欺人、横行乡里"的形象，已经形成一种固定的人物模式。甚至就连今天的网络小说《庚子七侠》，仍然以"皇粮庄头狐假虎威享威福，天子脚下为害黎民丧天良"为标题，人们对这一群体如此固化的记忆，耐人寻味。

实际上，庄头还有另一面形象，这在文学作品中也有反映，但相对而言，却不那么受人们注意。《红楼梦》贾蓉撺掇贾琏迎娶尤二姐一节，贾蓉曾说过一段话：

我二姨儿（指尤二姐）……不是我老爷养的，原是我老娘带了来的。听见说，我老娘在那一家时，就把我二姨儿许给皇粮庄头张家，指腹为婚。后来张家遭了官司败落了……我老娘时常抱怨，要与他家退婚。我父亲也要将二姨转聘。只等有了好人家，不过令人找着张家，给他十几两银子，写上一张退婚的字儿。想张家穷极了的人，见了银子，有什么不依的？再他也知道咱们这样的人家，也不怕他不依。②

---

① 《蒲剑》，载《刘绍棠文集》卷7，北京十月文艺出版社，2000年版。
② 《红楼梦》第六十四回。

这里面说的张家就是皇粮庄头。

此外，还有那位岁末给宁府送年货的"黑山村乌庄头"乌进孝，虽年事已高，却依然踩着四五尺的深雪，驾车走了一个来月。当他小心翼翼地来到贾珍面前，呈交上一份价值二三千两银子的年货单子，换来的却是贾珍的苛责："这够做什么的！"

让我们来看看乌庄头的年货单子吧：

大鹿三十只，獐子五十只，狍子①五十只，暹猪②二十个，汤猪③二十个，龙猪④二十个，野猪二十个，家腊猪⑤二十个，野羊二十个，青羊二十个，家汤羊⑥二十个，家风羊⑦二十个，鲟鳇鱼⑧二百个，各色杂鱼二百斤，活鸡、鸭、鹅各二百只，风鸡、鸭、鹅二百只，野鸡、野猫各二百对，熊掌二十对，鹿筋⑨二十斤，海参五十斤，鹿舌五十条，牛舌五十条，蛏干⑩二十斤，榛、松、桃、杏瓤各二口袋，大对虾五十对，干虾二百斤，银霜炭⑪上等选用一千斤、中等二千斤，柴炭三万斤，御田胭脂米⑫二担，碧糯五十斛，白糯五十斛，粉粳五十斛，杂色粱、谷各五十斛，下用常米一千

① 狍子，鹿的一种，肉味美。
② 暹猪，从泰国引进的较为稀有的猪，肉鲜美。
③ 汤猪，用热水烫洗并去毛的猪。
④ 龙猪，龙猪为杂色猪，或称花猪。
⑤ 家腊猪，经过加工的咸猪肉。
⑥ 家汤羊，用热水烫洗并去毛的羔羊。
⑦ 家风羊，晾晒风干的羊肉干。
⑧ 鲟鳇鱼，呈纺锤形，无鳞，背有骨甲，鼻特长，其脂肪如黄蜡。
⑨ 鹿筋，鹿的筋腱，为名菜中珍品。
⑩ 蛏，蚌的一种，长二寸许，壳长方形，肉白色而味美。蛏干又名蛏子干，是蛏肉的干制品。
⑪ 银霜炭，呈银白色的木炭，是一种名贵树木烧成的炭。
⑫ 御田胭脂米，一种优质稻米，煮熟后色红如胭脂，有香气，味腴粒长。据清代刘廷玑《在园杂志》及《顺天府志》记载，胭脂米是康熙帝在丰泽园御田布种的玉田稻种的良种，因而也叫玉田米，为内膳所用。此良种后分布种于京郊御田，故称御田胭脂米。

担，各色干菜一车，外卖粱谷、牲口各项折银二千五百两。外门下孝敬哥儿玩意儿：活鹿两对，白兔四对，黑兔四对，活锦鸡两对，西洋鸡两对。①

山珍海味、飞禽走兽、干果瓜菜、各色优米、上等木炭，等等，这张单子上的物品名目繁多，数量巨大。仅粮食一项即一千零二担（一担约为一百斤）、二百五十斛（一斛等于十斗），粗略合计十余万斤，这还是遇到水雹自然灾害的年景。一般年景，按贾珍五千两银子的要求（详见下），应在此基础上增加一至两倍，甚至更多。②

然而，贾珍的话却是："我说呢，怎么今儿才来！我才看那单子，今年你这老货又来打擂台来了……我算定你至少也有五千银子来，这够做什么的！……真真是叫别过年了……这一二年里，（宁府）赔了许多，不和你们要，找谁去？"乌进孝只能战战兢兢地诉苦："年成实在不好……九月来了一场碗来大的雹子，方近二三百里地方，连人带房并

---

① 《红楼梦》第五十三回。
② 《红楼梦》此处所描述的庄头征纳粮物，带有一定夸张成分。清代官书对皇粮庄头所缴纳钱粮有着明确的记载，远低于乌庄头所供物品数量。乌庄头虽不是皇粮庄头，但将其与官书所载进行对比，依然能说明一些问题。清代皇粮庄头分两类：老圈庄头、投充庄头（详见下文）。老圈庄头分五个等级：一等、二等、三等、四等以及半分庄头，每个等级均要缴纳一定的粮、豆、谷草、草、羊草、猪口、杂粮等物品，一等庄头所纳数量最多，其余依次递减。投充庄头只缴纳银两，也分不同等级，缴纳数量依次递减。在此，我们以老圈一等庄头所纳钱粮为例。顺治到康熙年间，庄头缴纳以实物为主。其中，所纳粮米数量：顺治至康熙初年，一等庄头纳粮100石；康熙三十九年：360石；康熙五十年：250石；豆：40石。谷草：4000束。草：10000束。羊草：顺治至康熙初年：10000束；康熙八年：5000束。猪口：大猪2口或常用猪4口。杂粮：大致有粟子、谷子、苦草、线麻、小根菜、蓬蒿菜、黄花菜、鸡蛋芝麻、麦子、绿豆、黄豆、黏谷、谷、高粱、小豆、荞麦、油麦、黍子、稗子、豇豆、烧酒等，征纳数量变动较大。根据当时的物价折算，头等庄头每年大约需缴纳200—300两纹银。雍正之后，庄头缴纳逐渐由实物转变为银两。粗略估算，头等庄头每年需缴纳将近300两纹银及诸杂物。杂物涵盖种类繁多，诸如扫帚、笤帚、瓢、芥子、蓼芽菜子、鹰鹘房所用翎翎、花爆作所用麻秸、造佛处所用麦麸、广储司所用麦秸等；此外，皇家车驾巡幸时，沿途庄头还需向尚膳房缴纳鸡子、庆丰司随往乳牛、上驷院驾车骡以及草豆，等等，种类繁多。但无论如何，清初至乾隆时期，头等皇粮庄头每年正常所纳应该不会超过500两纹银。皇粮庄头的另一个类别——投充庄头，每年缴纳量最多的也就是每年700两纹银（清初至乾隆）。由此可见，无论是老圈庄头还是投充庄头实际缴纳数量，都与《红楼梦》所记乌进孝进呈二三千两，差距甚大。参见邱源媛：《清代畿辅地区内务府皇庄的征纳》，载《纪念王锺翰先生百年诞辰学术文集》，中央民族大学出版社，2013年版，第250—262页。

牲口粮食，打伤了上千上万的，所以才这样，小的并不敢撒谎。"①

这位乌庄头虽不见得是皇粮庄头，但也是堂堂宁府的庄头，手底下有八九个庄子。他兄弟则是荣府庄头，管着荣府八处庄地，"今年也只这些东西，不过二三千两银子，也是有饥荒打呢"②。

《红楼梦》里的庄头，看不到丝毫的霸气，反倒让人觉得有些可怜。这在情在理，贾府何等地位，庄头在此不过是底层的陪衬，奴颜媚骨。他们就是为贾府这样的贵族家庭服务的，完全不可能、也无法与之抗争。

文学作品和戏曲固然不能替代信史，但也反映了一定的客观事实。庄头对下穷凶极恶，对上一副奴才嘴脸、主子的爪牙。正是这种爪牙身份，让民众对庄头尤比对王公贵族更为憎恨。

饶有趣味的是，当人们在津津乐道恶霸庄头的时候，却很少有人会去深入探究，"庄头"究竟指的是哪一种人？他们的现实生活是什么样的？旗人的"庄头"跟汉人的"地主老财"能画等号吗？虽然我学习、从事清史研究多年，对此也同样缺乏关注，直到2007年底，偶遇庄头后人之后，才逐渐意识到以往对"庄头"群体的认识存在不少误区，这也成为本书撰写的渊源。

二、庄头后人觅踪

几年前，定宜庄先生带着我和另一个同事原本计划到京郊顺义走访当地八旗驻防后裔，不曾想竟会与皇粮庄头的后人不期而遇。老人们朴实地回忆着往事，对于祖上曾是皇粮庄头没有丝毫隐讳。我相信，在记录自己家族世系的时候，他们从未将自己家族与小说戏曲中那些恶霸、奴仆联系在一起。

---

① 《红楼梦》第五十三回。
② 《红楼梦》第五十三回。

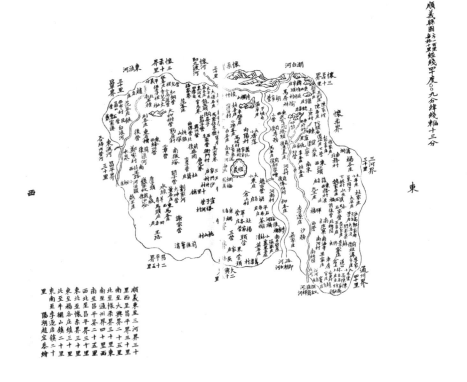

图1-2　《光绪顺天府志》顺义县图①

　　现属北京市的顺义区，是本研究个案的重点考察地区。顺义位于北京市东北部，城区距市中心30公里，交通便利，经济发达。全区总面积1021平方公里，下辖12个镇、7个地区办事处、6个街道办事处、426个村民委员会、85个居民委员会，户籍人口60余万，境内有大小河流20余条，分属北运河、潮白河、蓟运河3个水系，属于潮白河冲积扇下段。②

　　与顺义地区的机缘，源于2007年底对顺义区牛栏山镇下坡屯村的访谈，这也成为寻访内务府庄头后裔的开始。

---

① ［清］周家楣、缪荃孙编纂：《光绪顺天府志》第三册，北京古籍出版社，1987年版。

② 参见顺义区政府门户网站 http://www.bjshy.gov.cn/Default.aspx。

图 1-3　当前北京市顺义区行政区划图

下坡屯村位于潮白河边，距顺义县城仅十公里，交通十分便利。最初对这个村子发生兴趣，始于寻找八旗驻防。2007 年，定宜庄先生和我听说这个村子曾是清代八旗的驻防点，因而产生了浓厚的兴趣。在清代设立于京畿附近的诸多八旗驻防点中，顺义驻防点是距京城最近的一处，驻扎方位在清代官书中有明确记载，在顺义县城。但根据官书按图索骥，却了无踪迹。对于下坡屯有一支八旗兵驻扎之说，我们虽然半信半疑，但该处交通便利，又有我院退休职工、旗人后裔傅察玄海先生的热情引导，便决定去一窥究竟。

第一次去下坡屯村，是 2007 年 12 月 7 日上午，除了我本人之外，还有中国社科院的定宜庄先生①、顺义当地的傅察玄海先生和我的同事贺晓燕。村干部安排了该村两位老大爷，在村会议室与我们座谈。从座谈中得知，这个村子的居民主要由商姓组成，他们自称是顺治二年

①　顺义地区庄头的研究分为两部分，一是由定宜庄先生和我合作的《近畿五百里：清代畿辅地区的旗地与庄头》，该书以传统史学的研究方式，通过文献史料，梳理了清代庄园系统以及庄头人群的形成、发展、演变等制度性过程。另一部分，即是本书，由我独立撰写，通过口述史的形式，展现京郊内务府庄头及其后人的实际生活，希望采用文献与口述的相互对照、结合，更为生动、全面、客观地考察清代内务府庄园系统、庄头人群及其家族。

（1645）从关外入京的大粮庄头，现在大部分都报满族。虽然北京市民委的前副主任赵书曾走访过这里，但该村并未被列入民族乡、民族村之列，村里干部群众对于这些，似乎也并不热心。

"旗地""庄园"曾是清史学界最为关注的题材之一。虽然庄头、旗地还有诸多问题未曾解决，但毕竟时过境迁，这股研究热度已经逐渐降温乃至冷却。而我们在听说下坡屯村最初属于大粮庄头而非顺义的八旗驻防点时，也没有特别加以留意，更没有要追究下去的打算，此事便这样被搁置一旁。

2008 年 3 月，定宜庄先生去中国第一历史档案馆查阅其他清代史料，在等待提档期间，定先生突然想起了下坡屯村商家。十年前，定先生与郭松义先生等几位教授一起做《辽东移民中的旗人社会》[①] 项目时，曾对内务府所属三旗及相关户口册下过一番功夫，知道大粮庄属于内务府会计司下，并且是属于管领而非佐领的机构。于是，定先生顺手拿过一册公开放在架上的内务府会计司人事类档案目录翻阅起来，一行"下坡屯四等庄头商长锁丁册档"的小字猛然跳入眼帘，这便是我们查阅到的第一份皇粮庄头户口册，并由此引出以户口册为线索而成的这项研究工作。如果做学问在冥冥之间也会存在某种机缘的话，这大概就是一次。

得益于定先生找到如此重要的线索，我继续完成户口册的查阅工作。如此容易就找到商家在清代的户口册，我们惊喜之余，也产生了紧迫感。当时中国第一历史档案馆的查阅制度正面临着一系列重大改变，今后将不开放原文阅览，只提供电子文本。重要的是，电子文本整理需要耗费很长时间，我们担心一旦制度改变，这批档案很可能短期内无法查阅。于是，我连续多日埋头于内务府档册中。数月的辛苦没有白费，又拣得若干份顺义商家以及其他位于顺义的内务府大粮庄头户口丁册和

---

① 定宜庄、郭松义等：《辽东移民中的旗人社会：历史文献、人口统计与田野调查》，上海社会科学院出版社，2004 年版。

土地清册等。这种担心不是多余的，当我们准备将拣得的户口丁册一一抄录下来的时候，档案馆对于查阅的限制也越来越苛刻，例如每天工作人员至多只能入库两到三次，每次只能提取三份档案，而这三份档案，一人只需半小时就能抄完，剩下的时间，便只有在那里空空等待。而且到还剩最后半份档案未抄录完时，档案馆开始施行一切原件均不得查阅的规定，而且据说这项规定在五年之内不会改变。这令我们无比遗憾，大量畿辅地区的户口册没来得及抄录。但同时又觉得庆幸，毕竟就顺义商家的材料而言，主要部分都已看完。

完成了户口册的抄录工作，我们需要再次访问下坡屯。2008 年 11月 15 日，我与邢新欣博士拿着在第一历史档案馆抄录的下坡屯村商家户口册前往下坡屯村，再次采访此前访问过的其中一位商大爷，大爷仍然热情耐心，但结果却出乎意料：对于户口册记录的商家庄头及亲丁凡一百四十九名口，商大爷在仔细辨认之后，竟然声称一个也不知道！他还将自己根据记忆写下的"顺治二年随龙进京正黄旗内府当差四等黄（皇）粮庄头"中所有的人名提供给我们，这些人名的确与档案册中不符。我和师妹不甘心，在我们一再询问、请求之下，商大爷又领我们找到东门的后人（注：下坡屯商姓家族有东、西二门两支）。东门的商大爷同样很爽快热情，他拿出珍藏的旧家谱"正黄旗伯文管领下顺义县四等庄头商自兴家谱"，几个人从第一代、第二代直查到第十代，却仍然没有与档案册中可以对上的名字。

说得更准确些，所谓的对名字，实际上是对行辈字。据以往的经验，如果三代以上的行辈字都相同，就基本可以判定为属于一个家族。中国人对于行辈字的重视异乎寻常，这是他们寻找、判断是否为同族的最主要根据。当族谱、家谱以及其他文字资料都丢失的时候，行辈字的重要性就尤显突出，因为一般来说，行辈字往往是一句话、一句诗，很容易被人记在脑子里。而令人困惑的是，即使是顺义商家家谱中的行辈字，与官方档册也并不吻合。

这个事实让人百思不得其解。首先，从出现的人名时间上说，商家最后一册户口册是宣统二年（1910）的，这时的商长锁89岁，户口册记录了他父、祖两辈和子、孙凡5代的姓名、年龄，应该与商大爷等人的父、祖辈有多人可以重合。其次，顺义县只有一个下坡屯村，商姓又不像张、李、王等大众化的姓，在下坡屯村，这个商姓是独一无二的姓。最后，如果说此商不是彼商，原来那个商家有可能因某种原因迁往他处，现在居住的是另一个商。但事实是，无论商大爷的口述，还是村里老人提供的家谱上，都明言其祖先是顺治时入关的四等大粮庄头，这与官册所记全然相符。也就是说，从姓氏、所在地点和来源上都严丝合缝，却出现这样的结果，实在令人百思不得其解。

当时分析，二者核对不上可能有几个原因：一是细察户口册，发现除商长锁等个别几个正式人名之外，其余大多是喜儿、大全、柱儿一类小名，而家谱中记载的姓名则都很正式。二是商家从顺治二年（1645）迁来下坡屯村，生息繁衍至今300余年，已经分成东、西两大房和若干旁系，而官册记载只是其中作为庄头的一支，很有可能采访的几位大爷都不属这一支之内，而分支时间既久，可能行辈字各自不同，这种情况在很多家族中都是发生过的。如果这样，就需要对该村其他旁支做一番寻找，然后再将这些旁支的家系与官册一一核对。而要这样做，就必须了解这个村商姓的全部人口。这有两个途径，一个是到村里去挨家挨户地询问；一个是到村里或当地派出所查找今天的户口材料。这两个办法都有相当的难度，尤其是第二个，因为按照现在的规定，这样的现实人口材料并不是任何人都可以翻阅的。再者，即使掌握了该村现在的全部人口材料，也不敢保证就能追溯到原来的世系。到此为止，这个项目能否做下去，已经成为一个很大的疑问了。

在研究毫无头绪的情况下，我们决定尝试另一个办法，就是去当地的档案馆碰碰运气。中国第一历史档案馆的材料已经基本查完，北京市档案馆了无线索，此外还有一个，就是顺义区档案馆。对于这种地方档案馆，研究者通常并不重视，认为它保存的档案时间往往比较靠后，也未必完全，而且多数冷清破旧，但事实证明预先的看法错了。顺义县档案馆保存了大量自清末到北洋、民国、抗战以及 1949 年以后直至 1980 年的各个时期下坡屯村的各种人口统计表，其系统性与完整性让人出乎意料，给予我难以言表的惊喜，正是山重水复疑无路，柳岸花明又一村。大量详尽的统计表，不仅使藏于中国第一历史档案馆的官册与家谱中许多姓名得以一一查对落实，而且又提供了诸多这个源自清代庄头的商姓家族几百年来发展兴衰的十分宝贵的信息。

局面就是这样打开的。中国第一历史档案馆的内务府会计司大粮庄头册，与顺义县档案馆所藏各种统计册，在时间和内容上基本对应，这是该研究的主要基础。至于清军入关并在京畿圈占土地建立粮庄的历史，作为个案研究的大背景，则有大量官私方文献可以查阅，也有大量今人的研究成果可资借鉴。同时，下坡屯村又是百年来京郊历经各种变迁之后几乎硕果仅存的一个完整的村子，村里还能找到对祖先历史有着记忆的老人和家谱。这三个条件都非常难得，本项目就是在这三个条件都具备的基础上完成的。

2010 年，定宜庄先生赴台湾讲学期间，从台湾"中央研究院"复制了一批户口册和地亩册。这批档册是"中研院"在 20 世纪 80 年代从中国第一历史档案馆购买的①，定先生选择了 219 份户口册，其中涉及诸多河北省的县份。正是这批户口册，将我的研究视角和思路扩充开来，不仅在地域上从北京周边扩展到河北地区，而且从人群上，通过与河北地区人群的比较，凸显了京郊旗人群体的特点。

2009—2011 年，我依据第一历史档案馆和台湾"中研院"抄录、复制的两批户口册，对以顺义为重点的北京郊区及部分河北地区做了多次田野调查，涉及北京、河北等地区的数十个"庄头"所在村庄，对 30 余名庄头后裔做了口述访谈。这些村庄分别是北京顺义区牛栏山镇下坡屯、马坡镇萧家坡、马坡镇大营村、李桥镇北河村、李遂镇沟北

① 台湾"中研院"赖惠敏先生为我们复制档案提供了很多帮助，并将自己早年抄录的地亩册无偿赠送给我们，在此特表感谢。

村、李遂镇柳各庄，以及河北省霸州市后营村、永清县千人目村、庞各庄村、塔儿营村等。后人访谈口述中的生动描述，让庄头、庄丁的形象跃然纸上，也让我得到很多仅仅从档案文字中无法体会的感性认识。田野调查展现出来的多样性和复杂性，让我对畿辅地区农村社会进行了反思。

与此同时，我还扩大了文献的查阅范围，从顺义区档案馆各类档案中，发现了数十户信息相当完整的庄头家族，与他们相关的史料，上至清代，下至北洋军阀、日伪、国民党时期，甚至到1949年以后，直至改革开放后的今天。所有这些，为本研究提供了珍贵的研究素材，让我能够由几个典型家族入手，从清初至今数百年的兴衰沉浮中，讨论京郊旗人社会的演变。

随着研究的深入，我们发现此前人们对庄头群体有着不少的误区和盲点。以往研究旗地庄园的文章虽汗牛充栋，重点却都在旗地的形态和社会性质，以考察满族当时的发展阶段。而本研究希望考察的，则是在特定制度（八旗制度）下的人（庄头及其家族），他们在这里一代又一代，是怎样繁衍和生活下来的？八旗制度对他们、对他们所在地区的社会起到了什么作用？历史发展到今天，在一切旧日痕迹似乎都已荡然无存的时候，早年的历史对他们、对这片土地、对这片土地上生活的其他的人们还有没有影响？如果有，有什么样的影响？如果没有了，造成影响的因素又是怎样逐渐消失的呢？这些思考，成为撰写这本小书的起因。

通过简单回顾本书的研究、寻访过程，读者或许能够感觉到，这本口述史背后有着大量充分的文献准备。没有文献的引导，没有与多种文献的相互比较，继而在田野的口述访谈中寻找答案的过程，就没有这本小书。而反过来，没有田野中的口述访谈，对文献、史料的理解也不会如此生动鲜活。这是一本通过文献与口述的互动而形成的口述史，希望能以此作为口述史撰述方法的一种全新的尝试，让我们在文献的摸索中，感受历史的厚重；也让我们在口述访谈中，体会生命的灵动。

当我一次次穿行在普普通通的北方村落中，一次次面对记忆模糊的老人和满脸茫然的年轻人，心中每每生出一种危机感。历史上的许多人群，竟会如此迅速地消失殆尽；历史上的事件，竟会如此轻易地湮没无闻。那些未被史家记录、被人们永远遗忘的史实真的不知凡几，辽东移民中旗人社会①是这样，北京城郊的庄园群体也是这样。于是，后人所知晓的，便只是帝王的改朝换代和盛世伟业，还有至今仍被人津津乐道的宫廷阴谋，人们便以为历史就是如此，生活就是如此。

追寻这些真实发生过的一段段平凡的历史，是史家的义务和责任。

最后，需要特别说明，撰写书稿时，我考虑再三，最终选择隐去所有老人的名字，全部以"商大爷""于大爷"等形式称呼。这里有两个原因，首先，每一位老人以及他的家庭和祖辈都是该群体的一个缩影，虽然不同老人有不同的经历，但这些经历具有一定普遍性。在这种情况下，老人个体姓名的隐去，不会对研究产生太大影响。其次，也是更为重要的一点，那就是为了保护老人的隐私，在当下乱象丛生的社会，这样做是有必要的。下文因二位、甚至多位大爷同时在场，需要区分处理时，则以"东门大爷""西门大爷"以及"大爷甲""大爷乙"等方式代之。整部书稿都采用了相同处理方式，下文不再另行说明。

此外，书稿中所用档案均来自官方档案馆，属于已解密的档案，可以公开使用。但鉴于 1949 年后的叙述涉及不少现在依然在世的老人，同样为了保护老人及其家庭的隐私，书稿将使用"□"符号，隐去所有名字，只留姓氏。这种处理方式对书稿大局不会产生影响，但却会妨碍一些细节问题的考证。因此，行文中，不得不隐去少数论证过程，将结论直接告诉读者。不便之处，还请读者见谅。全书同，下文不赘。

---

① 定宜庄、郭松义等：《辽东移民中的旗人社会：历史文献、人口统计与田野调查》，上海社会科学院出版社，2004 年版。

第二章　史书中的皇粮庄头

序言开篇就提到，"庄头"是一个生活在八旗制度下的人群，带着深深的制度烙印，制度决定了他们生活的方方面面。鉴于此，在开始叙述寻访历程之前，需要花费一定篇幅，向读者们介绍一下与此相关的制度。

先从最根本的问题开始吧，什么是八旗呢？旗人又是什么？他们与民人又有什么不同？他们从什么地方来？对于这些问题，但凡对清史略知一二的人多少都有些听闻。满人，是一个原本生活在东北白山黑水间的人群，十六世纪末十七世纪初，在首领努尔哈赤的带领下逐渐强大，征服了周边部落。明神宗万历四十四年（1616），努尔哈赤建立后金，割据辽东，建元天命。1636 年，努尔哈赤的接任者皇太极建元崇德，改国号大清。1644 年，满洲人入主中原，其统治一直持续到 1911 年辛亥革命。八旗制度是满洲人集行政、生产、军事诸职能于一身的社会组织形式，从建成最初的满洲八旗，到后来吸纳其他民族，形成了蒙古八旗、汉军八旗，八旗制度一直延续至清朝灭亡。所谓"旗人"，简单地说，就是加入八旗组织的人。

有清一代，"旗人"归八旗组织管理，"民人"归州县地方政府管理。"旗人"与"民人"在人群构成、从属机构、管理体制、身份地位以及各种具体制度，包括赋税、科举、婚姻等最为根本的行政政策上都有很大区别，是有着根本差别的不同类型的两种人群。可以说，在清代，"旗人"与"民人"泾渭分明，"在旗"还是"在民"是判断人群身份最基本的准则之一。

具体到本书，庄头到底是什么样的人？皇粮庄头又是什么呢？让我们走进历史，从头说起吧。

一、清初的圈地与庄园的建立

1644 年，清军进入山海关，为守卫京师，除了屯兵京城外，清王朝在畿辅地区，也就是相当于今天的北京、天津、河北等地区，设置了众多八旗驻防，形成层层环绕京师的完整的军事戍防体系。

清军进入北京，引发了辽东人口的大迁徙。为了满足皇室、王公与八旗人丁的生活需要，清廷在近京五百里实行大规模圈地，设立庄园，并将原来在关外为他们种地的庄头、壮丁及其家属迁移到此，甚至还驱赶来了大批的马匹和牛羊等牲畜，以备在进入中原这个农耕地区之后供他们役使。为了断绝他们的回乡之念，清廷索性将他们在关外的家园尽数烧毁。

这批人数量十分庞大，仅从留存的清末旗人户口册统计，就达数十万之众。其中一部分人定居在北京郊区，他们就是本书的主人公。

强制移民虽然安定了大量旗丁，也为王公贵族提供了生活保障，却迫使广大汉族农民背井离乡，引起诸多恶劣的连锁反应，成为清初导致民族矛盾激化的重要弊政之一，也是"投充""逃人法"等其他弊政产生的根本原因所在。民间将这种做法称为"跑马占圈"，时至今日，年轻的晚辈仍然能从老人那里听到这些故事：

> 那河东那一片地，一围上，走马占圈呀，一片地一圈，就归俺们庄头了。①
>
> 听说咱祖上啊，我也不怕寒碜，不管是哪儿来啊，跑马占圈，

---

① 访谈时间：2011 年 3 月 31 日；访谈地点：顺义区李桥镇北河村村委会；被访者：于大爷甲、于大爷乙；访谈者：邱源媛。

这一圈，就归这儿得了。①

好像是跟着老罕王②扫北，圈地政策……圈地叫跑马占圈。最开初就是杨姓这家庄头，在这一带是最高统治者，因为他比县长大一级。③

虽然已过数百年，但老人们的话语，依然透着清初旗人圈地的霸气。

圈地的范围，最开始至少在名义上针对的是无主之地。顺治元年（1644）十二月，清廷要求"清察无主之地，安置满洲庄头"④，将"无主荒田""分给东来诸王、勋臣、兵丁人等"⑤。顺治二年（1645），正式颁布圈地令，"以近畿五百里内之地给八旗，曰旗圈。以旁州县官田给被圈之户，曰拨补"⑥，圈地由此拉开了序幕。

这是一个漫长而复杂的过程，从顺治入关到康熙初，时间长达数十年之久，其间仅大规模的圈地就有三次⑦，且不说大批农民被迫抛弃祖业、背井离乡的惨痛，因"投充"和"逃人法"实施导致的社会纷扰，即使对满洲统治集团内部，也造成深刻的矛盾和裂痕。康熙初年，大臣朱昌祚⑧对他亲历过的圈地，曾有一段很具体生动的描述：

----

① 访谈时间：2011 年 4 月 1 日；访谈地点：顺义区李桥镇北河村王大爷家；被访者：王大爷；访谈者：邱源媛、杨原（中国人民大学）。

② 老罕（hān）王，指努尔哈赤。下文同，不再赘述。

③ 访谈时间：2011 年 4 月 25 日；访谈地点：顺义区李遂镇柳各庄村杨大爷家；被访者：杨大爷；访谈者：邱源媛、杨原（中国人民大学）。

④ 《清世祖实录》卷 12，顺治元年十二月己未条。

⑤ 《清世祖实录》卷 12，顺治元年十二月己未条。

⑥ ［清］乾隆《饶阳县志》卷上，官田志，第 25 页。

⑦ 第一次在 1644 年（顺治元年），见《清世祖实录》卷 12；第二次在 1647 年（顺治四年），见《清世祖实录》卷 30；第三次在 1666 年（康熙五年），见《清圣祖实录》卷 20。参见王锺翰：《清代旗地性质初探》，载《满族史研究集》，中国社会科学出版社 1988 年版，第 128 页。

⑧ 朱昌祚（1627—1667），清初因鳌拜肆意圈地，朱昌祚上疏反对。鳌拜以忤己意，大怒，将昌祚及其子等人绞死。康熙亲政后，诏复原官，赐祭葬。

臣奉文星驰，驻扎蓟州……公同部员、旗下章京、牛录，从城壕边圈起，由近至远，照牛录所管披甲壮丁次序晌亩，将房地逐一圈丈，迄今将及一月，茫无就绪。盖其挨圈过地亩，仍有肥瘠不同，各旗官丁，视择厚薄，相持不决。而被圈夹空民地百姓，又哭诉失业，殆无虚日。①

由此可见，其时圈地的混乱。满洲人以征服者身份进入关内，如何安置从关外带来的数十万人马，成为一大难题。正如清人笔记载摄政王多尔衮所说："满人入来已二载，即有资囊，亦已用讫，若不圈田，何以为生？岂汉人该丰衣足食，而满人该饿死耶？"② 既然是征服，必然伴随着暴力、掠夺和流血，必然导致各种矛盾的急剧激化，无论在异民族之间，还是在本民族内部，都是如此。

除了圈占土地之外，还有大量民人（以汉人为主）投充旗下，进入八旗组织（详见下文）。不少投充人带着土地归顺，这批土地又被称为"投充地"。

圈充③土地的范围涵盖 77 个州县，东起山海关，西至太行山，北自长城，南抵顺德府，号称"直省九府，除广平、大名二府远处京南，均有旗庄坐落，共计七十七州县，广袤二千余里"，直隶地区布满旗地官庄。④ 据吴振棫《养吉斋余录》记载，从顺治元年到康熙二十四年（1644—1685），清廷在 40 余年间共圈地十五万三千四百六十七顷二十五亩。⑤ 而畿辅各方志的记载还远远不止此数，比如顺天府地区就有

---

① ［清］乾隆《宝坻县志》卷 17，艺文上，总督朱昌祚《直陈旗民圈占疏》，第 28—33 页。
② ［清］史惇：《恸余杂记》（抄本），《圈田》，转引自中国人民大学清史研究所、档案系中国政治制度教研室合编：《清代的旗地》，中华书局 1989 年版，第 13 页。
③ 圈占与投充，经常以"圈地"统称，下文也如此处理，不再另行说明。
④ 《八旗通志》卷 18。
⑤ ［清］吴振棫：《养吉斋余录》卷 1"附录"，包括了"国初拨给宗室、勋戚庄田"及"拨给官员、兵丁田"，中华书局 2005 年版，第 351 页。

80%—90% 的原民地变为旗地。① 十几万顷土地，占当时全国耕地面积500 万顷的五十分之一强②，虽然看似比例不高，却都集中于京畿附近，造成"畿辅首地，旗屯星列，田在官而不在民，故土著者寡而户口稀"③ 的结果。这样的布局，不仅仅是出于安置旗人的考虑，也是清廷一项拱卫京师的战略措施。

至于被圈地亩的分配顺序，首先，选择膏腴上地，也就是最肥沃的土地设立皇庄；其次，按爵秩分给王公大臣设立王庄；再次，分给八旗官员兵丁，称为一般旗地。如颁谕"将京城内外无主园地，酌量拨给诸王府"是在顺治三年（1646）；颁谕"参领以下官员，各给地六十亩"是在顺治四年（1647）④，至于大规模为八旗官兵计口授田，应该更在八旗官员之后。为皇室与王公提供粮食、瓜果蔬菜和其他副食的庄园，从此分布于京畿各处。

二、皇家奴仆——皇粮庄头

庄园种类繁杂、数量甚多，皇室、贵族、八旗官员均有自己的庄园，不同"庄""园"之间，有着严格的界定和区分，其管理相互独立、互不干涉。专门服务于皇室的皇庄，由内务府管理。皇粮庄头从属于内务府的性质，直接决定了庄头、壮丁及其家属所拥有的身份和社会地位。

"内务府"全称"总管内务府衙门"，是清初创设的专管皇室"家事"的机构，与管理"国事"的外廷分而为二，不相统属。这个系统源于入关前的"包衣"组织，所谓"包衣"，全称"包衣阿哈"（满语

---

① 参见邱源媛："The Eight Banner Manors and the Qing Economy: Property Rights in North China during the Seventeenth Century"（《八旗庄园与清代经济：十七世纪华北地区的地权问题》），2014 年 3 月全美亚洲年会提交论文。

② 王锺翰：《清代旗地性质初探》，载《满族史研究集》，中国社会科学出版社 1988 年版，第 128 页。

③ ［清］康熙《大兴县志》卷 3，食货，第 20 页。

④ ［清］光绪《畿辅通志》卷 95，略 50，政经 2，旗租，第 2—3 页。

"booi aha"），意为"家的奴仆"，属于私人所有。内务府下设三旗：镶黄旗、正黄旗、正白旗，称为"内务府三旗"，简称"内三旗"，专属皇家。"内三旗"与人们普遍熟悉的"外八旗"，即正黄、镶黄、正白、镶白、正蓝、镶蓝、正红、镶红八旗，共同构成八旗系统，但二者独立存在、互不干涉。

内三旗与外八旗旗丁有着截然不同的身份地位，内三旗奴仆出身卑贱，地位较低，"缘事降入内务府"，是清廷对外八旗旗人的一种惩戒①。在组织设置上，二者也有不同。外八旗，由满洲八旗、蒙古八旗、汉军八旗组成，各旗（固山）之下为参领（甲喇），参领之下为佐领（牛录）。而内三旗，则在参领之下分为"包衣佐领"和"包衣管领"。"包衣佐领"披甲当兵，随主子出征；"包衣管领"则主要在家内服役，伺候主子。"包衣佐领"与"包衣管领"的地位也有一定差别，前者高于后者。

具体到本书，畿辅地区的皇粮庄头，有"老圈庄头"和"投充庄头"之分，他们负责管理皇家庄园，向皇家供应各类粮食物品，属于内务府包衣管领、甚至地位更低的人群类别。

1. 从龙入关的老圈庄头

内务府会计司所属庄头，是指最早"从龙入关"的包衣庄头。清军入关，大量庄头和壮丁随同入关，这种做法一直持续到顺治四年、五年（1647、1648）甚至更晚的时间仍未止息。在这些人中，有些是其主人已经先随清军入关，他的奴仆随后才被陆续派遣前往，与其主人合居；也有一些，是奴仆跟随主人先行，然后他的家人又被派入关内与他会合。尤为有趣的是，这些人前来北京之时，还赶着自己的全部牲畜。可知尽管经过了大规模的战争、动荡与迁徙，但奴仆、属人各归各主的状况仍然如故，原来归属皇室、贝勒和大臣的诸多"拖克索"（满语的

---

① 本口述史系列中，杨原撰写的《诗书继世长》，里面就有关于阎家祖上"缘事降入内务府"的故事。后人对自己家族曾为内务府包衣人的事情闪烁其词，对于祖上曾是包衣的身份相当避讳。这些耐人寻味的反应，或多或少的反映出内务府包衣人在清代的社会地位。

"庄")也不例外，不仅他们本人，就是他们的动产，也仍然是各归各自的系统。

专为皇室耕种田庄的庄头、壮丁等人，被划归内务府，由其下七司三院①中的会计司负责管理。这就是在官方文献中被称为"自盛京随从来京圈地充当庄头者"亦即"老圈庄头"的那部分人，他们特定的身份是"盛京随来陈壮丁"，也称为"东来人"，这是官方对他们的明确认定②。

老圈庄头属于内务府的管领下人。上文提到，内三旗有"佐领"与"管领"之分。清中期之前，佐领下人丁与管领下人丁的身份地位截然不同，佐领下人丁身份高于管领下人丁，管领下官员不准补授佐领下官缺③，二者甚至不能相互通婚④。也就是说，老圈庄头比起同为内务府佐领下的其他旗人群体，身份地位更为低下。

2. 带地为奴的投充庄头

上文谈到了清初"圈地"政策，失去土地家园的农民固然痛恨圈占土地，但更令他们切齿的是所谓的"投充"。

投充被公认为清初弊政之一，简言之，就是逼迫百姓到八旗旗下为奴。旗人入关后沿袭关外旧制，抢掠汉人充当劳动力。顺治二年（1645）正月，谕户部："凡包衣大⑤等，新收投充汉人，于本分产业外妄行搜取，又较原给园地册内所载人丁有浮冒者，包衣大处死，不赦。"⑥ 由此可见，虽然清廷竭力控制八旗抢掠汉人，但汉人投充旗下

---

① 内务府属下设置七司三院，七司为广储司、会计司、掌仪司、都虞司、慎刑司、营造司和庆丰司；三院为武备院、上驷院和奉宸院。

② ［清］《钦定内务府现行则例》会计司卷1，第2—3页。

③ ［清］道光朝《钦定总管内务府现行则例》"都虞司"条下："雍正七年奉旨，内管领下官员不准补授佐领。"中国科学院图书馆藏善本。

④ 顺治十八年（1661）定："包衣管领下女子不准聘与包衣佐领下人，包衣佐领下女子不准聘与八旗之人。"此令到乾隆二年（1737）才被撤销，参见辽宁省档案馆编译：《盛京内务府粮庄档案汇编》，辽沈出版社1993年版，第442—443页。

⑤ "包衣大"汉名即"管领"。

⑥ 《清世祖实录》卷13，第11页，顺治二年正月庚戌条。

之举，恐怕从清军一入关即已开始。此谕针对皇室包衣，未必是因为对他们格外严厉，反倒很有可能是他们凭借皇室之势，搜取人丁特别猖狂之故。但这一禁令肯定没有收到任何效果，仅仅两月之后，清廷便公然放开了这一限制：

> 又闻贫民无衣无食，饥寒切身者甚众，如因不能资生，欲投入满洲家为奴者，本主禀明该部，果系不能资生，即准投充。其各谋生理，力能自给者不准。[1]

说起来好听，以投充本人的意愿为主，但这样模棱两可的谕令一旦发出，反而助长了强迫投充之风。当然了，清廷很可能本来就没想对投充加以控制。于是乎，短时间内，就出现了旗人采用各色手段逼勒汉人投充的状况：

> 谕户部：……又距京三百里外，耕种满洲田地之处，庄头及奴仆人等，将各州县庄村之人逼勒投充，不愿者即以言语恐吓，威势迫胁。各色工匠，尽行搜索，务令投充，以致民心不靖，讹言繁兴，惟思逃窜。[2]

两道谕令颁布前后相隔仅月余，便在社会上造成如此扰攘，可以想见这帮人早就蓄势待发，谕令一下便急不可耐、闻风而动的架势。实际上，从努尔哈赤时期开始，获取人口的多少就是满洲贵族实力强弱的标志。而投充正是他们扩充自己势力的一种重要手段，何况初入关的旗下庄园又确实急需劳动人手。

从另一方面说，投充旗下的汉人，亦殊非良善之辈。据《清实录》

---

① 《清世祖实录》卷15，第10页，顺治二年三月戊申条。
② 《清世祖实录》卷15，第30页，顺治二年四月辛巳条。

记载，投充令一下，汉人不论贫富，相率投充，于是出现"带地投充"名目，"投充名色不一，率皆无赖游手之人，身一入旗，夺人之田，攘人之稼。其被攘夺者，愤不甘心，亦投旗下。争讼无已，刁风滋甚"①。这些地便这样从民地被充入旗下，带地多的也便被封为庄头。而这些新庄头一旦投充，便"横行乡里，抗拒官府"②，"恃强霸占，弊端百出，借旗为恶，横行害人。于是御状、鼓状、通状，纷争无已"③，"一人投而举家全籍其势，奸民群肆"④，还有甚者"马直入府州县衙门，与府州县官并坐，藐视命吏，任意横行。目中既无官府，何况小民。其欺陵鱼肉，不问可知"⑤。清廷不得不于顺治四年（1647）颁令，将投充之事制止。但土地一经成为旗地，人口一经被纳入旗下为奴，便成为既成事实，再也无法更改了。

由此，清入关后的各种庄头中，除了原有的"盛京随从来京圈地充当庄头者"即"老圈庄头"之外，就又有了清初带地的"投充庄头"这一新的成分。

对于投充庄头的身份，人们很少关注，只知道他们进入了内务府，成为旗人。在人们的印象中，既已入旗，那就应该或归属佐领或归属管领。实则不然，这批人在整个清代"向无佐领、管领兼摄，在档者为旗，不在档者为民"⑥。

这是一个至关重要，却一直被后人忽略的问题。在旗还是在民，佐领还是管领，身份界定若何，这一点在清代社会中何其重要，直接决定了某个人群的身份地位，以及该群体方方面面的社会行为。投充庄头既不属于佐领，又不属于管领，被户口册记录在案的为旗人，不被记录的为民人，如此模糊的界定，让投充人在有清一代，一直介于旗人与民人

① 《清世祖实录》卷25，第216页，顺治三年三月辛卯条。
② 《清世祖实录》卷31，第257页，顺治四年三月己巳条。
③ ［清］吴振棫《养吉斋丛录》卷1，中华书局2005年版，第2页。
④ ［清］康熙《宛平县志》卷6，第15页。
⑤ 《清世祖实录》卷53，第422页，顺治八年二月丁酉。
⑥ 嘉庆十四年五月初三日都虞司呈稿，转引自《清代的旗地》，第608页。

之间，形成一个边缘的群体。

他们的地位较之管领下老圈庄头更为低下，直到清后期，官方都不允许他们参与科举，也不能与其他旗人通婚。内务府奴仆的身份，使得他们丧失人身自由，某种程度上，还无法与汉人相比。但另一方面，边缘身份又让他们游离在各种政策之间，无论是对旗人的八旗制度，还是对民人的地方政策，他们都有机可乘、有空子可钻，捞尽政策的好处。以科举为例，官方虽三令五申加以禁止，他们却想出各种办法，比如冒充汉人参加考试、进入仕途，这反而是正身旗人难以做到的。①

事实上，这样的边缘人群在清代为数不少，除了投充人之外，还有"都虞司、掌仪司、营造司所属牲丁，园头，煤、炭、炸军各丁"都是"向无佐领、管领兼摄，在档者为旗，不在档者为民"之人②。这些人群，在清代，是八旗制度和州县政府管理的盲点；而到了今天，他们依然是盲点，无论是其后人，还是旁人（包括研究者），大都漠视甚至遗忘了这一群体进入八旗系统的事实以及他们介于旗人与民人之间的边缘身份。

三、清末皇庄的范围和规模

从清初入关圈地，到清末辛亥革命，经历将近三百年的历史变迁，畿辅地区的皇粮庄头还有多少呢？规模有多大？主要分布在何处？这些问题对本研究非常重要，清末旗人的户口册和地亩册提供了关键性线索。

所谓"户口册"，即是清代旗人人口登记册籍。八旗制度下的各类旗人一直受到朝廷的严格控制，不准随意流失。控制的方式之一，叫"三年一比丁"，即每三年申报一次的人口登记制度。比丁之时，有关人口及其家属的出生、死亡、婚姻以及家族与家庭组织等各方面情况，

① 参见邱源媛：《庄头身份与科举考试》（暂定名），待刊。
② 嘉庆十四年五月初三日都虞司呈稿，转引自《清代的旗地》，第608页。

都要详细记载，庄头及其家人也不例外，官方称之为"户口册"。与此同时，庄头还需要另外造册登记土地，申报庄头所有土地的大小、方位、范围、雇佣壮丁、缴纳钱粮等内容，这就是"地亩册"。这批珍贵的册籍主要藏于中国第一历史档案馆，涉及数十万内务府人丁信息，记录完整，内容丰富。①

这批户口册数量巨大，部分档册散佚错乱，暂时无法——厘清所有户口册。为了让读者初步了解清末老圈庄园的一些情况，下文选用了清末某年（不详）一套带有总目性质的档册，其内容记载了庄头个人姓名、庄园类别、数量、所在地区等信息，没有涉及家庭成员。此类总目性档案现存数量较少，该档册算是为数不多的相对完整的册籍，但也有一定缺失，缺少部分地区的数据。希望通过这些不够全面的信息，对清末老圈庄园在畿辅地区的分布及其数量等状况有一个概略性的认知。

表 2−1　清晚期某年畿辅地区老圈庄头比丁清册　　　单位：个

地区		头等庄头②	二等庄头	三等庄头	四等庄头	半分庄头	其他庄头③	总计
东路	通县	3	0	2	2	9	0	16
	三河	1	0	0	1	5	2	9
	蓟县	5	0	0	0	3	2	10
	遵化县	1	2	0	0	0	0	3

① 2008 年夏天，中国第一历史档案馆开始全面实行档案查阅电子化政策。这是一个有利于保护档案的举措，但在电子化的过程中，读者无法查阅部分档案，而我所需要的户口册正在其中。幸运的是，20 世纪 80 年代，台湾"中央研究院"从中国第一历史档案馆购买了此批户口册，于是我们准备舍近求远，希望能从台湾获取资料。感谢恩师定宜庄先生，定先生于 2010 年赴台湾讲学期间，从这批档册中挑选并复制了 219 份投充人户口册，这对本项研究工作起到了决定性的推动作用。同时，台湾"中研院"赖惠敏先生也为此次复制档案提供了很多帮助，并将自己早年抄录的册籍无偿赠送给我们。对二位先生的帮助，在此特表感谢。需要说明的是，经过多年整理，中国第一历史档案馆终于在 2013 年，将这批档案制作成胶片，公开供应读者查阅。于是，我又将此批档案梳理了一遍，本书所有户口册都采自中国第一历史档案馆所藏谱牒档案。

② 表格中提到的"头等庄""二等庄""三等庄""四等庄""半分庄"等名称，指的是庄园的等级。自康熙初年始，皇庄就按等第划分为头等、二等、三等、四等、半分五种等级，每个等级所拥有的土地、壮丁数量不一，缴纳钱粮自然也有差别，其中头等庄头最大，此下按照级别，依次递减。

③ "其他庄头"指"止差庄""告退庄""撤地庄""稻米庄"等，各有所指，本文暂不涉及，在此不赘。

地区		头等庄头	二等庄头	三等庄头	四等庄头	半分庄头	其他庄头	总计
东路	玉田县	0	1	2	0	10	1	14
	丰润县	6	1	2	2	7	0	18
	榛子镇	0	0	0	0	11	0	11
	滦县	9	0	3	4	48	1	65
	乐亭县	2	3	2	2	9	4	22
	永平县	0	0	1	0	6	0	7
小计		27	7	12	11	108	10	175
西路	良乡县	8	0	0	0	0	0	8
	涿县	1	0	0	1	3	0	5
	房山县	3	0	0	0	7	1	11
	涞水县	1	0	0	8	0	0	9
	定兴县	0	0	0	0	2	0	2
	安肃县	0	0	0	0	3	0	3
	顺义县	1	0	0	4	9	0	14
	怀柔县	1	0	0	2	3	0	6
	密云县	0	0	1	1	3	1	6
	怀来县	0	0	0	0	3	1	4
	保安县	8	0	3	6	1	1	19
	宣化县	0	0	1	1	7	1	10
小计		23	0	5	23	41	5	97
南路	朝阳门	1	0	0	1	12	0	14
	永清县	1	0	1	0	0	0	2
小计		2	0	1	1	12	0	16
总计		52	7	18	35	161	15	288

注：此表根据中国第一历史档案馆所藏户口册（会计司·人事771册）制作

这份档册一共记载了288个老圈庄头，分布于今属北京城内的朝阳门地区，郊区的顺义、通州、怀柔、密云、房山、良乡，天津蓟县以及河北省的三河、遵化、玉田、丰润、榛子镇、滦县、乐亭、永平、涿县、涞水、定兴、安肃、怀来、保安、宣化、永清等地，其中头等庄头52个、二等庄头7个、三等庄头18个、四等庄头35个、半分庄头161个、其他庄头15个。

投充庄头也同样处理，以同治十年（1871）畿辅地区投充庄头户口册为例，说明投充庄头的数量及分布情况。同治十年（1871）共有140个投充庄头，分布于今属北京城内，郊区顺义、通州、大兴、密云、良乡，天津蓟县以及河北省宝坻、滦州、香河、东安、武清、永清、固安、易州、雄县、任丘、宣化、获鹿、三河等地。

表 2 – 2　同治十年（1871）畿辅地区投充庄头户口册

地区	庄头数量①	地区	庄头数量	地区	庄头数量	地区	庄头数量
大兴县	1	武清县	6	宣化府	1	容城县	2
通　州	12	良乡县	9	京　城	4	安肃县	2
顺义县	5	雄　县	1	三河县	1	清苑县	4
密云县	2	保安州	3	蓟　州	8	天津县	1
宝坻县	3	获鹿县	3	玉田县	2	沧　州	4
滦　州	16	永清县	4	丰润县	1	交河县	4
香河县	3	固安县	3	房山县	4	宛平县	2
东安县	6	易　州	2	霸　州	7	涞水县	1
乐亭县	2	任丘县	2	定兴县	1	泰陵应差	4
青　县	3	遵化州	1				
总　结	140 个投充庄头						

注：此表根据中国第一历史档案馆所藏户口册制作

庄头的户下规模，清廷没有制度上的规定，不同家族人数不一，但

---

① 与"老圈庄头"不同，"投充庄头"虽然也存在等级分类（下详），但在名称上却没有一等庄头、二等庄头，或半分庄头之称。因而，无法简单地从称号上，判断投充庄的大小。据乾隆《大清会典则例》卷160"会计司·征输"记载，纳银庄（即投充庄）分等如下：占地28项土地庄头，每年纳银700两；占地21项的庄头，每年纳银400两；占地27项的庄头，每年纳银300两；占畦地2项38亩的庄头，每年纳银250两；占地18的庄头，每年各纳银200两；占地9项的庄头，每年各纳银100两；占地7、8项不等的庄头，按1亩纳银1钱1分计算，每年各庄纳银70、80两。

都具有一定规模。人数较多的，如清末居住在顺义北河村的头等庄头于池，其族人有 167 口；同为顺义的下坡屯村四等庄头商长锁，光绪二十七年（1901）人丁册记载族人 149 名。人数较少的，如河北永清县菜家庄投充庄头王国治，光绪二十七年（1901）人丁册载有族人 25 口。这只是皇庄的情况，还有大量的王公贵族以及八旗官兵的庄园，清末畿辅庄园人丁之盛、分布之广可见一斑，由此可见，我们与庄头后人的"偶遇"，实则也是一种"必然"。

今天的北京市顺义地区，是寻访的重点，共有 20 个老圈庄头，头等庄头 2 个、四等庄头 4 个、半分庄头 13 个、止差庄头 1 个，共 59 份户口册，编撰时间最早的同治七年（1868），最晚的宣统二年（1910）。14 个投充庄头，145 份户口册，编撰时间从同治元年（1862）到宣统二年（1910）。

表 2 - 3　清晚期顺义地区老圈庄头户口册

庄头等级	庄头姓名	册数（份）	编撰时间
头等庄头	于池	3	光绪三十年（1904）、光绪三十三年（1907）、无朝年
	于山儿	1	同治七年（1868）
四等庄头	杨宝年	4	同治七年（1868）、光绪三十年（1904）、光绪三十三年（1907）、宣统二年（1910）
	商长锁	4	同治七年（1868）、光绪二十七年（1901）、光绪三十年（1904）、宣统二年（1910）
	崔有源	5	同治七年（1868）、光绪二十七年十月（1901）、光绪三十年（1904）、光绪三十三年（1907）、宣统二年（1910）
	于长融	3	同治七年（1868）、光绪三十年（1904）、宣统二年（1910）
半分庄头	崔有潼	2	光绪三十年（1904）、宣统二年十月（1910）
	崔继先	4	光绪二十七年（1901）、光绪三十年（1904）、光绪三十三年（1907）、宣统二年十月（1910）

找寻京郊旗人社会

庄头等级	庄头姓名	册数（份）	编撰时间
半分庄头	崔瑞峰	5	同治七年（1868）、光绪二十七年（1901）、光绪三十年（1904）、光绪三十三年（1907）、宣统二年（1910）
	崔云峰	1	同治七年（1868）
	于芬	3	同治七年（1868）、光绪二十七年（1901）、光绪三十年（1904）
	于沼	1	宣统二年（1910）
	于维烈	4	同治七年（1868）、光绪三十年（1904）、光绪三十三年（1907）、宣统二年（1910）
	赵德	4	光绪二十七年（1901）、光绪三十年（1904）、光绪三十三年（1907）、宣统二年（1910）
	孙七十儿	4	同治七年（1868）、光绪二十七年（1901）、光绪三十年（1904）、宣统二年（1910）
	王立中	3	光绪三十年（1904）、光绪三十三年（1907）、宣统二年（1910）
	王百岁	2	同治七年（1868）、光绪二十七年（1901）
	朱拴头	4	光绪二十七年（1901）、光绪三十年（1904）、光绪三十三年（1907）、宣统二年（1910）
	朱彭年	1	同治七年（1868）
止差庄头	赵象干	1	同治七年（1868）
总　计	20个庄头		59份户口册 同治七年（1868）：13份； 光绪二十七年（1901）：9份； 光绪三十年（1904）：14份； 光绪三十三年（1907）：9份； 宣统二年（1910）：13份； 无朝年：1份。

注：此表根据中国第一历史档案馆所藏户口册制作

表2-4　清晚期顺义地区投充庄头户口册

地区	庄头姓名	户口册数量/份
临清庄	张永珍	12
张家庄	张廷玺	5
	张大顺	4

地区	庄头姓名	户口册数量/份
张家庄	张连科	19
	张永富	3
大营村	革退庄头李永春	31
	郭皂儿	18
	郭成栋	3
	郭振	17
	郭清	10
	郭祥	5
	郭志元	1
	郭志荣	2
	吴赵氏	15
总　计	14 个庄头	145

注：此表根据中国第一历史档案馆所藏户口册制作

这批册籍为后人粗略地展示了清末皇粮庄头分布地点和大概规模，是寻找庄头后人的重要依据。此外，在整个调查中，户口册还起到了核实的作用，正是将老人们所述祖先的信息与户口册一一比对，才能准确无误地判断他们的身份。口述访谈与户口册的相互对照，成为每一个个案研究的起点。

第三章　下坡屯商家："姓商的就是满族人"

下坡屯村，隶属北京市顺义区牛栏山镇管辖，位于顺义新城北侧，背靠牛栏山，东临潮白河，西面一墙之隔就是有名的牛栏山酒厂，南有连接昌平与平谷的昌金路。至 2012 年，全村共有 440 户，总人口 1052 人，基本农田 460 亩，果园 120 亩，林地 120 亩。

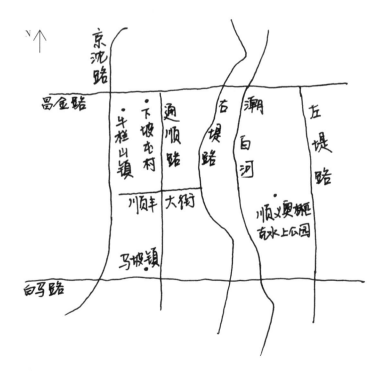

图 3-1　北京市顺义区下坡屯村地理位置

商家的寻访过程，上文已做简要叙述。这是本研究的第一个个案，从最初意外的田野访谈，到档案馆史料查询，然后又到田野中寻访史籍文字的踪迹，继而重返档案馆，搜索资料与田野考察核对，最终又回到田野。田野、史料、史料、田野，这一过程反复多次。田野与文献的对比，带来了诸多疑问，但也正是这些疑问，将研究引向深入。

商家是无意中寻找到的难得的个案。所谓难得，一方面，当北京其他满族聚居地或因城市建设的缘故消失，或因成为旅游热点而搞得面目全非的时候，它竟然那么安然沉默地、像是对周围一切不理不睬地、朴实无华地保留着一个完整的记忆。仅就顺义地区来说，其他很多庄头的后人都已经改报了民族成分，泯然于汉族的汪洋大海中。而下坡屯商家却自始至终承认旗人的身份，现在仍呈报满族。另一方面，相关档案出人意料的齐全，其时间上至清代，下至北洋军阀、日伪、国民党时期，甚至到新中国成立后，直至今天，这些史料将该家族数百年的历史呈现在人们面前。

清代的北京，旗人人群与文化，毫无疑问占据了一个非常重要而且极其特殊的位置。定宜庄、胡鸿保先生曾提到，辛亥革命之后，北京城区的旗人像水银泻地一样消失了①，事实上京郊又何尝不是如此。这群人以及他们的文化，在某种程度上，已被当今的人们所忽略。下坡屯老商家，或许能为后人了解这一群体提供一条途径。

第一次访谈：
　　访谈时间：2007 年 12 月 7 日
　　访谈地点：顺义区牛栏山镇下坡屯村村委会
　　被访者：商大爷甲、商大爷乙
　　访谈者：定宜庄（中国社会科学院），富查玄海（中国社会

① 定宜庄、胡鸿保：《寻找满族——思考"少数民族社会历史大调查"及其影响》，载《清华大学学报》2009 年第 2 期，第 45 页。

科学院），邱源嫒、贺晓燕（中国社会科学院）

第二次访谈：

　　访谈时间：2008 年 11 月 15 日

　　访谈地点：顺义区牛栏山镇下坡屯村商大爷甲家

　　被访谈者：商大爷甲

　　访谈者：邱源嫒、邢新欣（中国社会科学院）

第三次访谈：

　　访谈时间：2011 年 3 月 25 日

　　访谈地点：顺义区牛栏山镇广场

　　被访者：商大爷甲

　　访谈者：邱源嫒、杨原（中国人民大学）

一、家族来源："来了就是来种地的，四等皇粮庄头"

被访大爷们对家族来源的记忆是比较清晰的，他们知道自己的老祖先来自东北，也知道在清代，他们家族是旗人。甚至于，他们明确地知道自己的祖先是"四等皇粮庄头"，给内务府交租子。这点让我们尤为意外，因为在第一次访谈之前，我们一直以为他们是八旗驻防的后人，换句话说，以为他们是外八旗后人，而非内三旗的内务府后人，这两种人群有很大区别。大爷的一句"四等皇粮庄头"，让我们开始重新考虑他们的身份。

富察[1]：您这祖上是咱八旗的护军吧？[2]

商大爷甲：我们不是。

富察：不是？就是当兵的。

---

　　[1]　被访者与访谈者在口述行文中出现时，为求简明清晰，如无重复冲突，均以姓氏标注。下文同。

　　[2]　第一次访谈：访谈时间：2007 年 12 月 7 日；访谈地点：顺义区牛栏山镇下坡屯村村委会；被访者：商大爷甲、商大爷乙；访谈者：定宜庄（中国社会科学院），富查玄海（中国社会科学院），邱源嫒、贺晓燕（中国社会科学院）。

商大爷甲：不是不是。

富察：原来咱们这块儿，有一条御道嘛，就是从咱们东直门到东三省，这不有这个护军嘛。后来，我一直认为啊，商家人好像是在这儿当过护军，到热河、东三省的护军。

商大爷甲：没听说过，没有。

定：原来这个顺义这儿啊，有一支八旗的军队驻军。

商大爷甲：那是在什么年代？

定：清朝啊，我就想找他们的后人。敢情你们也不是？

商大爷甲：我们不是。

定：哦，你们不是。

商大爷甲：我们家那个时候是镶黄旗，来了就是来种地的，四等皇粮庄头。

定：哦，皇粮庄头，你们家就是庄头？

商大爷甲：对，庄头就是管这地的，这庄头就管收租子。

定：哦，你们是庄头。

商大爷甲：当然是啊，对。庄头那个收租的钱，它不归我们，它属于，给内务府收租子。

定：那你们这老家是哪儿的呢？

商大爷甲：说老家在哪儿，在奉天。

定：你们来了以后，那地有多大？老人说过吗？

商大爷甲：就说有多少地，是吧？多少地这不确定，就说可能是四十顷。

定：那可不止这一下坡屯。

商大爷甲：对啊，那就不止了。那南边还有呢。

定：南边到哪儿？

商大爷甲：到东丰乐，东边到榆林北坡。

定：给你们干活的那些家，后来有没有传下来？有庄头，就有庄丁啊。

商大爷甲：那就说不好了。就说干活，就说那阵，他是分给各个村子里面种的，还是雇佣佃户啊，那就说不上了。

定： 那就说不太好了哈。

商大爷甲： 对。

定： 就没有说世世代代给你们家种地的，现在还在这儿的，没有？

商大爷甲： 没有。

老人的记忆大线条是清晰的，祖上是内务府庄头，不是旗兵。但再详细的内容，老人就有些说不上了，这就需要采取具体而非笼统地梳理一辈人一辈人情况的方式来询问。与此同时，原本是冲着驻防来的，现在却面对一支内务府庄头的后人，我们的思路也需要重新调整，家族世系因此成为访谈之初的重点问题之一。一方面，世系是几乎所有田野调查应涵盖的重要内容之一，它体现出一个家族的延续与演变；另一方面，清代的旗人有户口册，如果确是内务府庄头家族，如果史料还完整，原则上就应该能在户口册中查到这个家族，也就是说能确认他们的身份，并由此进一步查询相关档案。基于此，世系成为本项调查的起点。

二、家族世系

1. 家族身份的确认：访谈——户口册——访谈——档案

第一次访谈中，大爷对家族世系的记忆只能从第四世开始：

第一次访谈[①]：

商大爷甲： 祖上往上就不能考了，就只能从第四世。第四世，商秉忠，下面他有三个儿子，秉字，自字，商自兴、商自龙、商自富，他们哥仨。商家分东西两大门，东门呢，商自兴。西门呢，商自龙。那不是还有一个商自富嘛，这商自富是怎么回事呢，这商自富啊在三，在三应

---

① 第一次访谈：访谈时间：2007 年 12 月 7 日；访谈地点：顺义区牛栏山镇下坡屯村村委会；被访者：商大爷甲、商大爷乙；访谈者：定宜庄（中国社会科学院），富查玄海（中国社会科学院），邱源嫒、贺晓燕（中国社会科学院）。

该是分三门，为什么分两门呢？过去啊，因为商家好歹是一个有名的人家，那时候有种迷信的说法，就说这个商自富生来命中就应该当和尚。说这个商家，在村里头呢，他们有几个钱吧。当和尚，上哪块儿呢？说咱们也别去别地儿，说自个修一庙。就在现在的张家庄，专门给他修一个庙。商自富就在那儿当和尚。后来就分了东西两门。东门就是商自兴，西门就是商自龙。哥俩，商自兴是长门，商自龙是次门。所以，就延续到现在。

定：你们是哪一门呢？

商大爷甲：我们不是长门，我们是次门的。就是商自龙那一门的。后来，这个长门啊，就发展比较萧条一点。西门发展比较旺盛一点。主要这个在这个士气方面，西门比东门就是要强一些。

定：哦，你们那一门比较强。那从那一门到你们又多少代了？

商大爷甲：反正老商家到我这辈上十二代。

定：不是从那个商自龙到您这儿吧？

商大爷甲：不是。是从第一代到我这儿是第十二代。老商家，现在排辈数比较混乱，原来时候呢，是比较规矩的。"德"字、"应"字、"廷"字、"秉"字、"自"字、"永"字、"荣"字、"继"字、"朝"字、"克"字，到这个什么"继"字，就有分歧，东门跟西门的就不统一了。东门呢，就是"怀"字、"良"字、"成"字，就这么排。西门就是"继"字、"朝"字、"克"字。到"文"字比较统一，有个别的人，一个三个的，但都比较统一。从"文"字往下呢，就有分歧了。但是"恩"字辈，到我这辈，大致上都能随着点，有个别的不随了。再往下，就越来越乱了，往后就没法找了，没法查询了。所以说，像我们老商家，到哪儿，不管是在哪儿，只要你姓商，因为他这个满人啊，满人就属于旗人呢，他这个本民族跟这个本民族人呢，他就比较近乎。您比如说，就拿咱们来说也一样，您要一说我也是满族人，哎，您就属于哪儿，他谈话他就比较近一点。他有这一个民族概念，民族关系似的，近乎点。所以，姓商的啊，到哪儿您说您也姓商，说话就近乎。他有的姓商的，他说我不是满人。实际上说，我们认为是姓商的就是满族人，原来就没有。不过，他为什么说不是呢，就是以后啊，在那个传统当中啊，宗族就乱了。所以，这样，他就不是满人。

商大爷提供的行辈字很关键，整理如下：

西门：
德、应、廷、秉、自、永、荣、继、朝、克、文、恩
东门：
德、应、廷、秉、自、永、荣、怀、良、成、文、恩

最初的设想是，拿着大爷提供的行辈字，与档案馆查询户口册对一对，看是否能找到线索。几个月后，在中国第一历史档案馆，我们确实找到了下坡屯商家的户口册，共两册。一册是光绪二十七年（1901）的，题名"四等庄头商长锁丁册档"，该家族属于内务府正黄旗下庄头：

四等庄头商长锁丁册档①
　光绪二十七年
正黄旗四家恩良管领下顺义县下坡屯村居住
四等庄头商长锁　马年　八十岁
　曾祖德生故
　　祖花子故
　　　父金山故
　　　　妻李氏故　龙年　八十二岁
　　　　　长子妇许氏　狗年　六十四岁

---

① 《会计司类·人事项》，编号：556（1），四等庄头商长锁丁册档，藏于中国第一历史档案馆。

长子文会　鼠年　十四岁

庄头次子大全　狗年　五十二岁

　妻吴氏　鸡年　二十九岁

　长子文祥　羊年　十九岁

　次子文成　马年　八岁

庄头之三子大伯　猪年　三十九岁

　妻吴氏　牛年　三十七岁

　长子刘四儿　狗年　十六岁　即文萃

　次子如儿　蛇年　九岁

庄头之侄柱儿　猪年　五十一岁

　妻张氏　狗年　五十二岁

　长子喜儿　蛇年　三十三岁

　妻单氏　猴年　三十岁

　子顺儿　猪年　十五岁

柱儿之次子宝儿　鸡年　二十九岁

　妻吴氏　鸡年　二十九岁

　子满屯　羊年　七岁

柱儿之三子三儿　鼠年　二十六岁

　妻郭氏　鼠年　二十六岁　新娶

　子长江　鼠年　二岁　新添

柱儿之四子四儿　虎年　十二岁

（节录）

　　另一册为宣统二年（1910），庄头仍是商长锁，内容相似。

　　将两份户口册与田野调查的情况相互对照，可以看出二者地点相同：都位于顺义下坡屯村，都是四等皇粮庄头，而且"商"姓不多见，几乎可以肯定这就是一个家族，让人很兴奋。但与此同时，户口册上的人名以小名居多，无法与大爷提供的行辈字对照，不能妄作判断。此商家真的就是彼商家吗？带着疑虑，我们决定第二次走访下坡屯。

2008年11月，我与师妹邢新欣博士一起去了下坡屯，小村子紧靠着牛栏山酒厂，交通还算便利，下了郊区车，再走一个长长的大坡便是。我们没有通过村委会，直接到村子里打听商大爷的家。出发前，还有些顾虑，不知大爷是否欢迎我们，迎面见到大爷充满笑容的脸，顾虑自然完全消失。大爷非常热情地把我们迎进屋内，当我们告诉他，确实在档案馆查到了家族的户口册，他非常高兴，并从里屋拿出来一沓纸，说这些日子，他将家族完整的家谱整理出来，我们今天能再来，还带着"皇帝给写的家谱"，那真是太好了。于是，他从商姓第一代人开始给我们讲起，这既是一代一代的世系，也是一辈一辈的故事。

第二次访谈①：

商大爷甲：我们姓商的在这个村子里边啊，是一个大家族。在过去来说，比较有点声望。所以，在家族里边，有几个，你比如说过去，咱们农村讲上坟，上坟有那老人，他也跟你说，谁谁谁怎么怎么回事，怎么怎么回事。我在这方面，你说吧，我就记，记完了，有时候呢，就把它抄下来。可别人呢，就不动这个（脑筋）。那时候，因为记忆力也强，说就能记住了，印在脑子里面呢，一般就忘不了了。

邱：哦，您当时还用笔记下来了？

商大爷甲：对，有时候是那样。

邱：现在还在吗？您当时记得那些。

商大爷甲：我记得也不全面，我还有一份，我给你拿。（站起来，去里屋拿东西。）

邱：哦，太好了。

大妈：他家谱，大部分他都有，别人都不记，找不着，都来找他

① 第二次访谈：访谈时间：2008年11月15日；访谈地点：顺义区牛栏山镇下坡屯村商大爷甲家；被访谈者：商大爷甲；访谈者：邱源媛、邢新欣（中国社会科学院）。

来。谁不知道他爷爷叫什么，就来找他来。

商大爷甲：（回来了，拿着一摞纸）因为我记忆越来越不好了，所以就得动点那什么（笔），原来没那什么。我得找找页数。没订好。

邱：真好，这个是什么时候记的啊？

商大爷甲：就是最近。^① 你看，这就是头一页："顺治二年随龙进京正黄旗内府当差四等黄（皇）粮庄头。"

邱：哦。

商大爷甲：我们打顺治二年来的不是，顺治二年那就是1645年吧。

邱：对，对。

商大爷甲：因为，顺治登基是1644年不是。所以，顺治二年，必定就是1645年。我们那头一辈祖先呢，商德仁，另外，他们哥俩过来，就是商德富。商德仁是四位夫人，郑温李段。据说是一个夫人给生一个儿子，成、龙、虎、豹，哥四个。

邱：这名字取得好。

商大爷甲：呵呵呵，可是呢，像这个旁系的，这就不知道了。我们，就是第二世的直系祖先就是商应成。应成下面哥仨，廷佐、廷佑、廷方。我们的直系祖先就是廷佐。这廷佑、廷方是旁系祖先，就没有考了。下边呢，第四世是商秉忠。其他的（旁支）就迁出去了，究竟流落到哪儿就不知道了。商秉忠，就是我们这个下坡屯，所有的姓商的，都是商秉忠留下的。

邱：现在下坡屯所有的都是他留下的。

商大爷甲：对对，他留下的。后来呢，他下边，是哥仨，自兴、自龙、自富。由这以后呢，分两大门，商自兴在大，他是东大门。商自龙在二，属于西大门。这商自富呢，我那天也跟你们说过，他是生来命孤，应该当和尚。他当和尚以后呢，就是张庄，就是我们前面拆迁的这个村，叫张庄。他在那儿当和尚，我们给他盖了一家庙。家里面给盖了

---

① 按商大爷的意思，这份家谱是按照他的记忆，在2008年时，他写下来的。

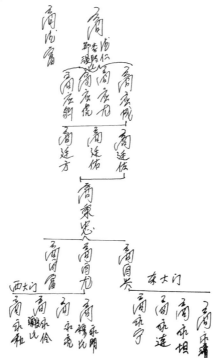

图 3-2 北京市顺义区下坡屯村商家西门家谱

一个庙，得了，咱们就跟这儿当和尚了。后来呢，他岁数大了，瞅着这哥儿俩（商自兴、商自龙）混成这样，他就不干了。我这么大家业，我在这儿当和尚，我不干。他又还俗。还俗以后呢，又从这个外村，那小孩十三岁，代替他当和尚。从东西两大门以后，他下面哥儿八个，这是东大门哥儿四个，这是西大门哥儿四个（见图 3-2）。就是这么着来的。

2. 分家："西门接了庄头以后……他是属于旺门"①

邱： 这分家又是怎么回事儿呢？庄头是哪一家呀？

---

① 第二次访谈：访谈时间：2008 年 11 月 15 日；访谈地点：顺义区牛栏山镇下坡屯村商大爷甲家；被访谈者：商大爷甲；访谈者：邱源媛、邢新欣（中国社会科学院）。

商大爷甲：这个啊，这商德仁是庄头。因为他是老大啊，他是庄头。完了，下面了，这商应成是庄头。往下传，商廷佐是。下面，商秉忠就哥一个，那必然就是了。那下面了，是商自兴是庄头。赶后了了，这下面是商永清，他是长门是庄头啊。永清下面，我就推不详细了，永清的儿子我不知道叫什么，永清下面不就是荣字不是。这荣字，商荣显，他是西门人，接着长门庄头。

邱：那个庄头啊是这样，庄头啊是要继承的。

商大爷甲：对。

邱：而且，这继承，皇上都得，皇封。

商大爷甲：对，所以说就是世袭庄头。

邱：都是世袭，庄头都是世袭。①

商大爷甲：完了这里边，他有一个什么插曲呢，我给您说。这庄头啊，过去一般都是传给长门人，是不是啊？这就跟继承家业似的，都得长门继承。可是为什么说（我们西门人，加上）后来，这庄头啊，就落到我们西门人这个肩上了？一开始啊，都传长门，传到这个第几世吧，就说到东门的怀字上，原来应当当庄头这个人啊，早逝。后来呢，庄头由谁继承呢，老太太当家，这老太太叫商肖氏，那时候女的没有名字。

邱：那就是她们娘家姓肖。

商大爷甲：对，姓肖。她这个老太太什么呢，她这家庭也是满族，她就是武清县。

邱：天津。

商大爷甲：对，天津武清县。那时候，也有庄头也挺有名，他外号

---

① 庄头对其土地等财产没有所有权，只有使用权。因此，庄头的承替，即便是父子，都是职位接替意义上的"顶补"，不能称为"继承"，而更谈不上"世袭"，详见下文。我在研究中，对此问题的理解有一个变化过程，此处与老人的对话正体现了我研究初期的观点。关于庄头承替的问题，参见邱源媛："The Eight Banner Manors and the Qing Economy：Property Rights in North China during the Seventeenth Century"（《八旗庄园与清代的经济：十七世纪华北地区的地权问题》），2014年全美亚洲年会提交论文。

叫肖天艇（音），"胭粉庄头"①，人称"肖千顷"，是他的闺女。"肖千顷"是他的号，就是他有一千顷地吧。

邱：哦，他们那儿是胭粉庄头？

商大爷甲：对。

邱：那您这儿不是？

商大爷甲：我们这儿不是。

邱：皇粮庄头。

商大爷甲：对，胭粉庄头也就是属于红粮庄头，对吧？

邱：对。

商大爷甲：他这个，割地给这儿，光陪这个胭粉地这个就是七顷五。这七顷五原来就能连到（这个）东边这个榆林这村边上去。

邱：他们家不是武清的庄头吗？他们怎么还有陪嫁在这边的地啊？

商大爷甲：那是，他们那胭脂地也许是这边置的地儿，那可说不太清楚。陪地，那当然这边得置不是。

邱：哦。

商大爷甲：可是后来了，她在了以后啊，那时候妇女同志好像都是那个知识浅薄不是，无能力，没有能力支持。后来呢，那个老太太又好抽大烟。后来呢，这个西门人啊，就出来这个，在这个辈啊，叫商荣显，说得了，老太太您如果说是不能支撑这庄子，干脆让我们给支撑着得了。这老太太不干，说那我不行，不能让你们。因为，甭管怎么着这是家业问题啊。她怕后来受罪啊。只要您把庄子让给我们以后，随您大烟胡抽，每天是二八席。

邱：什么二八席？

商大爷甲：八碟子八碗②。所以，后来就这样说好了，才把庄子转

---

① "脂粉庄头"，指跟随公主陪嫁而来的庄头，民间也称"胭粉庄头""红粮庄头"，公主陪嫁地称"脂粉地"。

② 二八席是由八个碗菜和八个盘菜组成，故称二八席。二八席中具体菜式记载各不相同，但都凉热搭配、荤素适中。

给西门。

邱：就转给弟弟了，等于是。

商大爷甲：不是，是转给西门人了。因为这辈呢，这怀字的庄头叫什么，他属于长门，我不太详细。他底下的儿子叫商良元，出七坪五地一块儿，能够维持生活。那阵儿妇女不能除名，满清入关那就是不能除名，她出地的时候得什么呢，得出门，她儿子的名字，她儿子小，只能说是童子商良元，卖这个七亩地多少多少。

邱：后来把地都卖了？

商大爷甲：后来把地都卖的不少，后来西门接了庄头以后啊，就不管事了，就管点吃喝了，天天就管吃管喝的。所以，那时候庄头就转让给西门。

邱：那西头的势力就更大了。

商大爷甲：那当然，为什么刚才我说，西门就是在满清末后期的时候，还有民国以前的这个阶段，他是属于旺门。

邱：那就是说，后来那个地也都转到您这边来了，是吗？

商大爷甲：您说的是？

邱：庄头底下，手底下的他的地啊？

商大爷甲：到后来一点点的在这个满清时候，是啊，转到西门来了，因为当家啊，那地当然就是归这边了。怎么说就是归西门人掌握了。

3. 庄头一支："当时就是长子继承庄头，就是商继刚"①

商大爷甲：这不是插曲嘛，咱们回过头来说哈。永亮，商荣显是永亮那一支的。

邱：商永亮是西门的。

---

① 第二次访谈：访谈时间：2008年11月15日；访谈地点：顺义区牛栏山镇下坡屯村商大爷甲家；被访者：商大爷甲；访谈者：邱源媛、邢新欣（中国社会科学院）。

商大爷甲：对对，他属于西门，完了下边呢，就是商荣显。

邱：商永亮是老三吗？

商大爷甲：永亮是老三。

邱：永伶是老几呢？

商大爷甲：永伶可能是老四。永明是老二，大排行是老二。永和是最小的。永亮下面是商荣显，商荣显就是接庄头，他有两个儿子，一个叫商继刚、一个叫商继长。他下面就是商继刚，商继刚就是现在，上回来就是那影剧厅这地方，可能修好了吧。

邱：影剧厅。

商大爷甲：就是那地方，就是庄头的旧址。这哥俩，当时就是长子继承庄头，是商继刚，这商继长呢，就是旁系的了。商继刚下面就是商朝正，"朝"字，下面是商克敏，商克敏是庄头。不对，这不对，这商朝治是庄头。他是老大。下面，商克勤。克勤下面，商文英。我这就近了。文英下面商恩普。

邱：这个离得近是什么时候？

商大爷甲：就是解放以前。就是四几年的时候，他就是老庄头。在解放的时候，这个人还没死呢。

邱：商文英还没死。

商大爷甲：对，没死，他后来躲到北京，死到北京了。

邱：那时候，他多大年纪？

商大爷甲：解放那阵儿，他也就是六十多岁吧。后来，就是，他儿子，商恩普，商恩普的号叫伯泉。

邱：那这就接到现在了。

商大爷甲：对。

邱：那到商文英那会儿，也就没什么庄头了吧？

商大爷甲：商文英还行，商文英在解放以前，还那什么，那就是，庄头就没有了，可是他地多啊，就是地主了就。在这村的，就是大地主了。

邢：那"文革"的时候，是不是挨斗了？

商大爷甲："文革"那会儿，这文英早就死了。这个，恩普那时候还活着，他当然，肯定得挨斗啊。

邱：哦，那现在商恩普？

商大爷甲：死了。

邱：他比您大多少？

商大爷甲：比我大不少呢，连他的儿子都比我大。

邱：您今年？

商大爷甲：75，虚岁。

邱：您哪年生人呢？

商大爷甲：我是1934年。

邱：哦，这就是"恩"字辈的。那下面是"治"字辈吗？

商大爷甲：不，那下面就不排了就，那应该是"维"字辈。就是"思维"的"维"。

邱：哦，那后来，就没有讲究了。

商大爷甲：对对。

邱：多可惜啊。

商大爷甲：他这个啊，一解放以后，也没有那个家长专权制了就，谁爱叫什么就叫什么了就，就不排了。

4．商大爷的本支："永伶啊是我们的直系祖先"①

邱：那这支是庄头的一支，您再回过头来，讲讲您家那支。您家是西大门的吧？

商大爷甲：唉，我们家属于西大门。这个有"永"字，这个不一样，就多了。你看像这个永伶，他是属于西门。我这个弄得挺乱的。永

---

① 第二次访谈：访谈时间：2008年11月15日；访谈地点：顺义区牛栏山镇下坡屯村商大爷甲家；被访谈者：商大爷甲；访谈者：邱源媛、邢新欣（中国社会科学院）。

伶、永亮、永和，这个属于西大门的。

邱：这不是还有一个永明吗？

商大爷甲：对，他这是什么，因为商永明啊，他下面没有子女。他这份家产，这不东西两大门，这哥儿七个都给分了。所以，姓商的供包袱，都供他，都有他的好。

邱：供什么？

商大爷甲：年根祭典，包点那个鬼钱，烧咯，包袱①。

邱：哪俩字咋写啊？

商大爷甲：像兜子似的，找点鬼钱，装在里边，每年那叫奠节，就是祭奠的节日，给烧的那个。

邱：是布做的吗？

商大爷甲：不，纸。

邱：叫包袱。

邢：用纸包起来。

商大爷甲：就糊这么一个，把钱搁在里面。你们那岁数不知道，老辈才这样呢。

邱：所以，才来听您讲这些啊。

商大爷甲：呵呵呵。

邱：那您的意思就是说，所有的商家人都要给商永明来送这个。

商大爷甲：对，都供他。因为什么呢，他的财产，这底下都分了，这七家。所以说都得供他。

邱：那各家还供什么呢？

商大爷甲：像这个啊，那个过去老说这个，说"祖宗虽远，祭祀宜诚"啊。

邱：这话怎么说？

---

① 烧包袱也作烧包裹，是旧时祭祀祖先的一种形式。老北京的风俗，每逢清明、中元、寒衣节，为表"思时之敬"，大都给死去的宗亲上坟烧纸。但是有的由于某些原因不能上坟的，就以烧包袱代之。

商大爷甲：就是说祖宗虽远啊，祭祀啊，上供啊，应该诚心诚意的。所以说，我从小的时候，要在这个清明节啊，过年节啊，或七月十五，那叫中元节啊，像我啊，都写包裹，都写这个"商永明"。

邱：那您还写其他人吗？您是哪个的后人啊？

商大爷甲：永伶。

邱：那你们给永伶烧吗？

商大爷甲：永伶也烧啊，这永伶啊是我们的直系祖先，永明是旁系祖先。那永明，他那哥几个都继承他的家业了，所以要烧他的。

邱：那您这支就烧永明和永伶的，其他的还烧吗？

商大爷甲：那都不烧了，人有子女，人有供啊。永伶是我们的直系祖先，这是永伶。

邱：这是线、段氏。

商大爷甲：对，那老人不是都没名字嘛。都写成什么什么氏。过去那女的啊，没有名字，她那个娘家姓什么就姓什么，到婆家来呢，用婆家那个姓，搁成自己的姓。实际就是那边姓什么，因为给了，上面就又添了这个丈夫的姓氏。

邱：恩，商段氏，商线氏。

商大爷甲：对，两位夫人。你像下边，荣字下边是继字，继字人多，这么多人，我们直系祖先就是商继群。这是亲哥六个。可是这成家的这个是商继续，那个什么那个女的，姓什么我都不知道了，就没写。下面是商朝连，下面是商克成。这商继仕跟商继先，这两个人没成过家，就是光棍吧。这商继贤，他是有一个儿子商朝喜，原先呢，让车给轧死了，这支就绝了。像我们这个商继群，就留下了。这个商克明是我的祖父，这个。

邱：哦。商克明是您祖父。

商大爷甲：唉，这个商克恒就是另一支了就，没表。

邱：您祖父是做什么的？

商大爷甲：我祖父啊，我祖父是庄稼人，原来就是卖力气。原先，我们这儿有潮白河，这潮白河就有那个水运。有的水运就是那个叫放筏子啊，就由上面买木头，伐木头，买了木头以后，就搁水一冲，冲下来。他这儿有一个厂地，有一个木头厂子，到这儿卸。就是干力气活吧。

邱：那不种田啊，不是庄头吗？

商大爷甲：那庄头啊，并不是都是庄头，庄头是有世袭的。就说你这辈吧，你比如说是庄头，下面呢，庄头有几个儿子呢，就一个（能传）。其他就是旁系了，就普通农民了就，就不属于庄头了不是。

邱：哦，这样啊。

商大爷甲：商钟氏。这是我太太，我们这族就叫太太，管奶奶叫太太。这商文会是我父亲。这个呢，就是我的几个叔叔。因为他们哥五个，过继出一个，现在还剩哥四个家里面。这就是我的名字。

5．家族世系

东大门的事情，西大门的大爷说的不多，在我们的请求下，他带我们找到了东大门的后人。这位东门大爷热情地将我们领进屋，拿出一个信封。据东门大爷说，这是"我爷爷留下来的，我爷爷搁我们这儿住，他那小匣子，就搁我那柜子搁着"。信封里面装着两张很破旧的纸，看得出来他很珍惜。

这次访谈，走访了东西门两位大爷，并从二人手中得到了两份谱单，准确说就是世系表。一份是西门大爷根据记忆不久前写的，标题是"顺治二年随龙进京正黄旗内府当差四等黄（皇）粮庄头"（为简便起见，将这份世系称为"西谱"）；另一份，东门大爷提供的，这份世系比较正式，谱记："乾隆五十七年正黄旗伯文管领下顺义县四等庄头商自兴家谱"（据西门大爷说，这份家谱很可能是后来抄的，并不是乾隆五十七年的原件，将其称之为"东谱"）。

可惜的是，没有一位大爷知道户口册中记载的庄头"商长锁"这一名字。同时，户口册中过多的小名，又很难准确核对。第二次访谈结束后，我又回到文献，反复核查户口册。为了便于叙述以及体现户口册的重要性，特将中国第一历史档案馆的两份户口册全文录入如下：

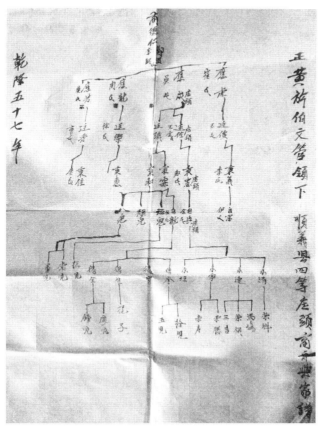

图 3 - 3　北京市顺义区下坡屯村商家东门家谱 1

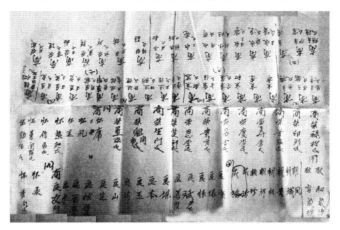

图 3 - 4　北京市顺义区下坡屯村商家东门家谱 2

第一份户口册:

四等庄头商长锁丁册档①

光绪二十七年

正黄旗四家恩良管领下顺义县下坡屯村居住

四等庄头商长锁　马年　八十岁

曾祖德生　故

祖花子　故

父金山　故

妻李氏　故　龙年　八十二岁

长子妇许氏　狗年　六十四岁

长子文会　鼠年　十四岁

庄头次子大全　狗年　五十二岁

妻吴氏　鸡年　二十九岁

长子文祥　羊年　十九岁

次子文成　马年　八岁

庄头之三子大伯　猪年　三十九岁

妻吴氏　牛年　三十七岁

长子刘四儿　狗年　十六岁　即文萃

次子如儿　蛇年　九岁

庄头之侄柱儿　猪年　五十一岁

妻张氏　狗年　五十二岁

长子喜儿　蛇年　三十三岁

妻单氏　猴年　三十岁

子顺儿　猪年　十五岁

柱儿之次子宝儿　鸡年　二十九岁

① 《会计司类·人事项》，编号：556（1），四等庄头商长锁丁册档，藏于中国第一历史档案馆。

妻吴氏　鸡年　二十九岁

子满屯　羊年　七岁

柱儿之三子三儿　鼠年　二十六岁

妻郭氏　鼠年　二十六岁　新娶

子长江　鼠年　二岁　新添

柱儿之四子四儿　虎年　十二岁

庄头之侄大梨　马年　五十六岁

妻黎氏　马年　五十六岁

长子拴儿　牛年　三十七岁

妻李氏　牛年　三十七岁

子强儿　虎年　十二岁

大梨次子群儿　猴年　三十岁

妻徐氏　羊年　三十一岁

子元儿　虎年　十二岁

次子四元儿　羊年　七岁

大梨三子套儿　猪年　二十七岁

妻梁氏　鸡年　二十九岁

大梨四子金儿　羊年　十九岁

妻卢氏　马年　二十岁　新娶

大梨五子银儿　鸡年　十七岁

妻周氏　马年　二十岁　新娶

庄头之弟妇毛氏　狗年　六十四岁

子妇刘氏　龙年　四十六岁

长子套儿　鼠年　二十六岁

妻李氏　鸡年　二十九岁

子春玲　马年　八岁

刘氏次子石儿　兔年　二十三岁

妻张氏　兔年　二十三岁

子德玲　未岁　新添

刘氏之三子骡儿　蛇年　二十一岁

妻郝氏　故

妻李氏　蛇年　二十一岁　续娶

庄头族侄常儿　鼠年　三十八岁

妻赵氏　猴年　四十二岁

奶男一口　新添

庄头之族弟倍儿　蛇年　六十九岁　故

妻张氏　蛇年　六十九岁　故

子瓦儿　龙年　四十六岁

妻邵氏　猪年　三十九岁

子虎儿　龙年　十岁

庄头之族婶艾氏　虎年　七十二岁　故

长子四有　猪年　五十一岁

妻刘氏　狗年　五十二岁

子刘印　猪年　二十七岁

妻钟氏　猪年　二十七岁

子结实　羊年　七岁

艾氏次子永儿　鼠年　三十八岁

妻赵氏　牛年　三十七岁

庄头之族婶郑氏　龙年　六十九岁

长子五有　牛年　四十九岁

妻李氏　蛇年　三十三岁

子四合儿　狗年　十六岁

次子六合儿　蛇年　九岁

郑氏之次子六儿　鼠年　三十八岁

妻祁氏　鼠年　三十八岁

长子三合　牛年　十三岁

次子奶男一口　新添

庄头之族弟良甫　猴年　五十四岁　故

　　良甫三弟四小儿　龙年　四十六岁

庄头之族侄妇李氏　牛年　四十九岁

　　长子二响儿　猴年　十八岁

　　次子三响儿　龙年　十岁

庄头之族弟三元　牛年　六十一岁　故

　　长子承双　蛇年　三十三岁

　　　妻邵氏　龙年　三十四岁　新娶

　　　次子二双　羊年　三十一岁

庄头族弟妇尹氏　牛年　四十九岁

　　子安儿　狗年　十六岁

庄头之族弟三星　猪年　五十一岁

　　子禄儿　羊年　三十一岁

庄头之族弟常山　狗年　四十岁

　　妻李氏　狗年　四十岁

庄头之族弟有骡　狗年　五十二岁

　　妻张氏　猪年　五十一岁

　　长子二喜　马年　三十二岁

　　　妻胡氏　羊年　三十一岁

　　次子四喜　虎年　十二岁

　　三子奶男一口

庄头之族弟有车　蛇年　四十五岁

　　妻黄氏　蛇年　四十五岁

　　子德儿　狗年　十五岁

庄头之族弟有所　狗年　五十二岁

庄头之族婶杜氏　龙年　七十岁

　　杜氏之子妇王氏　牛年　三十七岁

奶男一口即喜儿　猴年　六岁　即奶男

杜氏之夫弟瑞雪　鸡年　六十五岁

庄头之族弟四儿　狗年　四十岁

　妻张氏　牛年　三十七岁

　四儿堂弟六儿　虎年　三十六岁

　　六儿之弟七儿　马年　三十二岁

庄头之族婶赵氏　鼠年　六十二岁

　子群儿　牛年　二十五岁

　　妻周氏　牛年　二十五岁

庄头之族弟壮儿　猪年　十五岁

　壮儿之叔八儿　狗年　五十二岁

　子锁儿　狗年　十六岁

　　妻单氏　狗年　十六岁　新娶

庄头族叔继武　马年　八十岁　故

子朝祥　兔年　六十岁　故

　妻马氏　蛇年　五十七岁　故

　长子柱儿　兔年　三十五岁

　　妻刘氏　兔年　三十五岁

　　子宝玲　龙年　十岁

　朝祥次子二柱儿　鸡年　二十九岁

　　妻任氏　鸡年　二十九岁

继武三弟虎儿　马年　六十八岁　故

　妻张氏　龙年　五十八岁

　子金儿　猪年　二十七岁

　　妻王氏　猪年　二十七岁

继武之侄银儿　牛年　二十五岁

　妻李氏　牛年　二十五岁

庄头之族弟增儿　鸡年　五十三岁

子小儿　牛年　二十五岁

妻李氏　牛年　二十五岁

次子二小儿　虎年　十二岁

增儿之弟福儿　马年　四十四岁

妻周氏　马年　四十四岁

子三小儿　虎年　十一岁

庄头之族叔奎儿　狗年　四十岁　故

妻马氏　猪年　三十九岁　故

子宝林　马年　八岁

奎儿之叔牛儿　猴年　五十四岁

妻张氏　龙年　五十八岁

长子二奎　鸡年　二十九岁

次子三奎　虎年　二十四岁

牛儿之婶宋氏　鼠年　七十四岁

子拴儿　鸡年　四十一岁

妻张氏　羊年　四十三岁

子马儿　鸡年　十八岁

庄头族堂祖喜儿　鸡年　四十一岁

妻周氏　马年　四十四岁

子小儿　鼠年　十四岁

喜儿之堂弟四喜　马年　三十二岁

妻冯氏　蛇年　三十三岁

庄头之族弟妇李氏　兔年　五十九岁

子二俊　鸡年　二十八岁

庄头之族叔生儿　猪年　六十三岁

妻杭氏　马年　四十五岁

子根儿　马年　八岁

庄头之族婶李氏　鸡年　五十三岁

子七十　鼠年　十四岁

七十之三叔二孝　龙年　五十八岁

妻周氏　马年　四十四岁

子柱儿　马年　八岁

以上亲丁共一百四十九名口

第二份户口册：

四等庄头商长锁丁册档①

宣统二年

正黄旗四家全忠管领下顺义县下坡屯村居住

四等庄头商长锁　马年　八十九岁

曾祖德生　故

祖花子　故

父金山　故

长子妇许氏　狗年　七十三岁

子文会　子年　二十三岁

妻周氏　鸡年　二十六岁

文会子恩贵　猴年　三岁　新添

庄头次子大全　狗年　六十一岁

妻吴氏　鸡年　三十八岁

长子文祥　羊年　二十八岁

次子文成　马年　十七岁

妻孙氏　兔年　二十岁

子恩印　鸡年　二岁　新添

庄头之三子妇吴氏　牛年　四十六岁

---

① 《会计司类·人事项》，编号：708（1），四等庄头商长锁丁册档，藏于中国第一历史档案馆。

长子文萃　狗年　二十五岁　即刘四

　妻李氏　猴年　二十七岁

　　奶男一口名恩庆　新添

次子如儿　蛇年　十八岁

　妻李氏　龙年　十九岁　新娶

庄头之侄妇张氏　狗年　六十一岁

　张氏长子喜儿　蛇年　四十二岁

　　妻张氏（单□）　羊年　二十八岁　续娶

　　　子顺儿　猪年　二十四岁

　　　　妻马氏　羊年　二十八岁

　张氏次子宝儿　鸡年　三十八岁

　　妻吴氏　鸡年　三十八岁

　　　子满囤　羊年　十六岁

　　　次子海儿　羊年　四岁　新添

　张氏三子三儿　鼠年　三十五岁

　　妻郭氏　鼠年　三十五岁

　　　子长江　鼠年　十一岁

　张氏四子四儿　虎年　二十一岁

　　妻屈氏　虎年　二十一岁

庄头之侄大梨　马年　六十五岁

　妻黎氏　马年　五十五岁

　长子拴儿　牛年　四十六岁

　　妻李氏　牛年　四十六岁　故

　　　子强儿　虎年　二十一岁

　　　　妻巩氏　虎年　二十一岁

　次子群儿　猴年　三十六岁

　　妻徐氏　羊年　四十岁

　　　子元儿　虎年　二十一岁

妻范氏　虎年　二十一岁　新娶

三子套儿　猪年　三十六岁

妻梁氏　鸡年　三十八岁

四子金儿　羊年　二十八岁

妻卢氏　马年　二十九岁

子大来　羊年　四岁

五子银儿　鸡年　二十六岁

妻周氏　马年　二十九岁

庄头之弟妇毛氏　狗年　七十五岁

子妇刘氏　龙年　五十五岁

刘氏长子套儿　鼠年　三十五岁

妻李氏　鸡年　三十八岁

子春龄　马年　十七岁

次子经儿　狗年　十一岁　新添

刘氏次子石儿　兔年　三十二岁

妻张氏　兔年　三十二岁

长子德龄　鸡年　十四岁

次子三级　牛年　十岁

三子恩有　龙年　七岁

四子恩雨　鸡年　二岁　新添

刘氏三子骡儿　蛇年　二十九岁

妻李氏　蛇年　二十九岁

子五奎　羊年　四岁

庄头族侄常儿　子年　四十七岁

妻赵氏　猴年　五十一岁

子石儿　蛇年　十八岁

妻魏氏　蛇年　十八岁　新娶

庄头族侄瓦儿　龙年　五十五岁

妻邵氏　猪年　四十八岁

　子虎儿　龙年　十九岁

　　妻李氏　羊年　十六岁

　次子豹儿　羊年　九岁

　三子崇儿　羊年　四岁　新添

　四子奶男一口　新添

庄头之族弟四有　猪年　六十岁

　妻刘氏　狗年　六十一岁

　　子刘印　猪年　三十六岁

　　　妻钟氏　猪年　三十六岁

　　　　长子结实　羊年　十六岁

　　　　次子龄儿　狗年　十三岁

　　　　三子耕儿　羊年　四岁

庄头族弟永儿　鼠年　四十七岁

　妻赵氏　牛年　四十六岁

庄头族婶母郑氏　龙年　七十八岁

　长子立有　牛年　五十八岁

　　妻李氏　蛇年　四十二岁

　　　长子四合　狗年　二十五岁

　　　　妻张氏　猪年　二十四岁　新娶

　　　次子六合　牛年　二十二岁

　　　　妻孙氏　猪年　二十四岁　新娶

　郑氏次子六儿　鼠年　四十七岁

　　妻祁氏　子年　四十七岁

　　　长子三合　牛年　二十一岁

　　　　妻王氏　猴年　二十七岁　故

　　　次子四儿　鸡年　七岁

　　　三子六全　羊年　四岁　新添

庄头之族弟良甫　猴年　六十三岁

　　良甫三弟四小儿　龙年　五十五岁

庄头之族侄妇李氏　牛年　五十八岁

　　长子二响　猴年　二十七岁

　　次子三响　龙年　十九岁

庄头之族侄承双　蛇年　四十二岁

　　妻邵氏　龙年　四十三岁

　　承双之弟六双　羊年　四十岁

　　　妻李氏　羊年　二十八岁

庄头之族弟妇尹氏　牛年　五十八岁

　　子安儿　狗年　二十五岁

　　　妻尹氏　鸡年　二十六岁

庄头之族侄禄儿　羊年　四十岁

庄头族弟有骡　狗年　六十一岁

　　妻张氏　猪年　六十岁

　　长子妇王氏　虎年　三十三岁

　　　子允子　羊年　四岁　新添

　　次子四喜　虎年　二十一岁

　　　妻尹氏　虎年　二十一岁　新娶

　　三子骆儿　蛇年　八岁

　　四子四儿　羊年　四岁　新添

　　五子奶男一口　新添

庄头之族弟有所　狗年　六十一岁

庄头之族婶母杜氏　龙年　八十三岁

　　子妇王氏　龙年　四十六岁　故

　　　杜氏亡夫弟瑞雪　鸡年　七十四岁

庄头之族弟妇张氏　蛇年　四十二岁　故

庄头族弟六儿　虎年　四十五岁

妻荆氏　马年　二十九岁

子二德　蛇年　七岁

六儿之弟七儿　马年　四十一岁

妻李氏　羊年　二十八岁

庄头之族弟群儿　牛年　三十四岁

妻周氏　牛年　三十四岁

子德儿　猪年　十二岁

庄头之族弟壮儿　猪年　二十四岁

庄头之族侄柱儿　马年　四十一岁

子宝龄　龙年　十九岁

妻张氏　蛇年　十八岁　新娶

柱儿之弟二柱　鸡年　三十八岁

妻任氏　鸡年　三十八岁

子二龄　兔年　八岁

次子利儿　蛇年　六岁　故

庄头之族弟金儿　猪年　三十六岁

妻王氏　猪年　三十六岁

金儿之弟银儿　牛年　三十四岁　故

妻李氏　牛年　三十四岁

庄头之族侄小儿　牛年　三十四岁

小儿之弟二小儿　虎年　二十一岁

小儿之叔福儿　马年　五十三岁

福儿之子三小儿　虎年　二十一岁

妻郭氏　虎年　二十一岁

庄头之族弟宝龄　马年　十七岁

宝龄之弟宝成　鸡年　十七岁

宝龄之叔祖牛儿　猴年　六十三岁

妻张氏　龙年　六十七岁

牛儿次子三奎　虎年　三十三岁

牛儿之婶母宋氏　鼠年　八十三岁

宋氏子拴儿　鸡年　四十九岁

妻张氏　羊年　五十二岁

子马儿　鸡年　二十六岁

妻段氏　猴年　二十七岁

子虎儿　兔年　八岁

次子山儿　虎年　九岁

庄头之族叔祖喜儿　鸡年　五十岁

妻周氏　马年　五十三岁

子砖头　猪年　八岁

次子石儿　鼠年　六岁

喜儿之堂弟四喜　马年　四十一岁

妻冯氏　蛇年　四十二岁

庄头之族侄二俊　鸡年　三十八岁

庄头之族叔生儿　猪年　七十二岁

妻杭氏　马年　五十四岁

子根儿　马年　十七岁

庄头之族弟七石儿　鼠年　二十三岁

七石儿之弟还儿　羊年　八岁

七石儿之叔二孝　龙年　六十七岁

妻周氏　马年　五十三岁　故

子壮儿　马年　十七岁

以上亲丁一百七十三名口

第一份户口册一共 149 口，参见户口册中阴影标注的部分，其中庄头商长锁的长孙名"文会"，商长锁次子的长子名"文祥"、次子名"文成"，商长锁三子的长子名"文萃"。可见，庄头商长锁的孙子辈，应该是"文"字辈，而商长锁本人则应是"朝"字辈。第二，商长锁的一位族弟叫"良甫"。"良"字正好是东门的行辈字，而且，也正好与西门的"朝"字同辈，这与商长锁族弟的身份完全吻合。第三，商长锁一位族叔叫"继武"，西门"朝"字的上一辈正是"继"字辈，这与族叔的身份吻合，也与族叔之子名"朝祥"的"朝"字吻合。

第二份户口册宣统二年（1910），较第一份光绪二十七年（1901）晚了 9 年。庄头仍是商长锁。除了第一份中已经提到的商长锁孙辈是"文"字辈以外，其重孙辈为"恩"字辈，这与田野中得到的信息完全符合。

依据这些信息，只能初步断定，户口册中的商家很有可能就是田野访谈中的商家，但还是不能完全确定，毕竟户口册庄头的名字等内容与访谈中的信息并不符合。

于是，我继续查找档案文献，期望能在文献中再找到一些蛛丝马迹。非常幸运，经过大半年的努力，通过访谈和户口册提供的信息，我在地方档案馆中，查阅到该家族自辛亥革命到新中国成立之后相当完备的档案。这为本研究的判断提供了决定性的依据，文献与口述由此能准确地相互对上了（详见下文）。调查至此，关于该家族身份的所有疑虑全部扫除，他们确属于内务府庄头，该项研究得以扎实无误地进行下去。

以下，依据访谈、文献，将商家世系整理如下：

第一代：顺治二年（1645）随清军入关的，是兄弟二人，一名商德仁，一名商德富，这是商家供奉的始迁祖。

第二代：商德富进京后的情况不详，很可能又迁往他处。留在这里并传有后代的是商德仁。商德仁有四个妻子：郑、温、李、段。据说每个妻子生了一个儿子，成、龙、虎、豹，这哥儿四个，是商家的第二代。其中商应成是庄头。

第三代：商应成有子二人：商廷佐、商廷识。西谱所记为三人，分别为商廷佐、商廷佑和商廷方，但这个区别不重要，因为承袭庄头的是商廷佐，二谱所记相同，这是第三代。

第四代：商廷佐之子名商秉忠，庄头即由他承袭。商秉忠这个人物很关键，因为据商大爷的叙述："我们这个下坡屯所有姓商的，都是商秉忠留下的。"在东谱中，商廷佐也的确只有商秉忠这一个儿子。其他的，即商秉忠的堂兄弟，据大爷说，都已经迁往他处，"究竟流落到哪儿就不知道了"。

第五代：商秉忠的儿子商自兴承袭庄头，东谱记到这里，是乾隆五十七年（1792）。东谱在商自兴这辈共记六人，即商自兴、商自龙、商自华、商自德、商自富和商自有。西谱却只记了三个，即商自兴、商自龙、商自富。很可能东谱所记另三人属于远房的堂兄弟。

第六代：到商自兴这辈，商家发生了重大变化，即商家兄弟分成了两支，商自兴一支为东大门，商自龙一支为西大门，商自富据说出家当了和尚，所以没有后人。出现这样的情况，很可能曾发生过某些重大的、不为今天人们所知的变故。因为东谱也仅仅记到此时，未必是巧合。

商家由此时起就分为东、西两支，直至如今。东、西两支从此各自为政，甚至行辈字也各行其是，他们各自的行辈字分别是：

东门：自、永、荣、怀、良、朝、致（成）、恩
西门：自、永、荣、继、朝、克、文、恩、维

如今见到的东谱，在商自兴之后又被续写，直到第十一代，但明显比之前粗糙凌乱，当然也不再记录谁是庄头。据西门商大爷口述："商自兴下面是商永清，他是长门，是庄头。"

第七代：商永清之后，庄头的职缺由东门转到西门。接替商永清的是其堂兄弟商永亮的儿子——商荣显。商荣显的爷爷是商自龙，据商大爷口述，商自龙生了四个儿子，商永明、商永亮、商永伶、商永和。接替庄头职位的商荣显的父亲就是老二商永亮。自此以后，东门逐渐衰败，西门兴盛起来。

第八代：商荣显有两个儿子，一个叫商继刚，另一个叫商继长，商继刚是第八代庄头。

第九代：庄头商朝治。

第十代：庄头商克勤。

第十一代：庄头商文英。

关于商文英，大爷们说的较多，称他为"老庄头"，是一个跨越了辛亥、北洋、日伪和国民党时期，直到新中国成立的商家的重要人物。据时间判断，商文英很可能是最后一代庄头。由于时间距离较近，而且他的后人仍生活在村子里，关于他的事情也更为丰富、真实。

第十二代：商文英之下是商恩普，号伯泉，传到伯泉就已经是1949 年前后的事情了。

为便于查看，现将商家十一代庄头以及商恩普姓名及其承接关系，列表如下：

表 3 – 1　商家庄头及后代姓名表

辈系	第一代	第二代	第三代	第四代
庄头姓名	东门商德仁	东门商应成	东门商廷佐	东门商秉忠
关系	始迁祖	商德仁之子	商应成之子	商廷佐之子
辈系	第五代	第六代	第七代	第八代
庄头姓名	东门商自兴	东门商永清	西门商荣显	西门商继刚
关系	商秉忠之子	商自兴之子	商自兴弟弟商自龙（西门）之子商永亮的长子，庄头由东门转到西门	商荣显之子
辈系	第九代	第十代	第十一代	
庄头姓名	西门商朝治①	西门商克勤	西门商文英（魁廷）	
关系	商继刚之子	商朝治之子	商克勤之子	
辈系	第十二代			
后代姓名	西门商恩普（伯泉）			
关系	商文英之子			

---

①　根据一档馆会计司户口册，光绪二十七年（1901），商家的庄头是商长锁，属马，八十岁。商长锁的曾祖叫德生，祖父花子，父亲金山。商长锁之妻李氏，属龙，八十二岁。长子无姓名记载，生有一子名文会；次子大全，生有二子，文祥、文成；三子大伯，生有二子，刘四儿（即文萃）、如儿。由此可见，庄头商长锁长"文"字辈两辈，应属"朝"字辈。按照商大爷的口述和户口册，商长锁有可能就是商朝治。但名字为何相差如此之大，这点还无法解释。

三、辛亥革命之后的家族演变

任何一个社会群体，在演变的过程中，总会发生阶层的分化，庄头、壮丁群体也不例外。按照清代的规定，庄头的缺位是需要官方来认可并负责承替的。相对壮丁来说，庄头拥有更多的权力。谁家拥有庄头的职位，谁是庄头，一般而言，就能获得更多的财富。上文提到的，东西二门抢庄头之位，东门因失去庄头而衰落，就是很好的例证。

即便同在西门，也存在由谁来接替庄头职位的问题。庄头出缺之后由谁承替，是维持一个庄园稳定和发展的关键。庄头出缺的原因有多种，对承替的规定相应地也各不相同。一般地说，庄头出缺的原因有三个，即老病、身故以及"缘事革退"。按朝廷规定，因老病、身故告退的庄头遗缺，俱准更名与长子、长孙，如果没有长子长孙，即依近支、远支依次按次序承替。如果是"缘事革退"，那就意味着，这是朝廷对庄头及其家庭的惩罚。庄头被革退的原因最多的就是拖欠钱粮，对庄头是很严厉的惩罚，不仅本人被发往穷庄充当额丁，就是他的妻子儿女也被一并发送，动辄便是十几口甚至几十口。既然如此，庄头的出缺也就谈不上由他的子弟亲属充补的问题。对此，乾隆五年（1740）出台了一条规定：

> 拖欠差务革退之庄头遗缺，伊族人内情愿代交全完欠项者，准其顶补；若无代完欠项者，于别庄亲丁内拣选家道殷实者补放；若别庄亲丁内无可补放者，于各庄保送勤农务、人朴实之壮丁内补放，将拖欠差务豁免。①

---

① ［清］《钦定总管内务府现行则例》，会计司卷 2，转引自《清代的旗地》（中册），第 552 页。

由此可见，不仅他的近支亲丁不得补缺，只能从远派亲支内拣选亲丁充补，有时甚至会由异姓家族充补。本故事的家族虽不涉及此问题，但族人家庭也确实因是否是庄头而分化。

内部分化，自然是庄头家族的变化原因之一。然而，真正动摇家族根基的，却是家族无法抵御的外部原因。1911年，辛亥革命爆发，清王朝随之灭亡，旗人群体也随之经历巨变。以往无论是学者还是老百姓大多关注的是清帝以及王公贵族的生活状况。这很自然，他们是能发出声音的人群，是后人关注的焦点。但毕竟为数最多的还是普通旗人，围绕华北地区的这群庄头、壮丁也是其中之一，此时此刻，在社会发生与之紧密相关的巨大变化时，他们又有着怎样的境况？

本部分考察，采用了一个大胆的尝试：即对同一主题，同时用口述和文献的方式来描述，将二者并行排列，相互对照。辛亥前后的历史，被访的大爷们虽尚未出生，但其父辈却有不少亲历者。父辈的经历对他们势必会产生诸多影响，他们也会在老一辈人的絮絮叨叨中，记住许多东西。大爷们的叙述让人更接近历史，更接近生活。而文献，则留下了诸多翔实的历史细节。二者在史学研究中，都具有独立性和不可替代性。

1．口述记忆

（1）家族的整体衰落："辛亥以后啊，都散了"①

定： 那你们那个后来呢？到了辛亥以后呢？那地怎么办呢？还有势力吗？

商大爷甲： 辛亥以后，那块地儿啊，有的呢，就说已经就出卖了不少。究竟怎么出卖的，那就不知道。结果辛亥以后啊，地有一部分啊，

① 第一次访谈：访谈时间：2007年12月7日；访谈地点：顺义区牛栏山镇下坡屯村村委会；被访者：商大爷甲、商大爷乙；访谈者：定宜庄（中国社会科学院），富查玄海（中国社会科学院），邱源媛、贺晓燕（中国社会科学院）。

都归个人了就，都散了。

定：就都分了？

商大爷甲：就分了。

定：那你们那个全盛时期，就是清朝的时候？

商大爷甲：对。

定：最多的时候能有多少人？

商大爷甲：那可说不太好。

定：说不上，多少家啊？那得分好几家了吧？

商大爷甲：啊，对。

定：多少户了？得有？

商大爷甲：多少户，反正在那阵儿，那哥儿俩，后来反正最旺盛的时候，有十多户人家。

定：最旺盛，就是说东西合起来十多户，还是就西面十多户？

商大爷甲：对。

定：西边十多户？

商大爷甲：不是。

定：两边。

商大爷甲：两边，也就。因为，这年头就比较远了不是，起码可以追溯到道光、同治年间去了。反正到那个以后，你到这个光绪、宣统那阵儿，户比较多一些，多一些。辛亥革命以后，满清没有了，这些地呢，就是大伙有一点就是自己种了，也就没有庄头这一说了，满清政府都倒了。

定：庄头就没有。那就是说，你们当庄头，这整个清朝几百年都是当庄头啊？

商大爷甲：对。

定：后来，这庄头也没撤？

商大爷甲：后来？

定：一直到辛亥革命。

商大爷甲：辛亥革命也就完了，也就没有了，全都没有了。

定：一直就是一个庄头，是吧？

商大爷甲：啊，对。所以说后来到这个什么民国年间，反正总得发展到三十多户人家，就两门发展到三十多户人家。

定：哦，民国时候已经有三十多户了？

商大爷甲：对。

定：那都是靠种地为生？

商大爷甲：那阵儿的时候，就有的靠种地为生，有的做买卖，有的那个就是，跟平民一样了。那块儿就也没有什么满人、旗人一说，只是你民族属于满人。但在这个生活方式上，就跟汉人一样了，该种地种地，该做买卖做买卖。

定：那你们现在多少户？你们商家？

商大爷甲：现在，倒不敢说，反正在"文化大革命"的那个阶段，老商家是五十多户。现在要统计起来，得有一百来户，够三分之一。

定：全村是多少户？

商大爷甲：全村四百户。

定：全村四百户，你们占三分之一，东头和西头加起来？

商大爷甲：对。

定：东头多？西头多？

商大爷甲：那肯定西边人多。因为，西门他那儿属于旺门，他各方面都优越啊。为什么说，发展的结局是，过去有一句话说"穷大辈穷大辈"，为什么东门人就是辈比较大。

定：对，穷人都辈大。土改的时候，你们不都成地主了？

商大爷甲：土改的时候，我们村的地主全都败了，就几户地主了。

定：败了的原因是什么啊？

商大爷甲：那时候没有地了。

定：那谁给弄走了呢？

商大爷甲：在解放的时候，地主，所谓的地主富农，都是老商家，就有一家姓张，其他都是姓商的。全部地呢，也就归这起大户种。剩下的呢，有的呢是归中农户，有的呢属于贫农户，也有的呢就是雇农户了。但是，在解放那阵儿，富裕的还是西边人富裕。因为，东边人，打那儿以后，始终就没起来。所以这起大户呢，就是说把持一部分地，剩下的地就没有多少了。所以说，都姓商，那时候不是平均的是。

定：阶级分化了。

商大爷甲：是吧，分化了。有的呢，或者有的在智力上不行，过穷了，或者那个地方哪个地方不行，就过穷了。

定：那是那是，家里没儿子。

商大爷甲：就衍变了。为什么长门的东门人，这个他条件差一些呢。

（2）商大爷甲："不是庄头，哪儿来的地"①

邱：您说说您自己家，您父亲到您爷爷，爷爷的爷爷，您还能记住多少？都是干什么的？

商大爷甲：我自己啊，我的家庭过去就属于平民家庭。我父亲过去是修鞋匠。

邱：您爷爷是在伐木场，对吧。

商大爷甲：我爷爷，打短工的。

邱：也在这个村？

商大爷甲：对。

邱：您爷爷他们家哥儿几个，您还知道吗？

商大爷甲：我爷爷他们就哥儿一个。

邱：就他一个。

商大爷甲：对。我太爷在那阵儿来说，是比较有点文化。也就是给

---

① 第二次访谈：访谈时间：2008 年 11 月 15 日；访谈地点：顺义区牛栏山镇下坡屯村商大爷甲家；被访谈者：商大爷甲；访谈者：邱源媛、邢新欣（中国社会科学院）。

人算账。

邱：他念过私塾？

商大爷甲：这边有个木头厂子，跟这木头厂子里，给人算账。

邱：哦，那是太爷爷。

商大爷甲：对，再往上说就说不上来了。

邱：那就是说您这个曾祖父已经没地了。

商大爷甲：对，不是庄头，哪儿来的地。

邱：那应该那时候清朝还没有亡呢。

商大爷甲：对。

邱：哦，那当庄头的那个跟您家是什么关系呢？

商大爷甲：跟我们家也就是属于那个什么，一个家的分支了嘛。

邱：出五服了没有？

商大爷甲：出五服？您说是按现在来说出五服没有了呀？

邱：我说当时您太爷爷跟那个庄头。

商大爷甲：我太爷爷跟那个庄头，那阵儿，也就是五服边上了。

邱：所以，那庄头那时候还有钱，可是您太爷爷已经没地了。

商大爷甲：对，没钱了，那阵儿。

邱：您太爷爷那阵儿就已经在木头厂子给人管账了。

商大爷甲：那时候有地没地，我就说不太好了，可能就有地也不多了。

邱：恩。然后，您太爷爷就您爷爷一个儿子？

商大爷甲：对。

邱：那您那个太爷爷娶的哪儿的媳妇？您知道不知道？听说过没有？

商大爷甲：我太爷爷（娶的），桃山，怀柔一带的，离着二十多里地。

邱：哦，那是满族吗？

商大爷甲：不是。

邱：您太爷爷那辈就已经不娶满族了？

商大爷甲：对了，已经不娶满族了，就不是说满族就非得跟满族人结婚了，就不是那样了。

邱：后来您父亲是念过书没有？

商大爷甲：没念过几天，念书不多。

邱：他后来就做什么？有地吗？种过地吗？

商大爷甲：也有点地，就是捎带着种。实际上，我父亲就是一个修鞋匠，缝鞋。

邱：在哪儿啊？就在这附近？

商大爷甲：串着村。

邱：串着村缝鞋啊？

商大爷甲：是的。

邱：那您母亲是满族吗？

商大爷甲：不是。

邱：哪村的？

商大爷甲：南坊，怀柔的南坊。

邱：离这儿多少里地？

商大爷甲：离这儿也二十里地。

邱：也二十里地，都在这附近二十里地找的。

商大爷甲：对对。

邱：您父亲还是独根，就这一个。

商大爷甲：不是，我父亲他们哥儿五个。

邱：哥儿五个呢，哦，都缝鞋？

商大爷甲：不是。

邱：您父亲老几啊？

商大爷甲：我父亲最大。我有个二叔是厨师，勤行。

邱：哦，勤行。

商大爷甲：对，勤行。我三叔是种地的。

邱：就是说你们家还有地，传给你三叔了？

商大爷甲：不是，这种地不是还可以给别人种不是。

邱：哦，他给别人种地。

商大爷甲：自己也有一点地，有一点，不多。就说大部分时间给别人种地。我四叔从小就过继出去了，过继给别人了。

邱：过继给谁了呢？

商大爷甲：过继给，牛栏山，原来他是外地人，后来在牛栏山定居，是个姓田的，过继那边了。

邱：干吗不是自己家人还过继啊？

商大爷甲：因为，他那阵儿啊，天天遛弯从我们家过，看我四叔小时候挺那个什么。将来就熟悉了，就说啊这小孩挺好。我们那儿就说，好啊，给你。真的？真的那就给我了。这就一开玩笑就抱过去了。那时候也穷得没辙了。给一个就给一个吧，就过继给别人了，姓田。我这五叔呢，也就是属于庄稼人，庄稼人就是什么都干，也种地，会这个摇煤球的手艺。

邱：可是也在这附近，也没进被北京城去？

商大爷甲：对。

邱：姐妹还有吗？

商大爷甲：姐妹，我有一个姑姑，也去世了。其实这些人，就是我的长辈已经没有了。

邱：您姑姑后来出嫁到哪儿了？

商大爷甲：原来出嫁是河东的容各庄（音），后来到北京。因为，我姑父在北京啊，做这个搬运行。就是搬箱干什么的，装卸。她就随着我姑父到北京。后来，我姑父去世以后呢，她自己有时候也就给人家做点手艺。到最后了，就到樱桃园的托儿所做保育员。后来就退休了。也没什么文化，是不是。就干些个普普通通的工作。

邱：那就是说，后来你们家那个母亲啊，奶奶啊，都不是旗人了。

商大爷甲：都不是旗人了。

（3）商大爷乙："都跟汉人一样了"①

定：您这支呢？您从太爷爷那儿知道多少？

商大爷乙：我父亲那会儿就种地，我爷爷那阵儿就教书，秀才，属于秀才。我爷爷那阵儿就算是文人了。

定：那你们比较好，是吧？

商大爷乙：对。我们家，呵呵呵，过去属于富裕家庭了。但到我父亲那辈儿就不行了，哥儿四个就分开了都，逐渐的就败落了。

定：那您太爷爷是？

商大爷乙：我太爷爷，我就不清楚了，我就知道爷爷那辈儿。

定：您爷爷那辈儿哥儿几个啊？

商大爷乙：哥儿俩。

定：哥儿俩。您爷爷是秀才，那也没离开这儿，也没到北京去？

商大爷乙：没离开，就是当地教书。那阵儿当过村长。不过不叫村长，保长吧，国民党那会儿就叫保长。我爷爷属于那个，既有文化，在村里面又有名望。因为，他下面的，不是说桃李满天下啊，反正他那个弟子多，学生多，是个老教书匠。

定：那您详细讲讲。

商大爷乙：我爷爷啊，是一个文人，是个秀才。那阵儿，就是说正好赶上那年他母亲去世了。去世那阵儿，他那规矩大，得在家守孝。所以，就没出去。要不然爷爷落不到村里的，是能出去的。有那么一回事，听老人说过。

定：您爷爷在这个村里挺有名的？

商大爷乙：对。反正出来，都称先生。

定：哦。那您爷爷还有一弟弟是吧？

---

① 第一次访谈：访谈时间：2007年12月7日；访谈地点：顺义区牛栏山镇下坡屯村村委会；被访者：商大爷甲、商大爷乙；访谈者：定宜庄（中国社会科学院），富查玄海（中国社会科学院），邱源媛、贺晓燕（中国社会科学院）。

商大爷乙： 还有一弟弟。我们家那阵就划归地主了，子女可受欺负了。

定： 那没错，我知道。

商大爷乙： 什么也不敢问，是老事更不敢问了。你这想干吗！

定： 我现在比较有兴趣的呢，就是说我想了解了解他们后代的生活，所以，我才问那个你们家祖上是怎么个下来的。

商大爷乙： 解放后都败了。

定： 那那个说划地主的是您爷爷这一辈，还是？

商大爷乙： 我爷爷。

定： 您爷爷当时还在？

商大爷乙： 在。

定： 他不是秀才吗，怎么成地主了？他多少地那时候？

商大爷乙： 他们那个，不管地多少。因为，前三年解放时，我爷爷就上北京了，带着我们这下面的人都上北京了。到北京，整个这就土地出租，您就整个是剥削，您知道嘛。

定： 对，是按剥削量算。那时候应该有您了？

商大爷乙： 有我，我也小啊。我上北京的时候，才刚上学啊。

定： 那您上北京，在北京那儿应该有房？

商大爷乙： 没房，租的。

定： 怎么跑那儿去？干吗去了呢？这么一家。

商大爷乙： 就是，那不是地主嘛，怕共产党来了就什么了。解放初期就走了。

定： 就租了房子在北京住着去了，住了多少日子啊？

商大爷乙： 住了两年多。

定： 怎么后来还回来了呢？

商大爷乙： 后来就是没能耐，您生活不了啊。我们都小，我父亲更没能耐，没文化，种地出身。那阵儿要解放，解放以前的那个阶段啊，它这个国民党不是有个反宣传嘛，说这个八路军要来了，说又什么什么样。说这个人要怎么怎么着。说到这最有钱的呢，都怕，上北京实际就是躲起来了。后来解放以后呢，跟这国民党宣传的不是一个样，是不是？因为他有他的政策。

定：那您那个奶奶是旗人吗？

商大爷乙：不是。

定：母亲也不是？

商大爷乙：不是。

定：那你们家母系这边有没有女的是满族的？

商大爷乙：没有。

定：都没有了。那你们商家就都跟汉人通婚了？

商大爷乙：满汉通婚，我们满人也给汉人，汉人也给满人。

定：就是早没有满汉不通婚的规矩了，是吧？

商大爷乙：对。

定：那你们这边就没有满族人嫁过来的？

商大爷乙：没有。也有，但很少。

定：已经不挑这个了？

商大爷乙：已经不知道有哪个满族人嫁过来的了。不是，文喜他妈，因为她梳那个满人头，她是满人。像文成他母亲也是满人，是立仁县的，说是满人。满人嫁过来的。还有那个谁商成安。

定：那你们这边这村里商家的姑娘出嫁的时候，也不挑是不是满人了？

两位商大爷：不挑了。

定：都没这想法了？

两位商大爷：没这想法了。

商大爷乙：她有的啊，都报汉人了，她不敢，那阵儿受歧视，您知道嘛。您要说这满人受歧视，这现在也有说少数民族有什么加分啊，各方面有照顾。那个时候没有。都不敢说满人，有的都给汉化了。

定：那你们，就你们这两家是不是还都是报的满族啊？

两位商大爷：满族。

定：那你们怎么没改啊？

商大爷乙：我没改，那阵儿。

定：你们家都没改过。

商大爷乙：也有改的，都是女的改的多。

定：为什么呢？

商大爷乙：出嫁了，借着机会就改为汉了。一般人啊，您也不好改。甚至借着出去，就改了。几乎是您没出去，都还是没改。

定：没出去就都没改。

商大爷乙：对。

定：就跟汉人一通婚，就保持不了多少习俗了哈。那你们那个还有多少跟汉人不一样的习惯呢？讲究了什么的有没有？

商大爷乙：现在没有了。

定：就说你们年轻的时候呢？

商大爷乙：年轻的时候，没解放的时候，我小的时候，跟汉人不同的地方，就是拜年。拜年，汉人不都讲究磕头作揖嘛，满人就是向人请安。这个不一样。再就是那个丧礼的时候，穿孝有区别。穿孝，汉人一般都是戴着白帽子，大衣裳。满人就不是，满人就是背带。

定：就是您说满族人还背着这么一个东西？

商大爷乙：背着，还穿着白袍。

定：我记得那个固安那边，河北，他们都讲满族丧礼的时候，背那个背带。

商大爷乙：是，背带，如果说，这老人要去一个，就背一个，往后一个，前一个后一个。要是两人都死了，就都背过来。

定：哦，那个节日什么的，都没有什么区别了？

商大爷乙：没有，那都没有了就。再就是称呼，就是刚才咱们提到的，把奶奶叫太太，大一辈。其他的生活习惯都没什么区别。

定：都跟汉人一样了。你们都集中在一个村里，怎么也丢失的这么厉害呢。

(4) 直家——村里的另一户大姓："商直不分"①

商大爷甲：我们这里呀，原来是商直不分的。

邱：商直不分是什么意思？

商大爷甲：就是说姓商的，跟姓直的，好像是一家人一样。据老人介绍，才过来的时候是四个姓氏，商、方、直、章，就是商，还有章，立早章，顺义县北门外，有姓章的。都是一起过来的。为什么说商直不分呢。姓商的跟姓直的关系啊，属于主仆问题。这个老直家，好像是给老商家看家护院的。听老人说，有这么一种说法。后来，就不能这么说了。因为，都在一个村，好像就是朋友关系。就这样叫了。

邱：那直家他们这一支人，现在多不多？

商大爷甲：直家，现在不算太多。

旁边的人：龙王头那儿还有一家满族的。

商大爷甲：龙王头现在啊，恐怕他不承认是满族人了。因为什么呢，他们现在不写满族了。还有那立早章那个。

邱：那立早章是不是也是庄头啊？

商大爷甲：不是。

邱：您说一块儿来，是说都到这个村，还是在这附近？

商大爷甲：一起过来嘛，好像没在下坡屯住。

邱：他们没在下坡屯住。也是种地？

商大爷甲：种不种地，还说不好。来的时候，好像是给老商家看家护院的。

邱：他们现在报满族还是汉族？

商大爷甲：汉族，都报汉族。

———————————

① 第二次访谈：访谈时间：2008 年 11 月 15 日；访谈地点：顺义区牛栏山镇下坡屯村商大爷甲家；被访谈者：商大爷甲；访谈者：邱源媛、邢新欣（中国社会科学院）。

邱：就是商家一家报满族？

商大爷甲：对。有的是胡报。考大学的时候，说加分，就都报。

邱：可还知道点自己的历史。

商大爷甲：但过去还是很多。比如说姓侯的。您打听一下，这个我了解的不多。说是姓侯的原来也是属于旗人。他虽然说不是正式旗人，他是随旗。

邱：他们也叫随旗。这是什么意思呢？您知道吗？

商大爷甲：随旗啊，就是说，因为，那时候，他们可能是属于种园子的。他又不在旗人了。经常有人这样说。这老侯的一个支系，也出过文人。出过文人，可是那时候，一对家谱，完了，你就录取不上。所以，这老侯家有那么一口人就叫出旗入礼。

邱：什么是出旗入里？哪个里？里外的里？

商大爷甲：不是，礼教的礼，就是随汉人的意思。

邱：礼教的礼，礼貌的礼。

2. 文献记载

档案馆保存的与商家有关的史料，自北洋军阀时代起，跨越了日伪、国民党、新中国成立后等时期。分析从最后一任庄头商文英入手，以庄头这支人为论述中心。

（1）辛亥之后的庄头家族

在收集到的顺义档案馆史料中，最早一份就是民国十六年（1927）顺义县公署旗产官产清理分处发给商文英的传票。全文如下：

顺义县行政公署

　　　　　　　传票　　第一号

驻顺义县官产局

为饬警传催事案，查前据常驻五区清理地亩督察员王震生报称，查有下坡村村正内务府催头商文英避不见面，其经手租帐不肯交出，自种之地亦不陈报。留置各佃，因多观望不前有碍进行。请饬传追等情。当以该催头现充村正体面攸关，未予差传饬，由该督察员设法转催，始据前来报到。恳求准予回村办理租帐，自应允如所请。王督察员因其妨碍职务，遂即托词请假回籍，去后迄今又经多日，该催头不特仍未赶将租帐补送来局，即其自己承种之地亦不遵章陈报。复经派委调查各村佃户，碍有观望情形，诚属有碍进行，难再予故宽合。亟仰警前往该村，严催商文英务于二日内，将各佃花名清册连同近三年租帐依限送局以凭核办，其承重之地并即遵章缴价留置，倘再玩延，即将带县押追切切，此谕。

计传

商文英　住五区下坡村

中华民国十六年十月十六日

知事刘

局长张①

1927 年，商文英虽然已不再是庄头（此处使用了"催头"一词，详见下文），但从档案叙述来看，他仍然拥有较多的土地和佃户。而且，商文英在下坡屯村，甚至顺义县都有一定势力，敢一而再再而三地拒绝向公署交出佃花名清册以及近三年的租账。此时，他的家产和他行事的作风，还留有皇粮庄头的痕迹，并不完全是人们想象中的，辛亥革命后，旗人诚惶诚恐、完全败落的景象。但毕竟是改朝换代，庄头各种优越性的消退在所难免。县公署没有给商文英留有太多情面，一次又一次地催促他，最后还发出传票，严正警告他，"倘再玩延，即将带县押

---

① 顺义档案："顺义县公署京兆顺义县旗产官产清理分处给京兆尹公署顺义县公署的文件及布告传票"，全宗号：1，目录号：1；卷号：418。

追切切"。

按这条档案的说法，商文英是"下坡村村正内务府催头"，而不是"庄头"。"村正"比较好理解，可何谓"催头"呢？该词未见于清代官书，藏于顺义档案馆的档案仅此一条，其他史料也没有这个词。然而，在《中国农村惯行调查》① 一书中，该词却出现频繁。该书提到："（顺义的）庄头基本住在北京，本地有催头，代替庄头负责各种与土地及收租相关的工作。当然，催头得到几十亩乃至一顷的土地进行租种，剩余的土地租给佃户进行耕种。一般的佃户租种二三十亩的土地，但其中也有人租种五六十亩乃至一顷的土地。"② 按该书的说法，催头与庄头区别较大。庄头基本住在北京，只有催头才在本地居住。土地属于庄头，催头仅仅替庄头催缴租子以及其他相关事宜。催头占有的土地较少，最多也就是一顷。此外，该书还说"庄头住在北京，催头（看坟的）住在本村，租种庄头三顷左右的土地"③，再如"原来柳各庄最多的是会计司的旗地，后来转成了民粮地，土地基本全部被佃户收买。庄头、催头只是'收租人'，他们手里没有土地，想买，也买不了"④。同时，还有史料谈到"旗产均由庄头代为收租，庄头又用催头数名。每届交租前十日或二十日，催头催促各佃户交租。纯属一种雇佣性质"⑤。实际上，这些解释之间也有相互矛盾的地方，并不一致。"催头"到底是什么人？跟庄头之间有什么联系？为什么说商文英是催头？就目前所掌握的材料，本书对这些疑问还无法解释，只能

① 本研究使用的《中国农村惯行调查》一书，是在南开大学张思老师处复印的，特向张思老师表示感谢！为便于行文，下文部分地方将该书简称为《惯行》。

② ［日］《中国农村惯行调查》第一卷"概况篇"，第一区河南村【土地制度】，岩波书店，1958 年第一版，第 33 页。

③ ［日］《中国农村惯行调查》第一卷"概况篇"，第十区康家营（旧大兴县）【土地制度】，岩波书店，1958 年第一版，第 47 页。

④ ［日］《中国农村惯行调查》第一卷"概况篇"，第三区李遂点镇【旗地】，岩波书店，1958 年第一版，第 42 页。

⑤ ［日］《庄头之报酬（保定所属各县习惯）》，载于《法律评论（北京）》，1925 年第 103 期，第 14 页。

暂且存疑。

民国初年，政府开始清理旗产旗地。就所收档案来看，商文英分别于民国十六年（1927）12 月 2 日[①]及民国十七年（1928）6 月 9 日[②]登记了两次。第一次登记旗产 60 亩，坐落地点下坡屯，缴纳地价洋 240 元；第二次登记 1 顷 80 亩，坐落地点下坡屯，缴纳地价洋 720 元，两次一共 960 元。

除了商文英，同期登记旗产的商姓人家还有 12 人：商文利、商文珍、商致富、商致成、商文印、商崇恩、商致敬、商州氏、商恩锡、商国清、商恩民、商文萃。这 12 人中，最多的是商恩锡，登记了三次，共 370 元 5 角 9 分 6 厘，其次商恩民 60 元，商文萃 44 元，商致富 30 元，商文利、商文珍、商崇恩、商周氏各 20 元，商致成、商文印、商致敬各 6 元，最低的商国清才 2 元 5 角 6 分。[③] 虽然档案不一定完整，但还是很能说明，同一时期，商文英所持有的旗产远远超出了其他商姓人家的旗产。而且，这些人中，还不乏前代庄头的直系子孙。据光绪二十七年（1901）会计司户口册记载，商文萃的祖父是庄头商长锁，也就是说他与商文英应该是很亲的堂兄弟关系。但到了民国十六、十七年（1927—1928），商文英与商文萃之间的差距已经相当悬殊。通过这些，可以看到，庄头商文英一支在当时的下坡屯村，从家产到地位都是其他人无法比拟的。

实际上，商家地位、势力的体现，并不局限于庄头一支。从收集的档案来看，商家族人还普遍任职于县、乡诸多重要部门。如顺义县税务

---

① 顺义档案："驻顺义县官产局处分旗产登记簿第三册（1）"，全宗号：2，目录号：1，卷号：433：2。

② 顺义档案："驻顺义县官产局处分旗产登记簿第七册（2）"，全宗号：2，目录号：1，卷号：576：1。

③ 顺义档案："驻顺义县官产局处分旗产登记簿第一册（1）"，全宗号：2，目录号：1，卷号：570：4；"驻顺义县官产局处分旗产登记簿第三册（1）"，全宗号：2，目录号：1，卷号：433：2；"驻顺义县官产局处分旗产登记簿第七册（2）"，全宗号：2，目录号：1，卷号：576：1；"驻顺义县官产局处分旗产登记簿第十二册（4）"，全宗号：2，目录号：1，卷号：446：1；"驻顺义县官产局处分旗产登记簿第二十册（2）"，全宗号：2，目录号：1，卷号：448：4。

局：征收员商忠民（商少彭）①、商惠民②，警员、征收员商希圣③；县保安联队：一等警士商月明、分队长商成樸、三等警长商文博、三等警士商汉目、三等警士商维贞④；县各级中、小学、师范学校教职员工：商亭意、商成章、商学敏、商恩阔、商维孟、商恩沛、商旭明、商志信⑤，其中商亭意是顺义县公立牛栏山小学校教导主任；县乡村合作社：理事长商华亭、理事商少彭、理事商誉亭、理事商圣五、监事商文贵、监事商恩祚⑥；等等。由此可见，从辛亥革命直至新中国成立之前，整个商姓家族在下坡屯村、牛栏山乃至整个顺义地区，都保有不小的势力。

（2）新中国成立之后的庄头后人

作为"老庄头"，新中国成立之后，尤其是"文革"期间，商文英一家的境遇可想而知。按照商大爷的说法，"文革"期间，商文英已经去世，挨斗遭批的是他的儿子商伯泉。

在一份1968年对敌斗争登记表上，时年61岁的商伯泉名列其中，家庭成分为地主，定性类别为历史反革命。⑦该表详细如下：

———————————

① 顺义档案："顺义县政府及所属各机关职员花名册卷"，全宗号：3，目录号：1，卷号：304。

② 顺义档案："税务征收局员警姓名清册（3）"，全宗号：4，目录号：1，卷号：1045：3。

③ 顺义档案："顺义县政府及所属各机关职员花名册卷"，全宗号：3，目录号：1，卷号：304；"税务征收局员警姓名清册（3）"，全宗号：4，目录号：1，卷号：1045：3。

④ 顺义档案："顺义县政府及各部门职员领薪各单册（5）"，全宗号：3，目录号：1，卷号：964：5；"顺义县保安联队食料配给清册官佐长警姓名及讨伐出力官警姓名清册（11）"，全宗号：3，目录号：1，卷号1066：11。

⑤ 顺义档案："全县各级学校教员役人数调查表及学校概况表及职教员履历表（6）"，全宗号：3，目录号：1，卷号：875：6；"各小学校教职员工花名册人数调查及履历表"，全宗号：3，目录号：3，卷号：875；"关于县立河北村、车府李遂、杨镇、河南村、天竺板桥、寺上、牛山、仁和镇文庙小学配给食料教职工调查表"，全宗号：3，目录号：3，卷号：1150；"关于河北省立牛栏山简易乡村师范学校配给食粮人数姓名调查表"，全宗号：3，目录号：3，卷号：1188。

⑥ 顺义档案："顺义县政府关于乡村合作社人事调查（8）"，全宗号：3，目录号：2，卷号：1058：8。

⑦ 顺义档案："顺义县牛栏山公社对敌斗争情况登记表"，全宗号：9，目录号：1，卷号：136。

表3-2 对敌斗争情况登记表（生产队、大队□中会以上）

下坡屯：

被斗地、富、反、坏、右、特务叛徒登记							暗藏的阶级敌人未核实的对象						
姓名	年龄	家庭成分	已定性类别	未定性类别	被斗次数	备考	姓名	年龄	家庭成分	已定性类别	未定性类别		备考
商□□	61	地主	历史反革命		2								
商□□	60	地主			3								
商□□	52	地主	历史反革命		3								
商□□	57	地主			3								
陈□□	28	下中农		坏分子	3								
商□□	70	地主	地主分子		3								
商□□	57	富农	中统特务		3								
商□□	44	地主	中统特务		3								

　　详看该表，被批斗的一共8个人，7个人姓商，只有一个外姓：陈□□，这人还属于下中农的坏分子。他成为对敌斗争的对象，应该另有原因，不能与商家7个人一概而论。商家7个人中，商伯全（商伯泉）是庄头商文英的儿子；"文"字辈1人；"恩"字辈3人；"维"字辈1人，经查实，全属于西门。由此可见，在下坡屯被划定为历史反革命、地主、中统特务的全是商家，而且还全出自西门。

　　档案中没有商文英的兄弟商文荫的相关信息，但却有他儿子商尽三（恩熙）的记录。"文革"期间，商尽三跟商伯泉一样，受了父辈的影响。同年（1968），顺义县牛栏山公社各大队查抄物资，其中就有庄头商文英的直系后人。

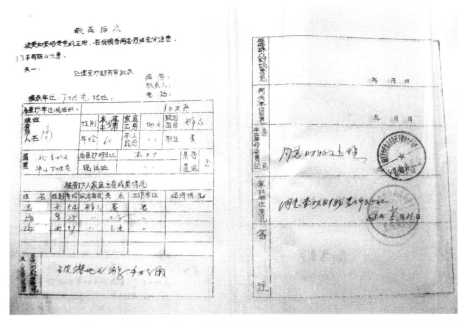

图 3-5　1968 年顺义县牛栏山各大队查抄物资变价出售登记表及处理查抄财务审批表①

为便于考察，原表录入如下：

表 3-3　1968 年顺义县牛栏山各大队查抄物资变价出售登记表及处理查抄财务审批表

填表单位：下坡屯　　　地址：

查抄单位（或组织）	红卫兵				
被查抄人姓名： 商□□	性别	男	家庭出身	地主	政治面目：群众
	年龄	60	本人成分	地主	职业：农
籍贯： 北京顺义牛山下坡屯	原查抄时住址	本村	是否遣返		否
	现住址	本村			
被查抄人家庭主要成员情况					
姓名	性别	年龄	政治面目	关系	工作单位　经济情况
王□□	女	54	群众	妻	农

---

① 顺义档案："顺义县牛栏山公社各大队查抄物资变价出售登记表及处理查德抄财务审批表(1)"，全宗号：9，目录号：1，卷号：210：1。

商□□	男	25	群众	之子	农	
商□□	女	17	群众	之女	农	
本人主要政治历史问题及表现	破落地主游手好闲					
革命群众讨论意见	年　月　日					
有关单位意见	年　月　日					
单位革命委员会意见	同意财务处理。 68 年 4 月 25 日					
审批单位意见	同意查抄财务变价处理 68 年 5 月 21 日					
备注						

同批被查抄的共 18 户人家，除了以上商文英直系后人 1 人外，商姓 15 户："维"字辈的 3 人；"恩"字辈的 9 人；"文"字辈 1 人；余下无行辈字 1 人，经查实，均属西门。

现将此表格的重要信息简略列表如下：

表 3 − 4　1968 年各大队查抄物资简略表①

姓名	性别	年龄	家庭出身	本人成分	本人主要政治历史问题及表现	原表备注中的财产	备注
商□□	男	49	富农	富农	劳动教养释放回家，当过伪土乡长（付的）确指历史反革命分子。	瓦房 5 间半	

---

① 根据顺义档案馆档案制作："顺义县牛栏山公社各大队查抄物资变价出售登记表及处理查德抄财务审批表（1）"，全宗号：9，目录号：1，卷号：210：1。为保持档案原貌，对表格中个别不规范的文字予以保留，不做修改。

姓名	性别	年龄	家庭出身	本人成分	本人主要政治历史问题及表现	原表备注中的财产	备注
赵□□	女	61	富农	摘帽富农分子		瓦房 7 间	丈夫是商□□
商□□	男	51	富农	富农分子	解放前**主持事务**，剥削贫下中农。解放打进革命队伍，当**大队统计**，仍欺压贫下中农。	瓦房 16 间	
商□□	男	42	地主	地主	因历史问题在文化革命运动以前送回（开除公职）（曾劳改）。	瓦房 3 间	
商□□	男	56	地主	地主	解放前曾**主持事务**剥削压迫贫下中农，其妻□□□曾代过地主帽子。	瓦房 8 间	
商□□	男	76	地主	地主	四清时划地主成分，剥削压迫贫下中农。	瓦房 5 间	
商□□	男	51	富农	富农	解放前**当日本宪兵队**，是日本忠实走狗，镇压革命人民，现行历史反革命分子帽子。	瓦房 3 间	
商□□	男	52	地主	代帽地主	**当过日本宪兵**，解放后生产上，撒农药往庄稼上撒，曾批斗，现代地主分子帽子。	瓦房 3 间半	
商□□	男	45	富农	富农	"文化大革命"中被送回（红卫兵），解放前**曾混进中国人民解放军**。		
商□□	男	54	地主	地主	解放前压迫剥削贫下中农，用长工苦。	瓦房 5 间	

姓名	性别	年龄	家庭出身	本人成分	本人主要政治历史问题及表现	原表备注中的财产	备注
杨□□	女	54	地主	地主	其夫商□□当过蒋军营长剥削量大。	瓦房3间	商□□的母亲
商□□	男	58	地主	地主	剥削贫下中农。	瓦房5间半	
商□□	男	60	地主	地主	破落地主游手好闲。		
商□□	男	42	地主	代帽地主	漏划地主四清补划，解放后混进革命队伍当付队长贪污2600元，代地主分子、坏分子帽子。	瓦房8间	
柳□□	女	59	富农	富农	剥削贫下中农，不劳而食。如今也不参加劳动。其夫现在在教书，是国民党员。	土房7间	丈夫是商□□

15个户主不仅所有财产较多，被划为地主、富农，更重要的是，至少有9户户主，曾在解放前后担任过各类职务：1人担任过解放前的伪土乡长、2人进过日本宪兵队、2人进入国民党阵营，还有1个人加入过中国人民解放军（原表用的是"混入"一词），还有2人没有写明具体职务，但在解放前也主持当地事务；解放后，还有2人担任过副队长和大队统计的职务。可见，商姓家族不仅在解放前，实际在解放初期，也是当地有权有势大家族。

1968年的查抄物资表中，对商家财产的体现主要在房屋上，以瓦房居多，最多的有16间瓦房，最少的有3间。1968年的查抄物资对商家其他财产没有记载。通过1970年的查抄财务表格，可以得到更多的信息。

1970年查抄财务房地产时，榜上有名的共17户人家，商姓占了15户，经查实，全是西门人①：

① 顺义档案："顺义县牛栏山公社一九七〇年各大队查抄财务房地产审批表（2）"，全宗号：9，目录号：1，案卷号：138（2）。

在此以商□□表格为例，如图：

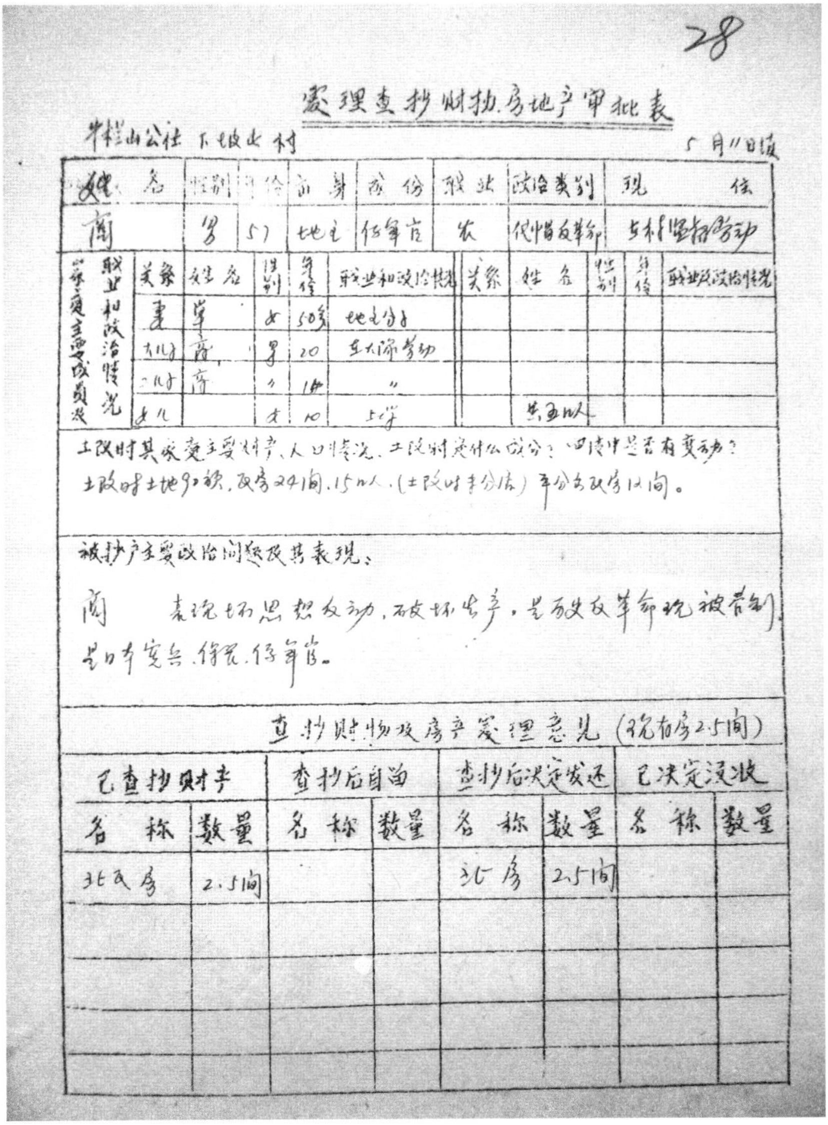

图 3-6　1970 年顺义县牛栏山公社各大队查抄财务房地产审批表①

----

① 顺义档案："顺义县牛栏山公社一九七〇年各大队查抄财务房地产审批表（2）"，全宗号：9，目录号：1，案卷号：138（2）。

为方便考察，原表录入如下：

表 3－5　1970 年顺义县牛栏山公社各大队查抄财务房地产审批表
处理查抄财务房地产审批表

牛栏山公社下坡屯村　　　　　　　　　　　　　　　　　　5 月 11 日填

姓名	性别	年龄		出身	成分	职业	政治类别			现任
商□□	男	57		地主	伪军官	农	代帽反革命			在村监督劳动
家庭主要成员及职业和政治情况		关系	姓名	性别	年龄	职业和政治情况	关系	姓名	性别	年龄	职业及政治情况
		妻	单□□	女	50 多	地主分子					
		大儿子	商□□	男	20	在大队劳动					
		二儿子	商□□	男	1□	在大队劳动					
		女儿		女	10	上学		共 5 人			

土改时，其家庭主要财产人口情况，土改时定什么成分？四清中是否有变动？
土改时土地 90 亩，瓦房 24 间，15 口人（土改时未分居），平分出瓦房 12 间。

被抄户主要政治问题及其表现：
商□□表现坏，思想反动，破坏生产，是历史反革命被管制，是日本宪兵、保长、伪军官。

查抄财务及房产处理意见（现有房 2.5 间）

已查抄财产		查抄后自留		查抄后决定发还		已决定没收	
名称	数量	名称	数量	名称	数量	名称	数量
北瓦房	2.5 间			北房	2.5 间		

需要说明的其他问题	
贫下中农处理意见	同意将 2.5 间房发回自住。 1970 年 5 月 12 日
革委会意见	同意发回自住。 1970 年 5 月 12 日
有关部门意见	1970 年　月　日

公社审批意见	同意大队处理意见。 　　　　　　　　　　　　　1970 年　　月　　日
备　考	

1970 年表格所在信息较之 1968 年的更为丰富，除了本人及家属的各类信息，资产方面包括了地亩和房屋。

表 3 – 6　1970 年各大队查抄物资简略表①

姓名	性别	年龄	出身	成分	政治类别	土改时，其家庭主要财产人口情况，土改时定什么成分？四清中是否有变动？	被抄户主要政治问题及其表现	查抄财务及房产处理意见	备注
商□□	男	57	地主	伪军官	代帽反革命	土改时土地 90 亩，瓦房 24 间，15 口人（土改时未分居），平分出瓦房 12 间。	商□□ 表现坏，思想反动，破坏生产，是历史反革命被管制，是日本宪兵、保长、伪军官。	现有北瓦房 2.5 间，同意将 2.5 间房发回自住。	
商□□	女	60 多	富农	富农	富农分子	40 亩地，8 间瓦房，3 间土房，共 12 间，5 口人，土改时分出 2 间瓦房。	表现一般	现有房 7 间，北瓦房 3 间，西瓦房 4 间。没收瓦房 3 间，发给其本人 4 间。	儿子商□□、商□□、商□□

---

① 根据顺义档案馆档案制作："顺义县牛栏山公社一九七〇年各大队查抄财务房地产审批表 (2)"，全宗号：9，目录号：1，案卷号：138 (2)。为保持档案原貌，对表格中个别不规范的文字予以保留，不做修改。

芦□□	女	70多	地主分子		土改时50亩、瓦房16间、15口人，土改时房子未动。	其夫商□□吸大烟。商□□开过粮厂，商□□贪污分子，是遣返还乡的，思想反动。商□□是伙会，商□□是伪牛山副镇长。现在新疆农场劳动。	现有房14间，北瓦房10间、东瓦房4间。没收北房5间，其余9间发回自住。	丈夫商□□
商□□	男	44	地主	历史反革命	土改时90亩地，24间瓦房，15口人（当时未分活），平分出瓦房12间。	商□□伪国民党员，三清团员，中统特务，解放后混入我革命内部，后清理还乡，修密云水库偷鞋，偷庄稼，表现不好，不接受改造。	现有房3间，车厢瓦房3间。同意将3间瓦房发回自住。	
商□□	男	52	地主	地主分子	土改时40亩地，11间房，6口人，平分出房6间。	"文化大革命"中，曾从其家中抄出反动人物蔡廷锴画像，日寇时期的日光皂几十块，和其子写的反动文章。表现不好，其他问题未发现。（反动文章已丢失）	现有北瓦房5间。已查抄财产北瓦房5间，自交现款400元，查抄现金500元。将5间房发还。400元现金没收归国家，此款早已上缴给国家。500元存折查没再定。经调查500元存款原属商□□所有，应予发回。	运动中从其家中查抄出存折500元，在处理查抄时，其子商□□说此款是其工资钱逐渐存起来的。另外400元现金是地主分子商□□在查抄时被迫交出的。

商□□	女	55	富农	富农		土改时100亩地，房20间，28口人，土改时房子未动。	商□□表现不好	现有北瓦房2.5间，将2.5间房发回自住。	
杨□□	女	56	地主	地主		土改时瓦房28间，地80亩，8口人，已分出20间。	其夫商□□已死，是伪营长，现时表现一般。	现有东瓦房3间，同意全部发回自住。	丈夫商□□
商□□	男	70多	地主	地主	地主分子	地20多亩，5间瓦房，4口人，房子未动，土改划中农，四清中定地主。	表现一般，未发现其他问题。	现有北瓦房5间。土改时漏划，四清中补划地主，房子未动，现人口较少，根据政策应没收2间，给其留下3间。	
商□□	男	53	地主	地主		土改时80多亩地，瓦房28间，5口人，土改分出20间，留8间，成分未动。	商□□曾任伪保长，表现一般，其妻表现不好，对土改、社会主义制度不满，有反动言论。	现有南房瓦房3间，北瓦房5间。没收北瓦房5间，发还南瓦房3间。	

商□□	女	60	恶霸地主	地主分子	被杀户	土改时，其家中50多亩地，16间房，8口人，土改时平分出5间房，其二女已离婚带产拆走房屋3间。现在只有5间北房，多年一直由村中代管使用。	其夫商□□系恶霸地主，曾任伙会大队长，解放后被我镇压，其家庭解放前即逃亡在外，现家中无人，都在天津工作，情况不了解。	现有北瓦房5间。商□□系恶霸地主家庭被杀户，罪恶严重，民愤极大，其家中多年无人，故经广大贫下中农讨论，一致要求将其5间北瓦房全部没收。	丈夫商□□
商□□	男	45	地主	伪军	代帽地主	13.5亩地，5间房，4口人，土改时定中农，四清时定地主。	商是历史反革命，贪污犯，现在被管制，现表现一般。	现有北瓦房5间。因被抄户人口较多，故将5间房发还给本人。	
商□□	男	60多	地主	地主		土改时90亩地，24间瓦房，土改时15口人（当时哥四个未分家，土改后分家），分出瓦房12间。	表现一般。	现有北瓦房2.5间，西厢瓦房3间。土改时已分出瓦房12间，现人口较多，根据顺义县41号文件精神，故不再没收，将查抄的5.5间瓦房全部退还被抄户。	

找寻京郊旗人社会

商□□	男	55	富农	伪宪兵	历史反革命	土改时土地100亩，房20间，28口人，土改时定地主，房产未动。	商□□曾充当伪宪兵，伙会是历史反革命分子现代帽，表现一般。	现有西瓦房3间，同意将3间房发回自主。	
商□□	女	60	富农	富农		土改时100亩地，房20间，28口人，土改时定地主房产未平分。	商□□国民党党员，表现不了解。	现有瓦房4间，其子女较多同意将4间房发回自主。	丈夫商□□
商□□	男	60	中农	商人		地8亩，3间房，两口，土改时定中农，四清中未动。	现在密云，表现不了解。	现有北瓦房3间，家具等一部。查抄房3间，家具等全部发还。	

这张表格对商家的财产和权势提供了更多信息。15户家庭中，有8户家庭明确写明曾有成员在新中国成立前后担任各类职务，诸如日本宪兵、保长、伪军官、伪牛山副镇长、伪营长、国民党党员等职务。在土地数量方面，多的有100亩，少的也有十几亩。最少的人家有8亩地，3间房，2口人，是唯一一户被定为中农的家庭。

从以上档案可以看到，商家人在新中国成立后，虽然也有担任地方职务的情况，但为数甚少。再来看看其他相关档案史料：

1959年，牛山公社党员社员代表大会，下坡屯管理区选出的公社人民代表共7位，没有一位姓商。[①]

1959年，牛山公社人民代表共40人，主席团提出的社长、副社长委员

---

① 顺义档案：1959年“牛山公社：党员社员代表大会代表分配表、各管理区选出的社员代表登记表”，全宗号：9，目录号：1，卷号：54。

名单中，社长 1 人、副社长 3 人、委员 21 人，没有一个商姓人员。①

1960—1961 年，12 名下坡屯的党员干部中，有一个商姓人员——商□□。②

1966 年，下坡屯党员、干部共 20 人，其中商□□（查无此人，范字属于西门）、商□□（查无此人，从范字来看，不属于东西二门）、商□□（查无此人，范字属于西门）③。商□□，还出现在 1970 年一份档案中。这是一份关于整党、建党落实政策处理工作总结及撤销处分的登记表，其中提到商□□因隐瞒其父历史，而被取消预备党员的资格，但此次撤销处分得以转正。④ 此份文件很短，所载信息非常有限，但也能从简单的语言中知道，商□□的仕途之路也曾因为家庭的原因受到影响。其父的历史与此前家族的整体繁荣，想必也息息相关。

1978 年，党员花名册共有 30 名党员，其中商姓人员 2 名：商□□、商□□。⑤ 对照家谱，前者，不知属于哪一门；后者属于西门。

以上仅是少量例证，限于篇幅，其他档案不再列举。

清代大粮庄头的身份以及由此而获得的土地，让此前得以繁盛的西门人，此时也因此而遭罪。

（3）商姓家族的民族认同

商家个案的另一个难得之处，就在于即便他们因家族的历史而遭殃受罪，但他们却从没有否认过旗人、后来为满族的身份。上文口述访谈中，大爷的话虽然反映出商家受汉族影响很大，但大爷也都提到，商家人还是保留了满族的身份。这一点在档案文献中，也得到了充分的印证。

"满族"一称的正式出现和使用，始于 20 世纪 50 年代中国的民族识别。此前，概而言之，这一群体常常被称为"旗人"。辛亥革命前后，曾出现过"旗族"称呼，但该词流传时间短暂，范围并不广泛。因此，1949 年之前的多种档案及《中国农村惯行调查》等史料中，是不可能有"满族"一词的，只是提到商家与清代内务府的关系，说明商家的旗人族属。

1956 年，"少数民族社会历史大调查"全面展开，中央希望在 4—7 年内弄清各主要少数民族的经济基础、社会结构、历史沿革以及特殊的风俗习惯等，作为民族地区工作的依据。[①] 北京市也展开了声势浩大的调查活动。正是在此背景下，1959 年，第一次出现了下坡屯满族人数统计的档案。这也是我见到的现存档案中，第一次出现商家民族成分的记录。

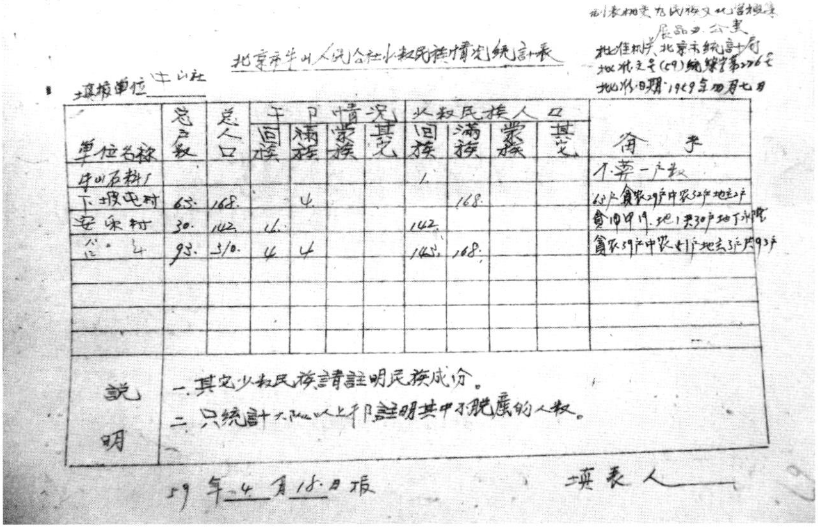

图 3-7　1959 年 4 月顺义县牛栏山公社少数民族情况统计表[②]

---

① 有关内容可参见以下著作：王建民等：《中国民族学史》，下卷，昆明：云南教育出版社，1998 年；郝时远主编：《田野调查实录》，北京：社会科学文献出版社，1999 年；以及胡鸿保主编：《中国人类学史》，北京：中国人民大学出版社，2006 年。

② 顺义档案：1959 年"顺义县牛栏山公社：本公社基本情况及少数民族情况统计表（包括各村）"，全宗号：9，目录号：1，卷：19。

表格抄录如下：

表 3 – 7　1959 年 4 月顺义县牛栏山公社少数民族情况统计表
北京市牛山人民公社少数民族情况统计表

填表单位　<u>牛山公社</u>　　　　　　　　　　　制表机关□民族文化宫搜集
　　　　　　　　　　　　　　　　　　　　　　　展品办公室
　　　　　　　　　　　　　　　　　　　　批准机关北京市统计局
　　　　　　　　　　　　　　　　　　　　批准文号（59）统综字第 226 号
　　　　　　　　　　　　　　　　　　　　批准日期 1959 年四月七日

单位名称	总户数	总人口	干部情况				少数民族人口				备考
			回族	满族	蒙族	其他	回族	满族	蒙族	其他	
牛山石料场							1				不算一户数
下坡屯村	63	168		4				168			63 户，贫农 29，中农 32 户，地主 2 户。
安乐村	30	142	4				142				贫中 19，地 1，共 30 户，地丁永□。
合计	93	310	4	4			143	168			贫农 39 户，中农 51 户，地主 3 户，共 93 户。
说明	一、其他少数民族请注明民族成分。 二、只统计大队以上干部，注明其中不脱产的人数。										

1959 年　<u>4</u>　月　<u>18</u>　日报　　　　　　　　　　　　　　填表人_____

　　下坡屯共有 168 名满族，其中 4 名干部；满族户 63 户，贫农 29 户，中农 32 户，地主 2 户。虽然，这 168 名满族，63 户满族家庭，不一定全是商姓家族成员，但商家占了绝大部分，应该是毋庸置疑的。

　　从此表可以看出，至少在 1959 年，满族家庭被划成地主的只有 2 户，其余均是贫农和中农。这与 1968 年、1970 年，商家大量被认定为地主、富农存在不小区别。为何如此，暂时无法回答，有待进一步考察。

此后，第二份提到民族成分的档案是 1966 年牛山公社中共党员干部登记表①。下坡屯中共党员、干部共 20 人，其中商家三人，全部呈报满族。

"文革"之前，仅有此两份档案涉及民族成分，虽然少，但已可说明，1949 年后商家即便长期失势，却并未隐瞒"满族"的身份。这使得 1982 年第 3 次人口普查，大量商姓人家呈报满族，成了自然而然的事情。

1982 年，全国人口普查，下坡屯村共计 1309 人，其中汉族 1063 人，满族 246 人。当时，商家一共 274 人，其中汉族 83 人，满族 191 人，占下坡屯满族人口的 77.74%。

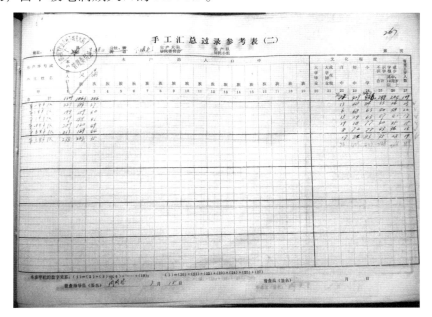

图 3-8　1982 年顺义县人口普查办公室牛栏山公社手工汇总过录参考表（二）②

①　顺义档案：1966 年"顺义县牛栏山公社：党员干部登记表"，全宗号：9，目录号：1，卷号：83。

②　顺义档案：1982 年"顺义县人口普查办公室牛栏山公社手工汇总过录参考表（二）"，全宗号：63，目录号：1，卷号：62：2。

表 3 – 8 1982 年人口普查下坡屯商姓户主家庭的情况简略表①

大队名称	商姓人家总人口（人）	民族成分	
		汉族	满族
第一生产队	47	14	33
第二生产队	47	13	34
第三生产队	42	13	29
第四生产队	60	18	42
第五生产队	49	16	33
第六生产队	29	9	20
合计	274	83	191

先来看看商家呈报满族的情况。

商家一共 274 人，满族 191 人，报汉族的 83 人。此 83 人，大多是商姓户主的配偶。当时，户主姓商的家庭共 78 户，全报满族的 8 户，家庭成员中 1 人报汉族、其余报满族的 59 户，2 人报汉族的 9 户，3 人报汉族的 2 户。

表 3 – 9 1982 年人口普查下坡屯商家民族成分统计（一）②

第一生产队	共 15 户，全家报满族的共 3 户，1 人报汉族的 10 户，2 人报汉族 2 户。
第二生产队	共 11 户，1 人报汉族 9 户，2 人报汉族 2 户。
第三生产队	共 14 户，全家报满族的 2 户，1 人报汉族的 11 户，2 人报汉族的 1 户。
第四生产队	共 16 户，1 人报汉族的 14 户，2 人报汉族的 2 户。
第五生产队	共 14 户，全家报满族的 1 户，1 人报汉族的 11 户，2 人报汉族的 1 户，3 人报汉族的 1 户。
第六生产队	共 8 户，全家报满族的 2 户，1 人报汉族的 4 户，2 人报汉族的 1 户，3 人报汉族的 1 户。
总计	商家共 78 户，全家报满族的 8 户，1 人报汉族的 59 户，2 人报汉族的 9 户，3 人报汉族的 2 户。

① 根据顺义档案馆档案制作：1982 年"顺义县人口普查办公室牛栏山公社手工汇总过录参考表（二）"，全宗号：63，目录号：1，卷：62：2。

② 根据顺义档案馆档案制作：1982 年"顺义县人口普查办公室牛栏山公社手工汇总过录参考表（二）"，全宗号：63，目录号：1，卷：62：2。

表 3 - 10　1982 年人口普查下坡屯商家民族成分统计（二）①

家庭模式	全报满族	1 人报汉族	2 人报汉族	3 人报汉族	总计
户数	8	59	9	2	78
所占比例%	10. 26	75. 64	11. 52	2. 56	100

　　此表可以非常清晰的看到，将近86%的商姓家庭没报汉族，或1人报汉族，而后者一般都是因为与汉族结婚形成的，他们的子女则全部报满族。剩下14%的家庭有2~3个汉族，而3个汉族的只有2户。

　　再来看看非商姓家庭呈报满族的情况。非商姓家庭呈报满族的共有55人。经过统计，可以得知非商姓呈报满族的共有26户，这些户主，除了6人姓名更像男性姓名或者不能确定是女性姓名外，其余20名户主都是女性姓名。这样一来，就存在部分（或者全部）女性的配偶姓商的可能性。也就是说，异姓的她们嫁入商家后，由于各种原因，作为户主出现在人口登记簿中。同时，又由于人口登记簿并不录入其他家庭成员的姓名，所以，单有户主的姓名，就会给人造成她们的家庭不属于商家的错觉。而且，26户中有17户，每户家庭只有1个汉族，其余家庭成员是满族。这同上文分析的，商姓家庭中的汉族人口大多是异姓配偶，实际是一致的。但这部分家庭，并不在本书的分析之中，毕竟无法判断哪些户主是商姓男性的配偶，数据分析也就无法进行。

　　无论是否加入呈报满族的异姓家庭的情况，都已经能够明显地看到，从1949年之后到1982年，下坡屯的商姓家庭对自己满族的身份基本是认可的。这与当下老百姓纷纷改报少数民族有所区别，毕竟，新中国成立初期直至20世纪80年代初，少数民族的优惠政策还不像今天这么明显。在这种情况下，商姓家庭仍以满族为主，足以说明他们对自身民族身份的认同。到1990年人口普查、1998—2007年常住人口调查时，

---

　　①　根据顺义档案馆档案制作：1982 年"顺义县人口普查办公室牛栏山公社手工汇总过录参考表（二）"，全宗号：63，目录号：1，卷号：62：2。

商姓家庭的满族成员越来越多，大部分之前报汉族的子女都改报了满族。当然，这主要与当前的民族政策有关，在此不进行论述。

商家，从 2007 年底第一次访谈到现在成书，将近 7 年的时间，既是本研究的第一个个案，也是我花费心思最大，波折最多，最喜欢的一个个案。商家所居住的小村子——下坡屯村，在头两次采访时，虽经过无数修修补补，村庄却保留了下来，没有迁移。这无形中保存了家族和家族的很多文化，也让我在访谈中，感受到商家与同村其他姓氏家庭的相处，感受到家族的凝聚。

图 3-9　拆迁后的下坡屯村 1

图 3-10　拆迁后的下坡屯村 2

可惜，当我 2011 年第三次再去时，村子拆迁了。我和师妹新欣在牛栏山酒厂门口绕了好久才醒悟过来，眼前的这个正在施工的大坑就是原来的下坡屯村。无可奈何，我们回到牛栏山镇上，找到下坡屯村委会。工作人员说，村里人都各自寻找住处，暂时住到其他地方去了。村里当值的书记姓直，听到一堆老人闲谈，这村是商家和直家轮流做，商家是书记，直家就是村长；直家是村长，商家就是书记。我暗想，这还真是"商直不分"啊。几百年了，世间也历经沧桑，可这个小村子却依然保留了很多让我这个外人吃惊的东西。中国农村本质上的变化，真的有我们想象的这么大吗？

图 3-11　搬迁至牛栏山镇的下坡屯村村委会

第四章 老庄头于家："这么大的一个家族，怎么就没人了呢？"

如果说商姓家族的调查是发现于田野，求证于文献，二者互动的过程，那么于姓家族则有所不同。在档案馆所藏顺义地区庄头户口册中，于家是规模最大的一户。我对于家有着较为充分的文献准备，但在田野寻访中却几经波折。既然这是一个从文献入手的个案，就从文献讲起吧。

户口册为寻找人群提供了关键线索，清末于家户口册共有 15 册：

> 头等庄头 2 个：于池户口册①：3 册，编撰时间：光绪三十年、
> 光绪三十三年、无朝年。
>
> 于山儿户口册②：1 册，编撰时间：同治七年。
>
> 四等庄头 1 个：于长融户口册③：3 册，编撰时间：同治七年、
> 光绪三十年、宣统二年。
>
> 半分庄头 3 个：于芬户口册④：3 册，编撰时间：同治七年、
> 光绪二十七年、光绪三十年。
>
> 于沼户口册⑤：1 册，编撰时间：宣统二年。
>
> 于维烈户口册⑥：4 册，编撰时间：同治七年、

---

① 《会计司类·人事项》，编号：758（1），藏于中国第一历史档案馆。
② 同治七年比丁清册，藏于中国第一历史档案馆。
③ 《会计司类·人事项》，编号：707（3），藏于中国第一历史档案馆。
④ 《会计司类·人事项》，编号：512（2），藏于中国第一历史档案馆。
⑤ 《会计司类·人事项》，编号：720（5），藏于中国第一历史档案馆。
⑥ 《会计司类·人事项》，编号：719（5），藏于中国第一历史档案馆。

光绪三十年、光绪三十三年、宣统二年。

通过整理户口册：

1. 头等庄头 2 名：**于池、于山儿，属于正白旗九家文耀管领下，顺义县北河村居住。**

于山儿又名于志祥，是于池的父亲，该家族简单的世系为：

于本宽——于铎——于志祥（于山儿）——于池

2. 四等庄头 1 名：**于长融，属于正白旗九家文耀管领下，顺义县沟北村居住。**

简单世系：

于琦——于志远——于满——于长融

3. 半分庄头 3 名：**于芬、于维烈、于沼，属于正白旗九家文耀管领下，顺义县北河村居住。**

三人中，于芬年龄最长，是于维烈的父亲，于沼的祖父。于沼的父亲是于维英，看行辈字，于维英与于维烈应该是兄弟。于沼户口册1 册，编撰的时间是宣统二年（1910）。于维烈户口册 2 册，编撰时间分别是同治七年（1968）、宣统二年。也就是说，宣统二年时，北河村同时有两名半分庄头：于维烈、于沼。这支庄头的简单世系：

于大业——于端——于德舒——于芬┬于维烈
                                                 └于维英——于沼

会计司户口册对顺义地区于姓庄头记载的十分清晰，清代晚期，顺义地区共有4 户于姓家族担任庄头，分别居住在北河村（现属顺义区李桥镇）和沟北村（顺义区李遂镇），从地图上看，两个村子离的并不远。

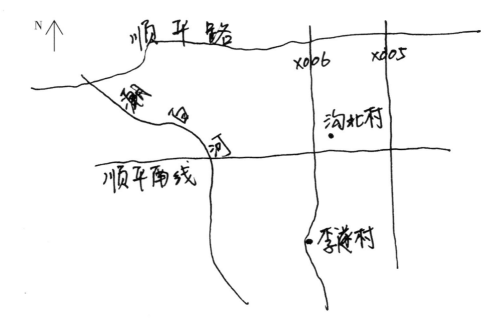

图 4-1 北京市顺义区北河村、沟北村地理位置

虽然并没有史料直接证明 3 个于姓家族（于维烈、于沼是叔侄关系，算同一个家族）源出同脉，但鉴于"于"姓本来就不算大姓，加之距离较近的居住地域，以及均属同一管领下（正白旗九家）等特征，3 支庄头之间想必会有一定血缘关系。

让人略感奇怪的是，3 个于姓大家族，其中还有 1 个头等庄头，于情于理，于家的规模和势力都应该大于下坡屯商家。但当我初摸史料时，却发现于家留下的档案史料远远比不上商家。更为甚者，1982 年的人口登记中，绝大部分商姓家族成员报的是满族，而生活在沟北村和北河村的于姓却几乎全报汉族（详见下文）。这确实让人有些意外，如果不是事先知道他们庄头的身份，可能根本就不会将他们与庄头、与满族联系在一起。

为什么会出现这样的状况？以对商家的研究经验来看，或许线索就在田野当中。于是，我暂时离开故纸堆，开始了一次又一次的寻访。

一、寻找于姓庄头

北河村，隶属北京市顺义区李桥镇管辖，因潮白河在村北故名。该村地势西高东低，村域6.7平方公里，共970余户，3000余人。沟北村，隶属北京市顺义区李遂镇管辖，位于蜿蜒南去的箭杆河西岸，全村共有400余户，1000余口人。

由于3个于姓家族分别居住在北河村和沟北村，此外，李遂镇柳各庄村也有于姓庄头后裔，调查于家，就必须得3个村庄都去采访。于姓庄头的访谈一共有7次：李桥镇北河村4次，李遂镇沟北村1次，李遂镇柳各庄村2次（柳各庄的情况详见下文）。

第一次访谈：

访谈时间：2011年3月31日

访谈地点：顺义区李桥镇北河村村委会

被访者：北河于大爷甲、北河于大爷乙

访谈者：邱源媛

第二次访谈：

访谈时间：2011年4月1日

访谈地点：顺义区李桥镇北河村于大爷甲家

被访者：北河于大爷甲、北河于大爷丙

访谈者：邱源媛、杨原（中国人民大学）

第三次访谈：

访谈时间：2011年4月22日

访谈地点：顺义区李遂镇沟北村于大爷家

被访者：沟北于大爷丁、沟北于大爷戊、沟北于大爷己

访谈者：邱源媛、杨原（中国人民大学）

第四次访谈：

访谈时间：2011年4月25日

访谈地点：顺义区李遂镇柳各庄村于大爷家

被访者：柳各庄于大爷

访谈者：邱源媛、杨原（中国人民大学）

第五次访谈：

时间：2011 年 4 月 25 日

访谈地点：顺义区李遂镇柳各庄村杨大爷家

被访者：柳各庄杨大爷

访谈者：邱源媛、杨原（中国人民大学）

第六次访谈：

访谈时间：2011 年 5 月 13 日

访谈地点：顺义区李桥镇北河村于大爷家

被访者：北河于大爷甲、高大爷

访谈者：邱源媛、赵丹青（首都师范大学）

第七次访谈：

访谈时间：2012 年 6 月 30 日

访谈地点：顺义区李桥镇北河村于大妈家

被访者：北河于大妈、北河于大爷乙

访谈者：邱源媛、邢新欣（中国社会科学院）

正式开始做于家访谈，是在采访商家的两年之后。两年的时间中，一方面，我们全力以赴地查阅各类档案，从中国第一历史档案馆、台湾"中研院"档案馆到顺义区档案馆，尽可能搜寻所有关于顺义庄头家族的资料。一方面，从清代的官方文献入手，扎实地梳理有清一代自入关前始直至清末，庄园制度的兴起、发展、演变以及衰落。这样的案头工作，让我对庄园制度、庄头人群有了远比两年前多得多的认识。这次，我有备而来。

2011 年，田野调查全面展开，除了寻访于姓庄头，我还同时找寻着其他庄头。调查之初，处处碰壁。由于兴建顺义新城，很多村落被拆毁，村民移居。看着一大片一大片待建的荒地，心里的失落和焦急难以用语言形容。

图4-2 拆迁后的村落

　　没有村庄，到哪里去寻找那些老人。求助于政府吧，各级官员把我们像皮球一样推来推去，区里推到镇上，镇上推到村里。好不容易打通搬迁到不知何处的村委会电话，又被工作人员严厉盘问，好话说尽，却依然磨磨叽叽地不愿意告诉我们村委会地址。终于几经辗转，倒了几路公交车找到村委会了，又被财务推到妇联，妇联推到办公室，想要见见村长或者书记，几乎是不可能完成的任务。只要开口询问，得到的大多是"不知道""不清楚"。想找找老人，也会被告知，"村子拆迁了，搬到哪里不知道"，"联系不上"。磨破嘴皮，要到几个电话号码，打了过去，往往是老人子女接听，"你谁啊？""不知道""都老糊涂了，哪儿还能记得住啥呀"。没几句，就被拒绝。

　　我连续跑了三四趟顺义，都是这样的遭遇。抱着实在不行就不做这部分田野的想法，2011年3月的最后一天，我独自前往李桥镇北河村。那天天气很好，心情却实在好不起来。从离家不远的公车站乘989路公交直达李桥镇，交通还算便利。镇政府就在通顺路边，很好找。但前几次与政府工作人员打交道的经历，让我心有余悸，我尽可能绕开镇政府，跑到毗邻的李家桥村去问路。

　　也许是临近路边的缘故，李家桥村显得比较"繁华"，或者用"嘈杂"来形容更为准确。入村的路口横七竖八地停满了黑车，好几个人过来招呼我，我连瞟都没瞟他们一眼，直接往村里走。这荒山野地的，我可不敢坐黑车。而且，头天晚上在地图上看，北河村离李家桥好像不太远，我早就做好了步行过去的准备。

"脏""乱"，是李家桥给我第一印象。村里主路两边堆满了大大小小的店铺，土、灰、纸屑、污水、各种山寨产品的外包装，随处可见。第二印象是"杂"，我接连问了四家商铺，北河村如何走，居然没有一个人知道，连村名他们都很陌生。全是外地人，而且从口音上听得出，绝大部分不是北京人。

无可奈何，只能回转头找镇政府。比起顺义新城那片的村镇，李桥镇镇政府又小又破。两层楼，旧旧的，一个小院落。这一对比，就能感觉到李桥镇的经济不如马坡和牛栏山。院子里有一个工作人员和一个民警，听说我想去北河，两人都觉着走着去太远，得 40 分钟，让我打个黑车。我说，不敢。民警很仗义，给我找了一个黑车师傅，并掏出他的工作证，说，我姓×，你记住我的警号和我的警车号，他小子不敢不老实。就这样，由不得我愿意不愿意的，只能上了黑车。

车行大概一刻钟，到了北河村。比起大路边的李家桥，北河显得冷清，但也干净。我径直走到村委会，村里的主要干部，包括书记和大队长都下去挖水渠了，只有两个二十多岁的大男孩在值班。他们解决不了我的问题，我只能等着。闲聊中，他们告诉我，北河村姓于的不多，就几户人家，而且好像也不是满族，他们根本就没听说过"庄头"这个称呼。我一阵失望，难道又要落空？

男孩说，这附近还有个沿河村，好像那里有满族，要不你去试试。"沿河村"，这个名字，我在档案中看到过。好吧，反正现在还不到十点，村委会的干部们要下午才来，闲着也是闲着，就跑了一趟。结果，沿河村村委会的大妈直接没让我进门，说，你一个小丫头，搞什么研究，我们太忙了，没工夫。中午的时间在两个村子里转悠，问问老人，都说不知道，没听说过。那一刻，很沮丧，觉得自己又会跟前几次一样，无功而返。

下午两点，一位姓董的大姐来村委会上班。她听完我的要求，非常爽快地让两个男孩帮我从电脑里调20世纪30年代出生的老人的信息，一共有三个，董大姐又挨个给老人打电话，把他们请到村委会来（来了两位，有一位老人因故未来）。我当时的感激之情简直难于言表，走了这么些个镇子、这么些个村子，这是第一个没有把我扫地出门，还这么热心帮忙的村委会干部。

十几分钟后，于大爷甲先到，他的第一句话，就让我忐忑的心落到肚子里了："我们是在旗的""是皇粮庄头"。

二、家族的来源和世系

北河村重点访问的几位老人都出生于20世纪30年代，最老的1931年，最年轻的1939年。他们都是庄头的直系后人，有的属于头等庄头于池家族，也有半分庄头于芬的后人。头等庄头于池家族的势力，在北河村明显大于半分庄头于芬家族。刚开始访谈时，老人们只知道北河村有一个庄头，是于池的后人，并称其兄弟俩为"于大庄头""于二庄头"。于芬一系的后人，却明确地告诉我们，他们家不是庄头，只给庄头交粮。我给他了看户口册，大爷甲非常高兴，原来自己的家族也是庄头。

为便于阅读，有必要将几位重点访谈的大爷，做一个简要的介绍：

于大爷甲：半分庄头于芬的后人。

于大爷乙：头等庄头于池的后人，村里面称为"于二庄头"即是他的父亲。

于大爷丙：则是最正宗的庄头后人，其爷爷是北河村的最后一名庄头，即"于大庄头"。

于大爷甲虽说不是头等庄头的后人，但算是知道最多最能说的，其他大爷说不上来的，都由他来说。

1. "我们随老罕王过来的"①

于大爷甲指着于大爷乙说：他大爷叫"于大庄头"，他爸爸是"于二庄头"，他们家是庄头，我们不是。

邱：哦，他们家是庄头。

于大爷甲：嗯。他们是亲哥儿俩不是嘛，这大庄头、二庄头。

于大爷乙：说书上也有这词儿，"地庄头"。

邱：地庄头？

于大爷乙：这一大田地都归庄头的。

邱：嗯，就想知道咱庄头的这些事情，您给讲讲。

于大爷甲：庄头，比村长还得大呢，给皇上收粮食的。那地是各家各户上（庄头）那儿，说你种多少地，按现在说该交公粮，到你这儿收公粮去，各村各地方的。

邱：就给庄头交公粮去？

于大爷甲：对，我们家就是给庄头交公粮的。然后，庄头又给皇上交粮食。这不，皇粮庄头。

于大爷乙：收上租子，给皇上那儿交租子去，我爷爷那阵儿就这样。我爷爷一死以后，就归我大爷掌管了，我爸爸都不是。

邱：您父亲都不是？

于大爷乙：就一个人，哥们儿，都大哥接管，兄弟不能接管。就俺们家，我爸爸分家时，那房屋都没俺们的，没我爸爸的，就归庄头。我们家那么些房子，我那兄弟……都归我大爷的。

邱：哦。

旁边的人：你家（于大爷甲）是庄头吗？

于大爷甲：我们家不是。

---

① 第一次访谈：访谈时间：2011 年 3 月 31 日；访谈地点：顺义区李桥镇北河村村委会；被访者：于大爷甲、于大爷乙；访谈者：邱源媛。

于大爷乙：那河东那一片地，一围上，走马占圈呀，一片地一圈，就归俺们庄头了。

邱：具体有多大的地儿呢？打哪儿到哪儿？

于大爷乙：那就不知道了。我的印象就河东那一片，详细这边我也闹不清了，我小，我听人说的。这啊，就给皇粮那儿做庄头，有点儿权力，就管交地租。

邱：哦，您大爷那时还是庄头？

于大爷乙：我大爷还是庄头呢。

邱：那不都到民国时候了吧？

于大爷乙：对了。

邱：那时候还有庄头？

于大爷乙：民国没有了。我都没赶上这庄头，我现在八十一岁了，没赶上这庄头。

于大爷甲：这都是清代的事儿，这叫……是满族，我们都是随清朝过来的。

邱：哦，您知道是打哪儿过来的？啥时候过来的？

于大爷甲：清朝不是在满洲里那边呢嘛，由那边过来的。大清国一过来，就随着清朝过来了。东北。

邱：东北什么地儿？

于大爷甲：不知道。吴三桂请清兵就请了那边的。

邱：那您呢，您知道您家是打什么地方来的吗？

于大爷乙：山东。①

邱：山东？

于大爷乙：我就听说山东。

---

① 老于家从山东过来的说法，在此后的访谈里，多位大爷都提到了。这与官书的说法有一定差距，官书史料中的老圈庄头一般是"从龙入关"，在清初，随着各家主来到中原。为何如此？是于家祖祖辈辈以讹传讹？还是确实出于山东，官书记载不全面？我暂时无法解答，但这却是一个非常有意思的问题，留待以后再做考证。

邱：从山东来的？

于大爷乙：随老罕王过来的。

邱：随老罕王过来的？

于大爷乙：对对对。

邱：那啥时候过来的呀？

于大爷乙：我也不知道。

邱：那随着过来以后就直接到咱们这儿北河一带？

于大爷甲：不是直接到这儿的，这原来在李遂镇这边的，是柳各庄。

邱：李遂？

于大爷甲：对，李遂镇柳各庄。那边儿的"于"都是俺们当家的。

邱：对。李遂镇那边有一个姓于的，叫什么，沟北那边。

于大爷甲：嗯，沟北、柳各庄全是。

邱：哦，都是你们一家的。

于大爷甲：都是一个族吧，反正是。

邱：你们这人挺多的。

于大爷甲：不少，反正是。

邱：后来怎么就迁到这儿来了，这支？

于大爷甲：不知道怎么过来的，反正过来的时间也不短了。

邱：大概什么时候过来的呢？

于大爷甲：不知道，俺家那坟地那儿坟头就好些呢！

邱：现在还有坟头吗？

于大爷甲：现在没了，全给平了。

邱：现在还跟柳各庄有来往吗？

于大爷甲：没有，现在没有了。反正听我爷爷那阵儿说，年轻那阵儿填坟去，还上那边儿跟着去呢。多少辈的人了，他就不走动了就。都出了五服，六服都多了。

邱：柳各庄那边，他们是庄头吗？

于大爷甲：不是庄头，庄头没有几家，不是家家都是庄头。连俺们这儿都不是庄头。

于大爷乙：这都多少年的事儿了，也分不清了（是不是老于家的人了），幸亏有这点儿特点，小拇哥都是猴头。

邱：小拇哥都是什么？

于大爷乙：猴头，不是猴头，那不是真正老于家人。

邱：小拇哥都是什么？我没听明白。

于大爷乙：猴头。

邱：什么叫猴头啊？

于大爷乙：脚丫子都是猴头，真正老于家人。

于大爷甲：鱼眼似的，那拇哥。跟鱼头似的。他不长指甲，这是传统观念。指甲都这么着，他那就一堆儿，捏鼓着，他不长指甲盖儿。

于大爷乙：老于家就是，这是真正的老于家人。

邱：那您是吗？

于大爷甲、乙：我是。

于大爷乙：我儿子也是，都是猴头。这没错这个，老于家的人。[1]

2. 家族世系

家族世系依然是我的考察重点之一，大爷们对行辈字比较陌生。于是，我拿出官方户口册，请他们看看有没有眼熟的名字。就这样，大爷甲才惊讶地发现自己家原来也是庄头。

（1）第一次访谈[2]

邱：大爷，您知道您家里面有辈字吗，行字辈吗？

---

① 有关脚上小拇指长小指甲的传说很多，说法不一，有的与山西洪洞大槐树移民传说相关，有的被认为是区分族群的标志。满族人中也流传此类传说，认为满族人都有这种小指甲。

② 第一次访谈：访谈时间：2011 年 3 月 31 日；访谈地点：顺义区李桥镇北河村村委会；被访者：于大爷甲、于大爷乙；访谈者：邱源媛。

于大爷甲：嗯？

邱：行辈字，范字。

于大爷甲：怎么着？

邱：就像有些老满族啊，他们家族是有行辈字的，比如说什么，就是孩子取名字，中间用个什么字儿，都定好咯。

于大爷甲：没有那个。

于大爷甲：就说刚才说姓孟的（另一家），天下这孟，说你也姓孟，我也姓孟，你是天南海北的，都能赁上辈儿来。

邱：对呀。

于大爷甲：我们家没有。

邱：没有啊？

于大爷甲：没有。

邱：那取名，怎么给孩子取名？就想怎么取就怎么取？

于大爷甲：对。

邱：没有说有一个说法什么的？

于大爷甲：没有。

邱：哦，这样啊，那大爷，您看看，这几个名字，您熟悉吗？

于大爷乙：于池（户口册）是我爷爷。

邱：于芬、于沼（户口册），您听说过吗？

于大爷乙：这我不知道了。

于大爷甲：我爷爷的爷爷叫于芬。

邱：哦，于芬是您（爷爷的）爷爷啊！于芬是半分庄头，也是庄头。您听过这几个名字吗？于大业、于端？

于大爷甲：这就不知道了。这个，于维英（户口册）、于维烈（户口册），于维豪（这是于大爷甲说出来的，户口册上没有）。于芬下面（儿子）有"壮烈垂英豪"，于维壮、于维烈、于维英、于维豪，这是哥儿四个。下面每人又有两个儿子，亲叔辈哥儿八个。我爷爷叫于维豪（此处乃口误，于维豪不是于大爷甲的爷爷，而是老祖，于大爷甲的爷爷是于田，详见下文）。

邱：您父亲叫什么呢？

于大爷甲：我父亲叫于会深。于维豪是我爷爷的爸爸。

邱：您爷爷叫什么？

于大爷甲：我爷爷叫于田。

邱：您是于芬这支的，于沼，这名，您听说过吗？

于大爷甲：这没听说过。

邱：您知道您爷爷这一辈哥儿八个的名字吗？

于大爷甲：那就不知道了。我就知道我大爷叫于冲（户口册上有这个名字）。

邱：他们的后人，于冲的后人叫什么？您知道吗？

于大爷甲：那就不知道了。

邱：李遂镇沟北有叫于长融的庄头，您知道吗？

于大爷乙：那我就不知道。

于大爷甲：我就只能背到爷爷的爷爷了。

于大爷乙：我就知道大爷叫于吉稳（户口册上有这个名字），号纯安。我爸爸叫于吉程。

（2）第二次访谈①

第一次访谈，让我倍感兴奋。在多次被拒之后，终于在田野中又找到了第二个庄头，而且还是当年顺义地区最大的庄头，这无论如何都是一个好兆头。大爷甲很热心，答应帮忙找大庄头于吉稳的直系后人，于是第二天，我和人民大学的博士生杨原又兴冲冲地赶到了北河村。那天天气特别糟糕，预报是小雨夹雪，好在只下了小雨。按照昨天的路线，我们乘坐989路公交到李桥镇下，打了黑车，下午两点多一点儿抵达北河村。

---

① 第二次访谈：访谈时间：2011年4月1日；访谈地点：顺义区李桥镇北河村于大爷甲家；被访者：于大爷甲、于大爷丙；访谈者：邱源媛、杨原（中国人民大学）。

这次的访谈地点在于大爷甲家里，于大爷丙也来了。这位大爷，1939 年生人，今年 73 岁，虽然不太爱说话，但思维清晰。让我们惊喜的是，大爷还带来了他们家的家谱。他是于池的大儿子于吉稳，也就是上文提到的"于大庄头"的孙子，算得上是最正宗的庄头后人。

于池的家谱，修于民国十六年（1927）十二月，制作得很漂亮，最顶上有"于门合族宗祠"六个字，竖排，以下是谱系。这份家谱从第七代祖开始记录，全文抄录如下：

七代祖	讳	瑛	姚	周氏		之位
八代高祖	讳	本恭	姚	杨氏		之位
次高祖	讳	本宽①	姚	张张氏		之位
三高祖	讳	本信	姚	马氏		之位
九代恭长子曾祖	讳	俊		姚	张氏	之位
恭次子曾祖	讳	刚		姚	杨氏	之位
宽长子曾祖	讳	凌				之位
宽次子曾祖	讳	铎		姚	杨氏	之位
信长子曾祖	讳	溪		姚	陈罗氏	之位
信次子曾祖	讳	祯		姚	许氏	之位
十代铎长祖	讳	志平	姚	葛氏		之位
次祖	讳	志祥	姚	段氏		之位
三祖	讳	志春				之位
四子	讳	志训	姚	任氏		之位
俊子祖	讳	志诚	姚	许许氏		之位
祯子祖	讳	德诚	姚	王氏		之位
十一代平长子	伯 讳	清	姚	杨氏		之位
平次子	叔	湘	姚	许氏		之位

---

① 阴影部分表示户口册中也有此人姓名。

祥长子	父 讳 池	妣 王氏	之位
祥次子	叔 讳 津	妣 葛刘氏	之位
志成长	故 讳 潇		之位
次	故 讳 渲	妣 杨氏	之位
三子	故 讳 汶	妣 赵氏	之位
十二代湘长子	先光 讳 文华	妣 于吴氏	之位
十三代次子	故父 讳 福庄①		之位

二位大爷都不清楚这份家谱是谁修的，但从时间、家谱内容来判断，可能是于大庄头的下一辈所修。但为何庄头于池的直系后人于吉稳、于吉程（户口册上记载的是于吉稳、于吉生）没在家谱之中，就不得而知了。

三、家族的衰落

本章开篇就谈到，对于于家，我一直有个疑问，于家曾经是顺义地区最大的庄头，可如今无论是在文献中，还是现实生活里，于家较之下坡屯商家明显凋零。为什么会这样？

从上文列出的清末多种户口册来看，北河村的于家在清末有 3 个庄头：头等庄头于池、半分庄头于芬、半分庄头于沼。如果以每户人家最末一次户口册登记来计算，头等庄头于池有亲丁 167 口（清末②），半分庄头于维烈有亲丁 7 口（宣统二年，1910）、半分庄头于沼有亲丁 40 口（宣统二年，1910）。也就是说，清末，北河村于家共计庄头、亲丁 214 口。而且，这 214 口都是有名有姓，每个人之间的关系都登记的非

---

① 于福庄是大爷丙的父亲，大爷乙的叔伯兄弟，死于 1943 年（大爷丙四岁时）左右。从家谱可以看出，修谱时，没有于福庄的名字，这是后来加上去的。

② 该户口册编撰时间脱落。册中记有"于吉稳二十三岁""于吉生十三岁"，二者即是采访中反复出现的"于大庄头""于二庄头"，且二者均都已不是初生子，有一定年龄了。所以，该户口册虽不能确定编撰年份，但当属清末无疑。

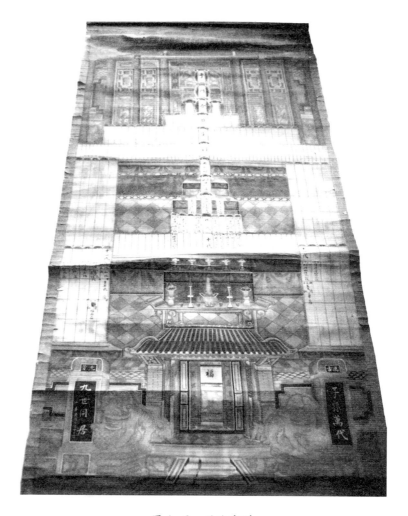

图 4-3　于池家谱

常清晰。以北河村头等庄头于池为例，户口册如下：

　　人丁册　　　于池①

　　　无朝年

　　正白旗九家文耀管领下顺义县北河村居住

――――――――――

① 《会计司类·人事项》，编号：758（1），无朝年人丁册于池，藏于中国第一历史档案馆。

头等庄头于池　龙年　五十五岁

曾祖本宽　故

祖于铎　故

父志祥　故

庄头之母段氏　故

庄头之妻王氏　马年　五十三岁

长子吉稳　鼠年　二十三岁

妻吴氏　牛年　二十二岁　新娶

次子吉生　狗年　十三岁

庄头之弟于津　兔年　四十二岁

妻刘氏　兔年　四十二岁

长子于吉轩　故

庄头之堂弟于沄　马年　四十一岁

庄头之从堂弟于渭　蛇年　五十五岁

妻刘氏　猴年　五十一岁

子吉安　牛年　二十二岁

妻王氏　猪年　二十四岁

系奶小子一口新添

于渭之胞弟于蠡　马年　四十一岁

妻高氏　羊年　四十岁

子吉源　龙年　七岁

庄头之从堂弟于潚　虎年　五十七岁

妻孙氏　蛇年　五十四岁

长子廷俊　虎年　三十三岁

妻许氏　牛年　二十二岁

次子廷杰　蛇年　三十岁

妻朱氏　蛇年　三十岁　新娶

于潚之胞侄廷佐　猴年　二十七岁

廷佐之二胞弟廷佑　狗年　二十五岁

三胞弟牛儿　鼠年　二十三岁

四胞弟狗儿　虎年　二十一岁

五胞弟全儿　龙年　十九岁

于潇之堂弟于瀛　猴年　五十一岁

妻韩氏　马年　五十三岁

长子满仓　狗年　二十五岁

妻金氏　狗年　二十五岁

次子满囤　龙年　十九岁

妻张氏　龙年　十九岁

于瀛之胞叔意诚　狗年　六十一岁

妻杨氏　牛年　四十六岁

子偏儿　马年　十七岁

于瀛之堂弟于申　羊年　二十八岁

妻孟氏　羊年　二十八岁　故

妻徐氏　龙年　十九岁　续娶

于申之胞弟于临　龙年　十九岁

于申之胞叔全诚　狗年　六十一岁

子胖儿　羊年　二十八岁

全诚之弟妇崔氏　猴年　五十一岁

全诚堂弟纯诚　猪年　四十八岁

妻张氏　牛年　四十六岁

子于潜　兔年　二十岁　即绪儿

庄头之族弟于尊　羊年　四十岁

妻宗氏　鸡年　三十八岁

长子狗儿　牛年　十岁

次子牛儿　龙年　七岁　奶男

庄头之胞弟于拴　马年　五十三岁

妻曹氏　猪年　四十八岁

于拴之弟牛儿　牛年　三十五岁

于拴之三叔中儿　虎年　五十八岁

庄头之族婶母黄氏　马年　七十七岁

子于一堂　马年　五十三岁

长子左龄　鼠年　二十三岁　即大根

妻杜氏

次子右龄　龙年　十九岁　即狗儿

妻刘氏　龙年　十九岁　新娶

于堂之弟于洙　马年　四十八岁

妻刘氏　猴年　三十九岁

子兴儿　羊年　四岁　即奶小子

庄头之族婶母刘氏　牛年　七十岁

子于荣　狗年　四十九岁

妻吴氏　蛇年　四十二岁

于荣之叔常喜　兔年　五十七岁

子于洵　鼠年　三十五岁

庄头之族婶母李氏　猴年　八十七岁

子陶气　牛年　五十八岁

李氏之弟长泳　虎年　六十九岁

妻陈氏　虎年　五十七岁

子昌儿　兔年　三十五岁

长泳之堂侄于宽　羊年　四十岁

妻王氏　马年　四十一岁

长子保儿　龙年　七岁　即奶男

次子奶小子一口　新添

于宽之弟楞儿　虎年　三十三岁

妻张氏　虎年　三十三岁

长子大印　龙年　七岁

次子二印　马年　五岁

庄头之族侄于文会　蛇年　四十二岁

妻王氏　蛇年　五十四岁

子虎儿　虎年　十八岁

妻牛氏　龙年　二十岁

次子金儿　牛年　十岁

文会之婶母王氏　蛇年　五十四岁

子文盛　羊年　四十岁　即六儿

妻刘氏　蛇年　四十二岁

长子双成　虎年　二十一岁

妻刘氏　虎年　二十一岁

次子狗儿　牛年　十岁

文会之堂婶母孙氏　马年　六十三岁

子文质　羊年　四十岁

妻孙只　羊年　四十岁

长子羊儿　羊年　十六岁

次子猪儿　羊年　四岁　新添

庄头之族侄妇王氏　蛇年　六十六岁

长子于琴　虎年　四十五岁

妻马氏　虎年　四十五岁

子囤儿　鼠年　十一岁

王氏次子于棋　牛年　三十四岁

妻邓氏　猴年　三十九岁

庄头之族侄至善　故　即九儿

妻乔氏　蛇年　六十六岁

九儿长子于明　马年　三十五岁

妻王氏　鸡年　三十八岁

子景贤　猪年　十二岁　即全

九儿次子于渲　羊年　二十八岁

妻王氏　兔年　三十二岁

子　奶小子一口

九儿三子于晖　猴年　二十七岁

妻李氏　羊年　二十八岁

长子景寿　龙年　七岁

次子景泉　羊年　四岁

九儿之四子于曜　鼠年　二十三岁

妻沈氏　鼠年　二十三岁

子　奶小子一口　新添

庄头之族侄绍祥　蛇年　六十六岁

妻张氏　龙年　六十七岁

子于昙　牛年　三十四岁　即桢

妻高氏　虎年　三十三岁

长子景云　龙年　七岁

次子景书　羊年　四岁　新添

庄头之族侄绍儒　猪年　四十八年

妻何氏　狗年　四十九岁

绍儒之弟绍冬　牛年　五十八岁

妻崔氏　马年　五十四岁

长子于焕　蛇年　十八岁

次子狗儿　狗年　十三岁

庄头之族侄妇董氏　猴年　六十三岁

董氏长子于濠　蛇年　三十岁

妻张氏　龙年　三十一岁

子银儿　猪年　十二岁

董氏次子于宽　猴年　二十七岁

妻余氏　狗年　二十五岁

董氏三子三儿　虎年　二十一岁

庄头之族婶母许氏　故

许氏之子妇徐氏　狗年　六十一岁

长子朋龄　猴年　三十九岁

子全儿　龙年　七岁

徐氏次子崇龄　虎年　三十四岁

妻黄氏　蛇年　二十七岁

徐氏三子福龄　狗年　二十五岁

徐氏四子颐龄　猪年　二十四岁

妻彭氏　牛年　二十二岁　新娶

徐氏五子鹿龄　牛年　二十二岁

许氏之次子妇刘氏　鼠年　五十九岁

长子贺龄　牛年　三十四岁

妻朱氏　蛇年　三十岁

贺龄长子于涫　牛年　十岁　即绪儿

贺龄次子于寿　羊年　四岁　即奶小子

贺龄三子　奶小子一口　新添

刘氏次子瑞龄　蛇年　三十岁

妻穆氏　蛇年　三十岁　新娶

刘氏三子寿龄　羊年　二十八岁

刘氏四子玉龄　鼠年　二十三岁

刘氏五子临龄　牛年　二十二岁

刘氏六子顺龄　狗年　十三岁

庄头之族祖于浪　故

于浪之长子长泜　鸡年　六十二岁

子于程　龙年　十九岁

妻李氏　龙年　十九岁

于浪之次子长沅　牛年　五十八年

　妻张氏　故

　长子于重　猪年　三十六岁

　　妻王氏　猪年　三十六岁

　　子奶小子一口　新添

　长沅次子　于澄　牛年　二十四岁

　　子西龄　鼠年　十一岁　即得儿

　　次子秀龄　羊年　四岁

长沅三子于溢　羊年　十六岁　即□

长沅四子于乐　鼠年　十一岁

以上亲丁共一百六十七名口

半分庄头于沼、于维烈的户口册也与此相同，记录了详细的名字和相互之间的关系。原则上，这些人清末应该生活在北河村，于姓家族的规模不会小。然而，在调查中，不仅从其他档案文献上，看不到于家有像下坡屯商家那样的大地主，仅就目前北河村村里现有人口来说，于家也就是个中小户，全然找不到半点百年前大庄头的影子。

第一次采访时，于大爷乙（他父亲被称为"于二庄头"）就告诉我，"一改民国，家里就没地儿了"。

于大爷乙：我大爷是庄头。①

邱：家里面有多少地儿？

于大爷乙：这我也闹不清，但一改民国就没啥了。

邱：咋没的？

---

① 第一次访谈：访谈时间：2011年3月31日；访谈地点：顺义区李桥镇北河村村委会；被访者：于大爷甲、于大爷乙；访谈者：邱源媛。

于大爷乙：没了，我也不知道怎么，就没有地了。

邱：那没地了，你们靠什么生活呢？

于大爷乙：也有点儿地，不多，坟地，有几亩地，我大爷他们种着。

邱：哦，就剩下这么一点儿了。

于大爷乙：对。

邱：咋没的也不知道了哈？

于大爷乙：不知道了。

清晚期，旗地流失严重。民国初年，政府清理旗产旗地，不少旗地被借机侵占。因此，虽名为庄头，但土地较少，这样的情况并不鲜见。那家族里的人丁情况呢？第二次访谈，我专门针对这个问题仔细地问了两位大爷。

邱：现在咱们村里姓于的家有多少户？①

于大爷甲：就十多家。

邱：有多少人呢？

于大爷甲：人，一家平均三四口人，大概三四十口人。

邱：那也就是不到 50 口人。

于大爷甲：嗯。

邱：您知道咱们村子里面现在有多少人吗？

于大爷甲：现在？人口？

邱：嗯。

于大爷甲：大概 1000 来户吧。

邱：1000 来户？

于大爷甲：那都得多。

---

① 第二次访谈：访谈时间：2011 年 4 月 1 日；访谈地点：顺义区李桥镇北河村于大爷甲家；被访者：于大爷甲、于大爷丙；访谈者：邱源媛、杨原（中国人民大学）。

130

于大爷丙：也就 1000 户，3000 多口人。

邱：3000 多口？那老于家才不到 50 口人。

于大爷甲：对。

邱：那咱们村现在的大户是？

于大爷甲：最多就是王姓。

邱：他们这个王有什么说法吗？打哪儿来的，他们是干什么的，他们有说法吗？

于大爷甲：老王家有旗王，也有民王，也有东王和西王。①

土地流失，尚可解释。人丁变化之大，让人颇感意外。于家为何会如此凋零？于家的人都到哪里去了？

邱：大爷，我想不明白。老于家，于池那可是头等庄头，于沼和于芬是半分庄头。这是一个很大的家族啊，为什么到现在就落十户人家了？这么大的一个家族，怎么就没人了呢？原来那些后人去哪儿了呀？②

于大爷甲：那就不知道了。

邱：不到五十人。您的印象中，咱姓于的有比较大规模搬出去的吗？

于大爷甲：这不知道，我没印象了。我就知道我有一个六叔上怀柔了，就是结婚，现在来说就是男到女家了。

邱：倒插门了。

于大爷丙：这些事情（为什么于家现在人口这么少），我们哪儿赶得上啊，都不知道了。

于大爷甲：我就知道于芬到现在得有二百年了，三十年为一辈嘛。

于大爷丙：我爷爷（于吉稳）也是在大清朝末了这两个皇帝（光绪、宣统）之间接的这个庄头。于池是我的老太爷，我爷爷的父亲。那时候，

---

① 北河村的王家是另一个有趣的故事，我们将在下文论述。

② 第二次访谈：访谈时间：2011 年 4 月 1 日；访谈地点：顺义区李桥镇北河村于大爷甲家；被访者：于大爷甲、于大爷丙；访谈者：邱源媛、杨原（中国人民大学）。

我爷爷和我二爷都活着呢。我爷爷叫于吉稳，我二爷叫于吉程。

于大爷甲：就是昨儿那个大爷他爸。

邱：我们找到的这个官方档案上，他登记的叫于吉生。您知道这名字吗？

于大爷丙：那是后来改的程，他们是亲哥俩。

邱：这（户口册）还有个于津（能与家谱对上）。

于大爷丙：于潇，这还有。

邱：于潇，这咱家谱上也有。于津的孩子叫于吉轩，这个于吉轩，您知道吗？

于大爷丙：不知道，因为我们这柳各庄还有一支姓于的，会不会是他们家的。

邱：李遂那边的柳各庄吗？

于大爷丙：嗯，对。

邱：哦。大爷，您看看还有其他一些名字，您有认识的吗？

于大爷丙：我都没见过。为什么我说柳各庄有一支。原先，给粮库帮忙的时候，遇上过。后来，也有一个跟我二爷重名的于吉程，上这村来过。你看这儿，这是给我大爷留的（指同一排的第一个格子），我爸爸在二，我大爷叫于福田。我有一个三叔，给沙坞了。我四叔叫于福俊，也没了。他落在湖南了，头几年死在湖南了，他当兵走的。他们这辈是哥儿四个。

邱：您刚才说老三咋了？

于大爷丙：老三给沙坞了，过继出去了。

邱：在哪里？

于大爷丙：离我们这儿二十里地。

邱：也是于家吗？

于大爷丙：不是，他改姓孟了。

邱：为什么把老三过继了呢？

于大爷甲：孩子太多，养不起了，穷。那阵儿，有人要，就给出去一个。

邱：不是本家也能过继？

于大爷丙：我们只能说是于孟不分，但人家现在姓孟，他的下边都姓孟了。其实，他是我亲三叔。

邱：您说的这个于孟不分，是怎么回事啊？

于大爷丙：给出去了，就于孟不分了呀。

邱：哦，这么个于孟不分。

于大爷丙：这辈（父亲辈），就我这三叔还活着呢，我四叔没了，我大爷没了。这辈就哥儿四个（于大爷父亲在他四岁时就死了）。我这辈，我为长，我那兄弟没了，我大爷的长子。

邱：您有几个亲兄弟姊妹啊？

于大爷丙：就我一个人，没其他人了。

邱：现在村子里于池这支的，还有几家啊？

于大爷丙：我们东半拉都是。东边几家都是"福"字的后代。现在就是我这儿是"宝"字，我大。我爸爸不是福庄嘛，我大爷福田。

邱：您大爷有几个孩子啊？

于大爷丙：三个。

邱：都在村子里吗？

于大爷丙：刨除宝中没了，家里还有两兄弟。有一个在村里，有一个在县里，叫宝庆。

邱：您是独子。

于大爷丙：对，我是独子。过继到孟家的那个，生了四个，哥儿四个。那哥儿四个都不排上了。

邱：大爷，咱们这样好不好，咱们一辈一辈地来追，为什么这么大的家族，现在人这么少，咱们就说自己家，一辈一辈说，好吧。刚才您说到了您爷爷于吉稳，大庄头，最后一个庄头。然后是您父亲、大伯、三叔、四叔，哥儿四个。咱们再来说说，您爷爷兄弟的情况。您爷爷有几个兄弟呀？

133

于大爷丙：我爷爷哥儿俩。我二爷叫于吉程，就是吉生那个，也可能记的是吉生，后来又改叫吉程了。

邱：他有几个孩子？

于大爷丙：他就我五叔（大爷乙）一个人，我五叔下边有俩，一个叫宝海，一个叫宝河。

邱：那您五叔有姐妹吗？

于大爷丙：没有，好像就他一个。

邱：独生子女？

于大爷丙：嗯，对，就是独生子女。

邱：您有姊妹吗？

于大爷丙：我也没有，我四岁，我爸爸就死了。后来，我妈就改嫁了。就我一个人。我下边人就不少了。

邱：您有几个孩子？

于大爷丙：两个儿子，两个闺女。但到第三代，就一个孙子。我这倒全了，一个孙子，一个孙女，一外孙子，一外孙女。

邱：咱们再往上追，于吉稳上面就是于池。您知道于池是哥儿几个吗？

于大爷丙：这我还不清楚，这上面（家谱）不是排着嘛。

邱：对，于池的兄弟叫于津，他还有叔伯兄弟于潇、于汶什么的。他们，像这个于津，他们有几个孩子啊？

于大爷丙：那就不知道了。我连见都没见过，那就不可能知道了。现在落在村里的，好像就是于吉稳——我爷爷，还有我二爷，就他们哥儿俩这支。其他支还有没有，我就不清楚了，也没跟我说过。至少没在村子，在村子都该知道点儿。

根据口述整理的于池之后的子孙：

第十一代　于池（庄头）

第十二代　于池长子　于吉稳（庄头）

于池次子　于吉程（户口册中有"于吉生"）

第十三代　于吉稳长子　于福田

于吉稳次子　于福庄

于吉稳三子　孟德元（因穷，过继给沙坞孟家）

于吉稳四子　于福俊（当兵去了湖南，客死湖南）

于吉程长子　于福清

第十四代　于福田　　于宝中

于宝庆（在顺义县城）

于宝□

于福庄　　于宝印

于福清　　于宝海

于宝河

邱：大爷，那您（半分庄头于芬的后人）这支的情况呢？

于大爷甲：现在我这支就只剩下，我跟于荣怀。他爷爷叫于维英，好像。我爷爷的爸爸叫于维豪。

邱：您不是说有"壮烈垂英豪"，于维壮、于维烈、于维英、于维豪，这是哥儿四个。下面每人又有两个儿子，哥儿八个。那这哥儿八个的后人呢？

于大爷甲：那就不知道了。

邱：您爷爷有几个亲兄弟？

于大爷甲：哥儿俩，我大爷爷叫于冲。

邱：您大爷爷的孩子呢？

于大爷甲：我爸爸就哥儿一个，也是。

邱：您父亲是哥儿一个，您大爷爷呢？

于大爷甲：我大爷爷就是于冲啊。

邱：对，您大爷爷有几个孩子？

于大爷甲：我大爷爷的孩子叫于会岩。

135

邱：于会岩有几个兄弟姊妹呢？

于大爷甲：没听说过了。于会岩，在日本抓劳工的时候，被抓走了。

邱：抓到哪儿去了？回来了吗？

于大爷甲：这哪儿回的来啊，去哪儿了也不知道，这人就没了。

邱：老于家被抓劳工的多吗？

于大爷甲：不多，这村就两个，于斌的爸爸（于会岩）跟杜海他爸爸。

邱：您自己呢？

于大爷甲：我有俩姐姐，我们哥儿俩，我们姐儿俩、哥儿俩。

邱：兄弟姐妹四个，那您是哥哥还是弟弟？

于大爷甲：我是哥哥。我弟弟在怀柔，跟怀柔落户了。他原来跟怀柔矿山上班，他有俩闺女，一个闺女在怀柔教书，他就跟那儿落户，买的房。

邱：咱现在谈的都是于家男人的情况，女人呢？她们的情况怎么样？

于大爷甲：那就不知道了。

邱：嫁到哪里去了呢？像您，您有姊妹吗？

于大爷甲：我有两个。嫁到吴庄一个，82 岁了。北京一个，今年 79 岁。

邱：嫁到吴庄，您这个姐姐，她婆家是满族还是汉族呢？

于大爷甲：是旗人。

于大爷丙：我老伴也是旗人。

于大爷甲：过去啊，就说给儿子说媳妇，你不是旗人，还不要呢。非得要大脚，小脚都不要。

邱：您家这块呢？您母亲是满族人吗？

于大爷甲：我母亲不是满族人，但是她不是小脚。从小定亲的时候，就跟这家说，不要裹脚。

邱：您嫁到北京的姐姐，她婆家是什么人呢？

于大爷甲：他们都不是北京的，河北省的。嗨，到那辈也不论①

---

① 论，音 lìn，北京土语，"论"的变读，限于动词，意思是：（1）按照规定来讲；（2）区别，衡量，看待；（3）排比辈分；（4）比较而言。此处是（2）的意思。下文同，不再赘述。参见《北京土语辞典》，北京出版社 1990 年版。

了，不论什么族了。

邱：大爷，刚才您说您父亲就哥儿一个。有姊妹吗？

于大爷甲：没有。

邱：那您爷爷有姊妹吗？

于大爷甲：有，姑奶奶呢。

邱：您知道姑奶奶给谁家了吗？

于大爷甲：有一个给龙山了，富豪一个。给的都是满族人。

于大爷丙：都没走动了。具体给了旗人还是汉人，也都说不清了。

根据口述整理的于维豪、于维英的子孙：

于维豪

    长子　于冲

        子　于会岩（被日军抓劳工抓走）

            子　于斌

    次子　于田

        子　于会深

            长子　于学文

            次子　于□□

于维英

        孙子　于荣怀

通过访谈，可以明显地感觉到，二位大爷对家族人丁的多少、祖辈的去向并不太关注。也许确实是年代久远了些，无法回答我提出的祖辈人丁的问题。意识到这点后，我改变方式，从他们本人入手，而后他们的兄弟，他们的父辈，他们兄弟的父辈，最后到祖辈，由近及远，一代一代地询问，希望能由此找到一些于家人丁稀少的原因。

遗憾的是，二位大爷提供的信息有限，除了自己的直系祖辈三代之外，其他支系的情况几乎不知道。就本支系来说，从二位大爷的访谈中，人丁稀少似乎并没有太多的外力因素，更多的还是人口的自然减少。没有兄弟，或者兄弟离开北河村（过继、当兵、读书），在于家较为普遍，这似乎就是留在北河村于家人丁不旺的主要原因。

二位大爷本支的人口变化还算正常，但其他支系呢？别的不说，仅仅"壮烈垂英豪"四兄弟下，每家就有两个儿子，也就是哥儿八个，可如今的北河村却没有他们后人的影子。这群人到哪里去了？发生了什么事情？我能找到的老人都说不知道，让人颇感意外。

虽然，于大爷否认了于家其他支系迁往他处的情况，但我对此仍有怀疑，否则无法解释家族成员数量的迅速减少。定宜庄、郭松义等在《辽东移民中的旗人社会》一书中提到的"第二轮迁移"，"移民初到一处，往往还要几经流徙，直至找到最适宜的居地才会落籍，我们将其称作'第二轮迁移'，这是在文献中鲜见的记录、史家也很少论述的过程"，"他们（移民）会因土地、环境及家庭内种种事件如婚姻、分家等原因，而不断地从一地向另一地迁移，以调整自己与自然环境和邻人的关系，直至找到较为适宜的居地"。①

"第二轮迁移"是个重要的问题，不仅在古代，包括在现、当代，都屡见不鲜。于家历史上已经有过一次较大的"第二轮迁移"，即从李遂沟北、柳各庄等地迁至李桥的北河村。原因若何，尚无法考证。两地之间的牵连，下文还会讨论。此后，北河于家是否又经历了另一次"第二轮迁移"。限于史料，目前这只是一种思路和想法，无法求证，只能留存待考。

四、三支于姓家族：李桥北河于家、李遂沟北于家、柳各庄于家

沟北村：

李遂镇沟北村于家属于四等庄头于长融一系，宣统（1910）二年

---

① 定宜庄、郭松义等：《辽东移民中的旗人社会：历史文献、人口统计与田野调查》，上海社会科学院出版社 2004 年版，第 131 页。

户口册，清晰地记录了"恩"字辈和"龄"字辈两代人。

人丁册　　于长融①

宣统二年

正白旗九家文耀管领下顺义县沟北村居住

四等庄头于长融　狗年　七十三岁

曾祖于　琦　故

祖于志远　故

父于　满　故

庄头子于恩庆　猪年　四十八岁

恩庆之妻张氏　猪年　四十八岁

恩庆长子于嵩龄②　马年　二十九岁

嵩龄之妻许氏　兔年　三十二岁

嵩龄之子于洼　马年　五岁　即奶小子

恩庆二子延龄　狗年　二十五岁

延龄之妻田氏　狗年　二十五岁

恩庆三子昌龄　蛇年　十八岁

恩庆四子文龄　羊年　十六岁

恩庆之五子寿龄　牛年　十岁

恩庆之六子春龄　兔年　八岁　即奶小子

庄头之弟于长祐　狗年　六十一岁

长祐之妻吴氏　羊年　六十四岁

长祐之子恩崇　蛇年　四十二岁

恩崇之妻杨氏　马年　四十一岁

长祐之次子恩溥　鸡年　三十八岁

---

① 《会计司类·人事项》，编号：707（3），宣统二年人丁册于长融，藏于中国第一历史档案馆。

② 阴影标注姓名，表示此人能与采访口述或被访老人提供的民间文书相对应。

奶小子一口新添

　　恩溥之妻王氏　　龙年　　三十一岁

　长祐之三子恩弼　　牛年　　三十四岁

　　恩弼之妻李氏　　兔年　　三十二岁　　新娶

　长祐四子恩第　　马年　　二十九岁

　　恩第妻王氏　　故

以上亲丁共二十二名口

　　访谈中，我发现，沟北的老人对于户口册记载的人名非常陌生，没有对的上的，而且也没听说过沟北有"庄头"。但老人们的父辈大都叫"于□龄"，这与户口册的"龄"字辈相符。同时，在老人提供的分家单中，也能看到"于恩□""于□龄"一类的名字，比如民国二十五年（1936）分家单，参与分家的家族成员六人：于鹏龄、于鹤龄、于恩

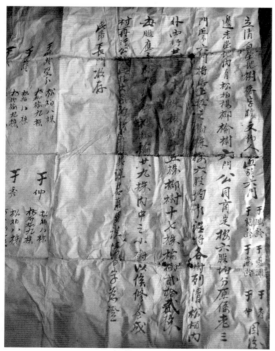

图4-4　于家分家单（民国二十五年，1936）

浦、于崇龄、于秀、于季，行辈字与户口册极为相似。其中"于崇龄"
"于恩浦"在户口册中也基本对应上。由此，基本可认定现沟北村于姓
居民确是四等庄头于长融后人。

柳各庄：

柳各庄，隶属北京市顺义区李遂镇管辖，村西邻潮白河绿色度假
村，东邻箭杆河，共有770余户、1900余人。柳各庄与沟北村很近，
公交车就一站地，约三四里路，也属于李遂镇。

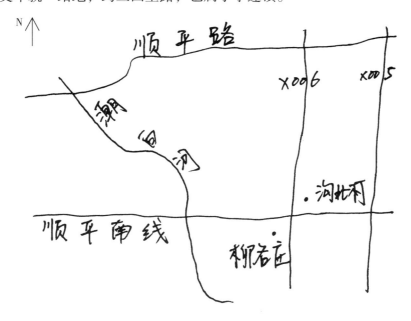

图4-5 北京市顺义区沟北村、柳各庄村地理位置

由于，户口册中未发现柳各庄于姓庄头信息，所以，柳各庄本不在
考察范围之内。但北河和沟北的大爷都说他们的祖辈是从柳各庄迁过去
的。直到20世纪50年代，柳各庄还保留了于家的祖庙，里面有一套完
整的家谱，每年除夕晚上、初一早晨，沟北于家人都要到柳各庄拜祭祖
宗家谱。可见，柳各庄于家的重要性，采访他们的后人看来是有必
要的。

也正因为北河、沟北、柳各庄于家的诸多渊源，在其后的访谈中，三个村子于姓家族的关系，成为我较为关心的话题。

采访沟北村三位于姓大爷①：

邱：您知道您祖上是？

于大爷丁：他这个以上随皇上过来的。

邱：随皇上过来的？什么时候随皇上过来的呢？

于大爷丁：那我就不知道了，早呐！

邱：哦。那您知道您家原来是做什么的呢？就是祖上随皇上过来做什么呢？

于大爷丁：不知道。

邱：不知道啦？

于大爷丁：那阵儿啊，由东北那地儿，这日子过不来，一挑挑来的。

邱：哦，一挑挑来的，哦，从东北那块儿，哦。什么时候到的北京？

于大爷丁：山东。

杨：山东挑过来的？

邱：是山东还是东北？

于大爷丁：由山东②，一挑挑来的。那边啊，山东有一个叫于庄。

于大爷戊：这于庄说话没有别的姓，就姓于。

邱：是在山东哪个地方，您知道吗？

于大爷丁：不知道。

---

① 第三次访谈：访谈时间：2011 年 4 月 22 日；访谈地点：顺义区李遂镇沟北村于大爷家；被访者：于大爷丁、于大爷戊、于大爷己；访谈者：邱源媛、杨原（中国人民大学）。

② 采访在场的有三位大爷，我反复询问，三位大爷都说老祖宗是从山东来的。这与北河村的大爷乙说法相同。

于大爷戊：那阵儿都说山东老槐树①底下，咱们就听这样传说。

邱：哦，来了之后，就直接来沟北吗？

于大爷丁：那阵儿啊，先到柳各庄南边儿的村，那儿干河套，什么都没有，那是苦海的地方。

于大爷戊：我们这个祖宗是于大用。连柳各庄带这个，全是这一个祖宗。我们是打柳各庄单过来的，按"门"说，这就是一个门人的。

邱：哪一辈过来的呢？为什么过来呀？

于大爷丁：那就不知道了。

邱：还有一个叫北河村，您知道吗？李桥的北河村。

于大爷丁：北河村，是，也有姓于的。

于大爷戊：也是这儿的于。

邱：哦，都是一起的？

于大爷戊：他不是这门上的，是同宗，同宗不同门。

邱：那您知道北河村是什么时候分出去的？

于大爷丁：这于大用啊，一起来的老哥儿七个，除了于大用，还有"业""彭""张""连""年""顺"，叫于大用、于大业、于大彭，于大业是最大的。哥儿七个先到柳各庄这块儿，后来于大业去了北河了②。

邱：其他哥儿几个呢？

于大爷丁：那不知道了。

邱：于大业后来呢？

于大爷丁：那也不清楚了。

邱：现在咱们这边跟北河那边的于家还有来往吗？

于大爷丁：不来往了，这都好几辈人的事情了，哪还有来往。

邱：大爷，您知道您祖上是旗人吗？

---

① "老槐树"的传说，民间一般指与"山西洪洞大槐树"有关的移民故事。此处老人说是"山东老槐树"，也许与此有关，是老人对祖先记忆的一种变化。

② 据户口册记载，大爷们说的"于大业"，确实是北河村半分庄头于芬的曾祖父。

于大爷丁：知道是旗人，在旗的。

邱：但这旗人做什么的，您不知道？

于大爷丁：那阵儿谁管呐！没人管，爱干什么干什么。

邱：你们听说过"庄头"吗？

于大爷戊：听说过庄头，庄头究竟干什么的，不知道。

邱：沟北有庄头吗？

于大爷丁：没听说过，不知道。

邱：知道是哪个旗吗？

于大爷丁：那就不知道了，就知道是旗人。在我这个出生左右那阵儿，我们跟这汉人不一样。

邱：您今年高寿？

于大爷丁：我民国十六年生人，今年86了。

邱：那时你们跟汉人怎么个不一样啊？

于大爷丁：旗人那阵儿啊就是跟着皇上过来，他是年年的吃这租，各村儿起租子去。地啊，那阵儿全是旗人的。

邱：您家还有家谱吗？

于大爷丁：柳各庄有一家谱，你要倒这个啊，上柳各庄，过去槐树底下，我们那儿有一个祖庙。

于大爷戊：家谱的庙，这一解放全给拆了，这画这一墙（的家谱），是哪一代哪一代都有。

于大爷丁：就那庙，那家谱，你像我们小时候，春节要去拜，那是三十儿晚上一趟，初一早晨一趟，这一年两趟。年年去。

于大爷戊：对对。他们啊小时候拜，我小时候就没拜。

邱：哦，您小时候就没拜了？

于大爷戊：它就没有了那儿。

邱：您是哪年兰人呀？

于大爷戊：我是三十七年的，比他小10岁。

邱：哦。那庙专门就供着家谱呢？

144

于大爷丁：就是我们这些人的家谱，那阵儿我们去的时候，三四十号人了，上那儿拜家谱去。有人都给你念叨，按照家谱给你念叨。像我那阵儿去，刚这么高，刚十来岁。要拜家谱。

于大爷己：跪这儿，磕头，先来作个揖，完了再作一个，起来时候再作一个。

邱：您记得小庙是什么样子呀？多大？有几间房？

于大爷丁：就一间房，那小庙小庙的，就是那么一间，屋里头挂着三面都是家谱。

邱：哦，这三面都是家谱。

于大爷丁：全是家谱。就跟那个，现在那个奖状似的。都写上，是哪一代哪一代，都写着，都给念一下。那阵儿单有这么一个人啊，管这家谱的。

邱：哦，那管家谱的是谁，您知道吗？

于大爷丁：不记得了。到这日子，就把家谱拿那庙去。赶完事儿，卷起来。

邱：就是说拜的时候才把它挂出来？

于大爷丁：欸，对，才撂下来。

邱：那个房子里面除了家谱，还有没有什么像什么的，比如说画像啊，泥像啊什么的，有没有啊？

于大爷丁：别的全没有，就是家谱。

邱：这家谱的内容，您还记得吗？

于大爷丁：全忘了。

邱：当时，除了拜家谱，平时你们去柳各庄吗？

于大爷丁：也没怎么去。

邱：庙拆了以后，还去拜家谱吗？

于大爷丁：不去了，不去了。

邱：后来跟柳各庄还有来往吗？

于大爷戊：不来往。

图4-6 柳各庄村于氏祖
宗堂（供家谱的庙）原址

于大爷丁：一点儿来往都没有，庙没了，也不用拜了。现在从这门出去，有一般事儿，谁也不通知谁了。

邱：哦。您说那个拜小庙的时候，拜家谱的时候，北河那边的于家过来拜吗？

于大爷丁：不过来。

于大爷戊：不上这儿来。

沟北村大爷们的话，在柳各庄的访谈中得到证实（详见下文）。看来，三个村子的于姓都是同宗，但彼此之间的走动并不多。沟北与柳各庄虽距离很近，也仅限于春节拜祭家谱。祖庙拆除后，两处的人们很少来往。而北河村则基本没有联系，按老人的话说，"都出了五服，六服都多了"，"不照着南方像他们，一个家族很团结很厉害的，咱们没有这事"。

五、于家的民族成分

从收集到的史料来看，于家档案并不算少，但能体现出庄头身份或者与旗人、满族等相关的文献却屈指可数。为什么会出现这样的情况？一方面，可能是档案有所缺失，而我们看到的史料毕竟也有限；另一方面，也许于姓庄头家族在辛亥革命之后，因为某种我们不知道的原因，本地人丁锐减，家族势力下降，加之社会变革，或者祖上的身份和民族，对后人的生活影响不大，或者人们刻意隐藏自己先辈的身份。无论如何，这一变故如此突然，而在后世的记载中又几乎未留痕迹，实在有些令人不解。

1949年之后的情况也是如此，在数次运动中，于家无论是遭批斗还是受表彰，似乎都与前清的庄头身份、民族或者因此而形成的地主身份关系不大。在1982年全国人口普查中，李遂镇沟北村共1370人（于姓户主家庭有84人），全部呈报汉族。①也就是说，沟北村的于家没有一个人报满族，北河村、柳各庄的情况也大致如此。然而，随着国家对少数民族实行优待政策，部分人在20世纪90年代又改回了满族。老人们毫不掩饰的说，就是为了孩子高考加分，改的都是孩子，老人自己反倒改的不多。

访谈1②：

于大爷甲： 从一解放就以满划汉了。我一小念书都不填"满族"了，都填的是"汉族"，谁也不敢填"满族"。到现在为什么俺们这儿有几支的人新近改过来。这就为了这孩子们考学，加分。

邱： 哦，都是为孩子加分。您改了吗？

于大爷甲： 我本身没改。

邱： 您这干吗不改啊？

于大爷甲： 我拿着又没用，不改了，就孩子改了。

邱： 大概什么时候改的？

于大爷甲： 也就十多年以前吧。九几年。现在不容易改了，不让

---

① 根据顺义档案馆档案制作："顺义县人口普查办公室李遂公社手工汇总过录参考表（二）"，全宗号：63，目录：1案卷号20：2。

② 第一次访谈：访谈时间：2011年3月31日；访谈地点：顺义区李桥镇北河村村委会；被访者：于大爷甲、于大爷乙；访谈者：邱源媛。

了。就为孩子加分。俺们那侄儿，后来也归回来了，还挺麻烦，又上县的，就为这孩子。都是为孩子考试多给加分。那阵儿也，（有的人）不敢什么，政府这点儿运动，不知咋回事。

访谈 2①：

邱：咱这些都是重孙子吧？这个小重孙现在是报的满族还是汉族呀？

于大妈：满族。

于大爷乙：随咱们少数民族。

邱：于大爷，我上次听您说的，您不是报的汉族吗？

于大妈：解放之后可不就是汉族嘛。

于大爷乙：以后填民族，我说咱们就填汉族吧，别填少数民族了。以后咱们孩子们念书才又改过来少数民族了。

邱：那您的户口本上改了吗？

于大爷乙：我没改。

邱：您的孩子们改了？

于大爷乙：他们都是少数民族，我没改。你要查历史，像我这上岁数的人都不是少数民族，都给改了，派出所那边给改了。

访谈 3②：

邱：孙子多大的时候改的户口（民族）啊？

于大妈：那阵儿他也就上小学，帮着孩子好往上念哪，加分。

邱：他爸爸呢，您儿子也就跟着一起改了？

于大妈：对，他爸爸要是不改，那孩子怎么改呀？

---

① 第七次访谈：访谈时间：2012 年 6 月 30 日；访谈地点：顺义区李桥镇北河村于大妈家；被访者：于大妈、于大爷乙；访谈者：邱源媛、邢新欣（中国社会科学院）。
② 第二次访谈：访谈时间：2011 年 4 月 1 日；访谈地点：顺义区李桥镇北河村于大爷甲家；被访者：于大爷甲、于大爷丙；访谈者：邱源媛、杨原（中国人民大学）。

邱：那怎么改的呀？

于大妈：到公社开介绍信，那阵儿我大儿子改过来。他们改啊，我也不知道。其他人都改了，就把我们俩（老两口）给落下了。

邱：您有几个儿子几个闺女呀？

于大妈：俩儿子俩闺女。

邱：俩儿子俩闺女都改了？

于大妈：闺女没改。

邱：就俩儿子改了？

于大妈：对，闺女没改。闺女嫁人了，嫁人就不能改了。她们也想改过来，但我们俩不是，没法改，我们俩要是满族，她也能改过来。这不，（闺女的）孩子也要上学，想加分呀。

访谈4①：

于大爷甲：我也改了（满族）。

邱：大概什么时候改的？

于大爷甲：九几年吧。满族跟汉族有什么区别啊，没什么区别，也没有什么用。这些年，还能给孩子们加分，前些年也没什么。有我孙子的时候，刚改过来。

邱：您孙子多大？

于大爷甲：今年十七，十八啊。我得瞅瞅，我这户口本，我改了没有啊。

（大家笑）

于大爷甲：嗨，上了年纪的人，改了也没用了。

邱：您自己都不记得您改了没有了，反正孙子是改了。

于大爷甲：我得瞅瞅去。

---

① 第六次访谈：访谈时间：2011年5月13日；访谈地点：顺义区李桥镇北河村于大爷家；被访者：于大爷甲、高大爷；访谈者：邱源媛、赵丹青（首都师范大学）。

（去里屋拿户口本，一会儿拿着户口册回来，指给我们看。）

于大爷甲：我也是满族。

邱：哦，您的这个也改过来了。您这后面都是满族了，男的，都是改的。

于大爷甲：对，女的，媳妇就都是汉族了。

类似的对话，几乎在采访所有的老人时都会出现。这是孩子的民族改成满族了的，那些没改过来的，则后悔当初没改，现在政策管得严，不易改动。甚至有的人，还提出或者我们帮忙，或者他们拿着我们查到的档案文献（主要是户口册），到村里、镇里去证明他们的满族身份。而所有人目的都只有一个：孩子高考加分，与此目的无关的，便无所谓改或不改了，比如老人、娶进来的媳妇、嫁出去的女儿。

上文访谈4中出现的场景，给我们留下了极为深刻的印象。如果不是我们的采访，也许大爷根本不会去查看自己户口册上的民族是什么。因为这不会影响他本人的生活，不会影响每天的柴米油盐。汉族、满族，在他们的眼里都是一样的，没有区别。也就因此经常出现，老人是汉族，子女是满族的情况。传统的追根溯源，在这里有些颠倒。老人的民族成分若何，反倒最没人在意，甚至连他们自己都没上心。

但反过来，你能说老人们没有民族认同吗？当然不能。当我第一次采访北河村，八十多岁的于大爷还没进屋，就嚷道"我们是在旗的""是皇粮庄头"。而老人们谈到旗人、谈到满族时，则会自然流露出天然的亲近感，这样的情绪在汉族老人、甚至于投充旗人身上是看不到的（详见下文"河北省霸州市陈厨营邓家"），诸如此类源于内心的民族情结不能被否认。

民族认同，好庞大、好宏伟的论题，里面有数不清的理论道道。在此，我无法、也无意去讨论，只是想浅显地说，一次一次的田野，让我体会到很多在书本上看不到的感受、在理论上架构不起来的情绪。而这一路走来的乐趣也正在于此，甘苦参半，乐在其中。

六、于姓庄头后人的生活

1．于大妈访谈："给他的时候，都不知道他们家是满族"

访谈时间：2012 年 6 月 30 日

访谈地点：李桥镇北河村于大妈家

被访者：于大妈、于大爷

访谈者：邱源媛、邢新欣（中国社会科学院）

访谈者按：于大妈 19 岁从通县嫁到于家，于大爷的父亲被村里人称为"于二庄头"。

（1）"入社（初级社）以后，就没规矩了"

邱：大妈，您是哪年生人啊？

于大爷：问你今年多大岁数了？

于大妈：我是 1933 年的，80 了。

邱：什么时候嫁到老于家来的？

于大妈：19 岁呀。

邱：1933 年，19 岁，那也就是刚解放那会儿？

于大妈：就是解放那年吧，1949 年嘛。

邱：您原来是哪个村的？

于大爷：通县平滩，不远。

邱：怎么想到就给老于家了呢？

于大妈：那时候娃娃亲呀。亲戚给介绍的，我姑父给他们那儿说的。我们那时候早，7 岁就订娃娃亲了。

邱：那时候于大爷几岁呀？

于大妈：他也 7 岁。

邱：您和大爷是同年的？

于大妈：对，他比我生日大点儿。

邱：当时是您姑父给介绍的，您姑父怎么认识老于家的人呢？有什么亲戚？

于大妈：老头儿的爸爸那时候开小铺，我的姑父是吴庄的，他经常上这个小铺，是这么联系的。

邱：上这小铺，是买东西还是当学徒？

于大妈：不是，那阵儿没有什么干活儿的，干完活儿不是待着嘛，到小铺来聊聊天。然后，两家人就结上亲了。

于大爷：介绍人一说，谁谁什么什么样的。

于大妈：谁也见不着谁，谁也不知道谁什么样，那时候老社会就这样。

邱：大妈，您家是旗人吗？

于大妈：我们不是，是汉人。

邱：那您嫁到于大爷家前，您知道他们家是旗人吗？

于大妈：以后知道了，之前不知道。

邱：那您就更不知道他们家是庄头了？

于大爷：几岁，知道什么呀？

于大妈：记事儿之后，大点儿了，我姥姥她们，她们这边的亲戚就说他们家是旗人。

邱：就是说您嫁进来之前，大一点儿了。

于大妈：对，我大一点儿了上我姥姥家去，我姥姥她们说他家是旗人。

于大爷：（对着于大妈）旗人不让裹脚你不知道？

于大妈：（对着于大爷）旗人不让裹脚？我大娘婆不是裹脚？你忘了？我大妈那不都裹脚吗？

邱：您大妈是？

于大妈：我大妈就是我的大娘婆，他的大妈，亲大妈。这不是哥儿俩嘛，为什么这儿叫二庄头呢？还有一个大庄头呢。

邱：哦，我知道了。

于大妈：他爸爸是亲哥儿俩，他爸爸叫于二庄头，我们那大妈她们叫于大庄头，那是亲哥儿俩。

邱：哦，于大庄头的媳妇儿是裹脚的。

于大妈：裹脚的。

于大爷：一订亲，男的这主儿就告诉她，你别裹脚。

邱：那就真不裹了？

于大爷：那可不。

邱：那就是说于大庄头的那个于大妈，是汉人？

于大妈：肯定也是汉人，那阵儿以后这庄头就不时兴了。那阵儿知道是旗人，也不是说马上退亲什么的，那时候给人家了就得结婚啊。

于大爷：嫁鸡随鸡，嫁狗随狗。

于大妈：到这头来才知道，旗人规矩不一样。

邱：怎么个不一样呀？

于大妈：哎哟，这规矩可就大了。那时也就解放了，他们旗人就不吃香了，但反正也比人家干的事儿多。你看这个，咱们说那时候，这公公婆婆不睡觉，你就得搁那儿坐着。等到他们发话了："铺炕！"你就得给他们铺炕去。

邱：解放以后也这样？

于大妈：也这样。铺完炕回来给装袋烟，把盆子给拿进去，这回他还得说话，去睡觉吧，你才能走呢。

邱：咱村其他汉人的媳妇儿是这样吗？

于大妈：汉人没有这么大规矩。比方说我们老爷子一赶集回来，只要外面一咳嗽，你就得接出去，规矩大。还有啊，比如说老太太串门子去了，你要是做饭，你得找去，找她，问她吃什么饭？她爱跟着你回来就跟着你回来，不爱跟着你回来就不回来，吃什么饭还得上那儿问去。就是家常这点儿事儿，规矩太多。后来啊，就入社了，入小社。

邱：什么？

于大爷：就是初级社①，五五年。

邱：哦，我懂了。

于大爷：互助组，由几家组成，他有个驴，他有个骡子，穷人就组织一块儿，这是互助组。没有一年又规划小社，小社改成高级社，变成越变越大，没钱买牲口，国家贷款，买骡子买马买车子。

于大妈：对。入社以后呀，你就得挣工分就能分粮食了不是，就得干活，规矩就没了。要劳动力呀。

于大爷：没有劳动力不行，说你们家有工人，有劳力，这家人全是老的老、小的小就不行，就吃不上饭。没有劳动力你就挣不到钱，挣不了工分呀。

邱：哦，这规矩就没了。

于大妈：可不。原来我们老爷子不干活，从来不干活。这一入社啊，老爷子天天干活儿去，老太太在家哄孩子，看家呀。那时候我的闺女儿子不是还小嘛。

于大爷：我们家里四个孩子，俩老家儿，再加上我们，八口人。

邱：哦。您公公原来不干活儿，后来入社了以后他就干活儿了，就为了赚这点工分。

于大妈：啊，可不是嘛。我们出去干活，老太太就在家哄孩子，能烧火她就烧火，不能烧火就等我们回来再做饭。

邱：也没说他们两个老的在这儿躺着，然后让您铺炕，也没这些规矩了？

---

① 1951年到1958年，中国农村先后经历了互助组、初级社和高级社三个阶段。"互助组"，指农民在个体经济基础上组成的集体劳动组织。土改以后，互助组在农村得到广泛发展。村民互换人工或畜力，共同劳动，有农忙临时互助和常年互助之分。其后，在农业生产合作化运动中，互助组发展成为初级农业生产合作社。"初级农业生产合作社"简称"初级社"，这一阶段，村民需要将私有土地、耕畜、大型农具等主要生产资料分社统一经营和使用，按照土地的质量和数量给予适当的土地分红，其他入社的生产资料也付给一定的报酬。初级社在社员分工和协作的基础上统一组织集体劳动，社员根据按劳分配的原则取得劳动报酬，产品由社统一支配。1956年，初级社发展成高级社，农民的土地、耕畜、大型农具等生产资料归集体所有，取消了土地报酬，实行按劳分配的原则。1958年进一步发展为农村人民公社。

于大妈：没有了，进门子那样，那会儿没了。那就没规矩了，还有什么规矩呀。什么都没有了，成天干活儿去。不干活，鸭蛋，还有什么规矩呀？

（2）分家："所有的财产都归我大爷了，兄弟不能接"

邱：您觉得庄头跟别的人家有什么不同吗？

于大妈：那就不同，比如说这个庄子，这要是哥儿俩分家，甭说别的，就说有楼房，这一家的儿子都得有，他爸爸（于二庄头）就没有，都归大庄头了。人家分家都是俩儿子都是对半儿劈，他什么都没有。我结婚那阵儿住房都是他大爷的，都是租的房。

邱：于大爷这边什么都没有，土地也没分到吗？

于大妈：有几亩地，但是房子都归老大了。那阵儿庄头就是自己分，跟汉人不一样。

于大爷：我爷爷叫于池，这是正儿八经的庄头，所有的财产都归我大爷接手了。兄弟不能接手，得大的接。这样我大爷就接了这个庄头，像我们家，一切的房产什么都没有俺们的，都是我大爷的，没权利。

邱：一间都没有吗？您父亲一间房都没有分到吗？

于大爷：一间房都没分着。（我们）住两间房，住我大爷的，算"典"，过去叫"典"。

于大妈：租的，叫"典"。

邱：哦。

于大爷：就是你这房不住了归他，拿钱还得，俺们。

邱：哦，您当时嫁进来的时候，住的那个房子实际上是您那个大爷的房子，不是您家自己的？

于大妈：对。

于大爷：说这得哥儿俩共同分，不行，分不了。

于大妈：我结婚那阵儿就两间小耳房，这老两口在那边上又搭了两间小房，没房，哪有房啊？

邱：那就是说在咱们这个村里头，如果不是庄头的话，其他人家分财产也是兄弟俩均分？是这样吧？

于大妈：均分啊。

邱：也就是咱旗人庄头家，老二就没办法分了？

于大妈：对，财产都归老大了。

邱：那像这个，您父亲分家是什么时候的事情，您知道吗？

于大爷：那我可不知道，我还小呢，现在我都八十多了，那时候不知道，才几岁。

邱：有十岁吗？

于大爷：没有。十岁就都记着了，四五岁。

邱：是您出生以后才分的？

于大爷：欸，有日本的时候。也就是四五岁吧，我记得我们老太太上我们那屋吃捏饺子去，我还在桌子上玩儿，我比这孩子（三岁的重孙子）大点儿，那阵儿就分家了，我爸爸我们在北院住，我记着小时候的事儿。

于大妈：都得归大的，那阵儿不是封建社会嘛，谁敢争啊。

邱：那于大爷，您父亲靠什么生活呢？

于大妈：那什么呗，谁知道靠什么生活啊。

邱：那您后来嫁进来了以后，咱这家靠什么生活啊？

于大妈：那阵儿有几亩地，种那几亩地，他（于大爷）那边做点儿小买卖，打点儿短工，给人扛个活儿什么的。后来就去了北京了（做小工）。

访谈中，几乎所有的老人都会提到庄头分家与他人不一样。简单地说，旁人分家大多是均分，而庄头则不同，只给一个儿子，往往是长子。这是一个非常有意思，而且相当重要的问题。

古代中国，汉人的多子家庭一般采取均分的方式来分家析产①。这是我们较为熟悉，也较为认同的做法。而旗人，或者准确说，庄头家族则不同，所有的财产，包括土地、房产等都只给一个儿子。就像口述中大爷、大妈抱怨的，都给了老大，老二什么都没有。为什么会这样？这是个别家族，还是旗人普遍如此？如果普遍如此，为何要采取如此不通情理的方式处理家族问题？

实际上，这种分家方式与八旗制度紧密相关，是一种行政制度，而非家族或个人的个体行为。旗人庄头与汉人地主看似相同，实际却存在着根本性的差别：1. 身份上的差异：地主是平民，拥有人身自由，庄头则自始至终都是奴仆身份；2. 土地所有权：地主的土地属于地主私人所有，庄头的土地却属于其主子所有，庄头对土地只有使用权、管理权，没有所有权。

"庄头"实则是一种职务，此称号不能分割，名下的财产与此职位紧密相连，自然也无法分割。所以，原则上，庄头家族中，谁拥有"庄头"之名，谁就拥有所有财产。继承也是如此，谁继承了"庄头"职务，谁就继承了"庄头"家族财产。第三章谈到下坡屯商家东西二门时，曾通过口述和文献史料分析家族成员争抢"庄头"的事实，也是此类例证。八旗组织严格把控各项继承事务，甚至于谁来继承"庄头"职务和家产，也由官方指认，本书频繁使用的"户口册"即是当年清廷查考家族户系、指认庄头顶补的根据。换句话说，庄头的家产由哪个儿子来继承、继承多少，并不自由，得听命于官方或者个人主子，由主子来决定，不少庄头甚至是异姓承替，与汉人家族的分家析产，完全不是一回事儿。

"分家析产"问题，一直备受史学界关注，国内、国外许多著名学者在该领域都有着卓著的成果。但就我个人浅见，学界对华北地区旗人分家的关注仍显欠缺。据户口册记载，清末华北地区庄头、壮丁及其家

---

① ［日］滋贺秀三：《中国家族法原理》，张建国等译，法律出版社 2003 年版。

属已有数十万之众，仅凭如此巨大的人口数量，该部分研究就不容忽视。此问题过于庞大、复杂，无法在此展开，需另行撰文探讨①。

访谈时，老人们提到的分家年代，距离清亡已数十年了，他们却依然保持着清代的分家习惯，实则旗人社会生活形态的一种遗存。长期实行的制度，已根深蒂固地成为人们的生活方式、思维模式，它们并不会立即随着清代的灭亡而消失，其影响也在潜移默化中一代代往下传递。

（3）1949 年后的生活

邱：分家没您家的份儿，那您嫁过来，这日子也不富裕呀。

于大妈：那可不不富裕啊，家里粮食打了都不够吃。

邱：那怎么办呢？不够吃。

于大妈：我不是说了嘛，他（于大爷）打短工，做点儿小买卖啊，乱七八糟，以后到了（1949 年）就解放了，上北京，当了三年小工，给人家干活儿去。

邱：当什么小工啊？

于大妈：就是给人干活儿，做工，挖这个，弄那个的。

于大爷：这不刚解放，要建设北京，就是挑土去，上北京做工去，挣俩钱养家。不咋行，这身子板不行。

邱：您在北京都做什么工呀？

于大爷：上北京挖龙潭湖，使土篮子挑，龙潭湖是那年我跟那儿挖的。陶然亭修公园，我都干了。在前门外头挖河，挖护城河，前门外头那时候还有护城河呢，脏水。挖河怎么挖呢？半拉半拉地挖，截上，这半拉先流水，先挖那半拉，那半拉挖透了再流水。住哪儿呢，城墙根底下立几块大板子，钉两张席子，就在那里头睡。

---

① 参见邱源媛："The Eight Banner Manors and the Qing Economy：Property Rights in North China during the Seventeenth Century"（《八旗庄园与清代的经济：十七世纪华北地区的地权问题》），2014 年全美亚洲年会提交论文。

邱：挺艰苦的。

于大妈：刚解放那阵儿。

于大爷：都是有小头儿，有包工的，蒸窝头就喝窝头水就咸菜，打工苦着呢。

邱：能赚多少？

于大妈：那阵儿给一块二。

邱：这个是解放以后的事儿还是解放之前啊？

于大妈：解放以后，都有我们丫头了。

邱：哦，您都嫁进来了。于大爷在北京干了多长时间啊？

于大妈：就干三年，就回来了。

于大爷：这现在多好啊，咱们的胡主席，他有功德啊，他月月给俺们老两口好几百块钱，有折子到那儿就领，多好啊，给胡主席作揖磕头吧，胡主席得民心。

于大妈：后来啊，就入小社了。

邱：您当时回来的时候就是初级社了？

于大妈：对。也有长期的（在北京打工的），他不是长期的就回来了。

邱：太辛苦了？

于大妈：不是，就跟选人似的，他没选上就回来了。得选那个身体好的，条件好的，他身子不好。

邱：入社比在北京打小工好？

于大妈：对啊，到时候你挣工分就能分粮食呀。反正俺们家是改善了，吃了这顿下顿还有啊。不像以前似的，吃了这顿，那顿还不知道在哪儿呢。

邱：您觉得入社了，生活比原来好，至少能吃饱了，下顿有着落了，是吧？

于大妈：靠劳动吃饭，你只要肯干，他就给你分呀。

于大爷：一入社就没有挨饿的了，有人没人到时候能分粮食了。

于大妈：你吃的没有了，他也借给你。

于大爷：没有要饭的，那阵儿没有没吃的了。

于大妈：一入社了我们吃粮食就充足了，按人头分，大人小孩儿都有。

邱：村里人都觉得入社好？

于大妈：那不是，人家大囤流、小囤满的那样的，人家地多，人家就觉得一入社分这点儿东西没什么。对于本身就少，就没有的，再分点儿，这不就瞅着挺充足的嘛。

邱：后来到"文革"的时候，咱们是旗人，"文革"时候有影响吗？

于大妈：没有，贫农有什么影响啊。

邱：也没说您们是庄头、是旗人？

于大妈：没有，老于家都没咋地。"文革"那时候批斗是有，但没有说这旗人就怎么了的。（对）我们没啥（影响）的。

邱：哦。

于大妈：再往后啊（改革开放以后），孩子都大了，没人种地了。有去北京的，上顺义的，待不住了（在村子里），没有搁家干活儿的。

邱：像您的儿子和儿媳妇，他们在哪儿工作呢？

于大妈：他们在家种地，我那孙子上班。原来跟北京，又上顺义了，这前儿马上跟李桥这儿，新开发的小区。他说："哥，你上这儿去吧。"他在那儿安宽带。儿子、儿媳还种，种棚，种菜。孙子辈的就不种地了。

2. 于大爷访谈："我们家爷爷那辈儿不行，都是我父亲置的地"

访谈时间：2011 年 5 月 13 日

访谈地点：李桥镇北河村于大爷家

被访者：于大爷

访谈者：邱源媛、赵丹青（首都师范大学）

访谈者按：于大爷高祖是庄头，此后自曾祖一辈起，家里不再充任庄头，属于普通亲丁。辛亥革命后，不少庄头后人因要钱、不干活、消耗家产而日渐穷困。但这一支，却在于大爷父亲的经营下成为村里的地主，前后两种类型产生鲜明对比。这位于大爷的访谈时间不长，他对父亲致富的经历也不是很熟悉，只能描述一个大概。但他们的致富完全因自己的勤劳肯干，与庄头身份没什么关系，具有一定代表性。

于大爷：解放后，我们家划的就是地主。

邱：您家是地主？

于大爷：对。

邱：当时您家怎么会有这么多地呢？您家又不是庄头？

于大爷：我父亲呀，年年攒点儿置点儿，今年有点儿富裕置二亩，过年再有点儿富裕再置二亩。

邱：哦，解放前，您家家境不错。

于大爷：嗯，我还念过书。

邱：在哪儿念的？

于大爷：在村里头，念三年私塾，就是孔老二的书。后来这儿就解放了，念了三年，解放就上小学了，在这村里。

邱：哦，是嘛。

于大爷：啊，有那有学问的，就开了这么一个学校，十个八个人（孩子），念的私塾。《三字经》《百家姓》《千字文》《大学》，现在这书也有。

邱：这私塾，一年给人家多少钱？

于大爷：私人也得给3担棒子，那阵儿说3担棒子。10斗，1斗15斤，1担是10斗，30斗呢，400多斤棒子。人老师，他不能白耽误工夫不是？

邱：有老于家的（孩子）吗？除了您之外。

于大爷：没有。全是有钱的人念私塾去。

邱：当时您家在老于家就算是最有钱的了？

于大爷：不算最有钱，反正差不多吧。要不我们家土改的时候是地主呢。

邱：哦，您家这是从哪一辈置的地呀？

于大爷：从我父亲这辈，爷爷那辈不行。爷爷那辈分家，分点儿地，后来再置点儿，就是买点儿。买个三四十亩地，就是开始那阵儿。最多的时候，头解放了，建国以前吧，置了几十亩。土地改革的时候还有80亩地。

邱：您父亲具体是怎么富起来的？

于大爷：我爷爷那阵儿分家，跟我那大爷爷叫于冲分家。分家地方小，可能有20亩地。种地的这些小了也不行，这粮食到家你搁哪儿啊，是吧？就上东头租人家地方大的。后来就搬这边来了，我生人那年，三八年就搬这边来了。搬这边，后来又连套好几亩地方，这地方就是几百块钱，800块钱现大洋。就这圈里头800块钱，连东边、南边都是俺那地方。

邱：就是说，是逐渐攒起来的，今天置一点儿，明天买一点儿，是吗？

于大爷：是，我父亲省，不糟践粮食，省，肯干活。开始是自己干，后来啊，家里有钱点了，就雇人干活。攒点儿（钱），再置地，再赚点儿，再买（地）。

邱：当时你们雇的就是村里面的人？

于大爷：村子的。

邱：是雇咱老于家的人呢，还是说外姓的都雇？

于大爷：外姓人哪，不雇老于家的。找那干活儿好，关系不错的，沾上点儿亲戚的，听说听道的，让你干什么干什么，就这样。他跟你一个心啊，说"你给我干活的"，就给你干活。谁干活好就雇谁。一年收棒子，那阵儿使口袋量，那叫1担，1担就是10斗，1斗是15斤，一年10多担棒子。

邱：收成是一年10多担棒子？

于大爷：不是，是给干活的。

邱：哦。

于大爷：就是给我干一年活，我给你多少多少粮食。

邱：吃住在您家里？

于大爷：就管吃，不管住。全这村的，干完活，吃完饭家走，转天早晨再来，一天管三顿饭。都是村里的，知道点儿的。

邱：当时你们家里大概有多少亩地呀？

于大爷：多的时候有80多亩。

邱：雇了多少人呢？

于大爷：主要还是家里人，我爷爷、我爸、我妈，加上我们姐弟4份，7口人，又雇了3个人。雇仨正式干活的，再雇一个十几岁的小孩儿，就跟出小工儿似的。那阵儿修国民党炮楼，摊人，就得去一个，单雇一人就打发外头去了。

邱：哦，就是说当时家里面还单雇了一个人打发外面哈。

于大爷：欸，就是十几岁的小伴伙，那叫"小伴伙"。伴伙，十六七、十七八的小孩儿，天天扛铁锹去了。今天来人一派，说："明儿去一小工儿修炮楼去。"这就有一个。

邱：哦，等于那个时候还分摊到每家都得出一个人去做这样的事情？

于大爷：就这有钱的主，三天两头得去人。你穷人，还派你吗？

邱：当时您的父亲是保长啊，都没办法还得要去？

于大爷：当官不行，也得去。那阵儿我还小呢，刚十来岁。（国民党）到俺们家，"明儿出一小工儿啊"。可是家里雇了小伴伙啊，上地里趟地去了，起早耪地去了，棒子这么高的时候，天都热，一热了那牲口都不干活，它把棒子全弄倒了，得起早趁凉快啊，一热就回来了。这小伴伙还没回来呢，不行，村里的人带头，也是管事儿的，村里不也有管事儿的嘛，拿着应该去的人，说俺家还没去呢，都带俺家来了。

邱：哦。

于大爷：啊。他一给汇报，比如说你去晚了，应该8点钟到炮楼那儿，你10点钟还没到呢，怎么回事？说谁谁家不去人。回头也得受气，你也惹不起事儿啊！

邱：然后谁去的呢？

于大爷：我去的。修炮楼，国民党的炮楼。挖战壕，中间一炮楼，四外是沟。八路军打炮楼，你不进去，不得过沟呢嘛，挖战沟去。

邱：哦，那其他的时候都是这个小伴伙去应付这些差事？

于大爷：对，他就是干这个的。其他时候啊，也在家里归置归置院子，给牲口添添草，有牲口，骡马驴的。后来啊，土改时候，我们这不是7口人嘛，80亩地，一人合10多亩地呢。10多亩地，就说土地改革那阵儿，平均是一人合2亩半地，这一村总平均，一人要合10亩地呢，就是地主了，要是合5亩地起码得弄个富农，甚至一上中农。我们家就成地主了。

邱：哦，后来呢，80亩地就分了？

于大爷：分了呀，一人2亩多地，这就没有。

3. 于大爷访谈："我除了知道我爸爸……连我爷爷我都不知道"

访谈时间：2011年4月25日

访谈地点：李遂镇柳各庄村于大爷家

被访者：柳各庄于大爷

访谈者：邱源媛、杨原（中国人民大学）

访谈者按：这位于大爷1926年出生，采访他时，虚岁86，算是柳各庄于姓家族年龄较大的老人了。大爷不属于庄头直系后人，祖上就是普通的庄园亲丁。大爷对祖辈几乎没什么记忆，也没太大兴趣，按他话说，"我除了知道我爸爸……连我爷爷我都不知道"。大爷小时候，家境殷实，甚至就读过鼎鼎有名的育英中学，他的一生代表了另一类庄园后人的生活。

邱：于大爷，您知道您往上的这于家是做什么的吗？

于大爷：不知道。我除了知道我爸爸种地，别的不知道了，连我爷爷我都不知道。

邱：是吗？

于大爷：我没瞅见过。

邱：那您跟我们讲讲您父亲吧。

于大爷：我爸爸也没什么，我家就是地多，也算地主成分，那当时就（雇人）种地呗。我是不在家，我一小就念书反正是，过二十我就上北京了。所以啊，你问我，我都不知道。

邱：哦，那咱们就聊聊您自个儿的事儿。您不是自小就念书嘛，您上北京之前，在哪儿念呢？

于大爷：之前哪，那阵儿农村哪不有私塾，《三字经》《百家姓》我也念过。那阵儿没有什么学堂，就是上人家家，坐炕上念，就在当村儿。后来呀，成立学堂了，这才又上学堂。学堂也不是正式的，没有什么规律。今天这个，明天那个的。这以后啊，就上顺义了，那阵儿就有规律了。

邱：您刚说到私塾，私塾是在当村念的私塾？

于大爷：对对对，刘丹臣（音）那儿吧。

邱：老师叫什么？刘？

旁边的大爷：庄全武（音）。

邱：当时的老师叫庄全武？

于大爷：嗯。还跟刘丹臣，我也念过。刘丹臣他爸爸呀，我跟他家坐炕上念，认字号，《三字经》《百家姓》，什么《千字文》，念的日子都不多。

邱：多久呢？

于大爷：多少日子不好说，一冬两冬的，反正我知道那多不了，那些（《三字经》等）都念过。

邱：一冬两冬的？

旁边的大爷：一般都是冬天，闲着的时候。

杨：农闲的时候？

于大爷： 冬闲，就在屋炕上，屋子就是教室，放一个方桌子，往炕上一坐。大字号我记得，认字号，方的，方纸，写上"张王李赵"，叫什么？姓什么？这字儿念什么？

邱： 哦，叫作"字号"？

于大爷： 嗯。就那方纸。一般的就这么大。比如你这这么大见方，写一"李"，拿出来，"这念什么？"问问你。这叫"字号"，认字号。

杨： 过去不都先认字号。

于大爷： 对对。

杨： 然后再上书。

于大爷： 你得认得，"这念什么？"你要都认得，明儿再念《千字文》《百家姓》《三字经》，这我都念过。

邱： 都念过？

于大爷： 念过，可是都忘了。《千字文》《论语》。"学而时习之"，记住几句，"子曰：学而时习之，不亦说乎？有朋自远方来，不亦乐乎？人不知而不愠，不亦君子乎？"是吧？

杨： 对对。

于大爷： 我就记着这个，挨下面背不下来了。

邱： 哦。

于大爷： 因为《大学》完了才《中庸》，《中庸》完了才《论语》。就到《论语》，头个儿还成。哦，还有《六言杂字》①。

于大爷：《六言杂字》，都是六字六字的，"刀切花卷蒸饼"就念那个，"果馅玫瑰黑糖"。

邱： 那您这私塾念得不少哈，也还是念了些东西。

于大爷： 那现在学校背什么了，一天就能背一本，那《百家姓》

---

① 古代启蒙的识字读本。汇辑各类常用字，编成韵语，以便初学者记诵。宋代诗人陆游的《秋日郊居》诗："授罢村书闭门睡，终年不著面看人。"所读《杂字》《百家姓》之类，谓之村书。适合一般手工业者、农人、商人略识文字的需要，在蒙学中也占有一定的地位，《六言杂字》《益幼杂字》《群珠杂字》等，都曾在一时一地流传过。

不都是姓嘛。

杨：您这俩都念，可不少。

邱：就是念这么一两冬的事儿哈？

于大爷：就几冬念过，一两冬的事儿。

邱：哦。这私塾里面，除了您，其他的学生有吗？有几个学生啊？

于大爷：不多，不是好些。也念不起！我们家地多，那时候。也就七八个（学生），也都是有钱的、差不多的念，要钱，不白教。

邱：多少钱啊？

于大爷：那时忘了。给棒子，得给几斗。

邱：给棒子？

于大爷：他也生活，也得什么啊，就是这意思。穷人孩子念不起，你说上那儿念私塾也念不起，你得有钱。

邱：哦。那当时除了您当学生姓于，其他老于家的有念的吗？

于大爷：哪姓的人都有，也有老于家的。不是说净一个姓，你家条件好点儿，你就能念，只要有钱就行。

邱：那于家的还有谁呢？

于大爷：那我就忘了。

邱：忘了？哦。

旁边的大爷：反正哪姓的人都有，只要你有钱，你就可以也念去，没钱你就甭念了。以后就改这个学堂，西庙这儿，国学。那儿不成立学校嘛，可能是在四七年、四八年。有年头了，我记不太准了①。那不李遂教师嘛，赵青芬（音），到现在我也记着呢。

邱：您是几岁开始上到西庙的那个学堂里面？

于大爷：那阵儿，那可能也就十多岁。这是学堂。因为我们那些人，董真（音）、董梁（音），我们都一班。跟那谁，就说是在电影什

---

① 于大爷对此记得确实不准确。后来于大爷告诉我们，他是 1942 年左右去北京念的育英，此前在顺义城关小学还念了 6 年小学（详见下文）。这样推算，于大爷在西庙国学的时间大致是1934、1935 年，而不是 1947、1948 年。

167

么公司那个，于泽。"焰火大王"，于泽①，我们这都在那一班里。

邱：哦，他也是老于家的人？

于大爷：他不是。他是别处的人，是这村地主的外孙子。他跟这儿给他姥爷放羊，完了也念书。最后当兵了，成才了，当八路军走了。

邱：哦，咱回来还说您的事情。这西庙的学堂，是哪里办的？

于大爷：那个叫"国学"，也是一庙，村里花钱，就是来一老师，谁爱念谁念。

邱：有多少学生呢？

于大爷：这个倒不要钱，那阵儿学生可能就多点儿了，不要钱。那个（西庙学堂）进步点儿了，有个二三十人。

邱：老于家的人多吗？

于大爷：不多，记不清了。那阵儿也不要钱嘛，哪个姓的都有，谁都念得起，愿意在那儿念去也行，谁都成。

邱：那后来呢，您念的这个，念了几年？

于大爷：还有几年?! 没几年，也就有两冬，就吹了。

邱：念些什么呢？

于大爷：这儿念两下，那儿念两下。就啃那一本书《国语》，没有那什么的。

邱：谁编的、谁写的那本《国语》呀？

于大爷：嗨，我就不知道谁编的了。照现在看，不是正式的书，瞎念。

杨：您还记得有什么内容？

于大爷：没有什么内容，就是认点儿字完了，就写，写时候多，写仿，那阵儿叫"写字"。研点儿墨，使笔，照猫画虎，那阵儿不用帖嘛，是吧？照着那个你写。

---

① 于泽，电影烟火专家，河北顺义（今属北京）人。长期从事电影烟火工作，被誉为"烟火大王"，曾担任《黑山阻击战》《垂帘听政》《火烧圆明园》等影片的烟火设计与指导，《风雨下钟山》的烟火设计（与人合作），1983年获第三届中国电影金鸡奖最佳烟火奖。

杨：抄帖？

于大爷：唉。或者那阵儿再不会写呢，描红模子。描这个，照猫画虎。描好了以后，照着这个，别描了，再搁张纸，再写。

杨：还使毛笔是吗？

于大爷：那（抄帖）就是毛笔。写字那是石笔，有石板。那阵儿什么钢笔，没有，铅笔都没有。就使那石笔，使那墨笔呀，研点儿墨。描红模子，有卖的，这红模子是卖的。

邱：红模子是卖的？

于大爷：有专门卖的，印好了，回头你再拿墨笔照上面描。描描成规律了，离开了你再瞅着旁边，再自个儿写，成样儿不成样儿，成个儿不成个儿，就这意思。

邱：那学堂以后呢？

于大爷：以后就李遂啦，就成立正式学校了。这就一、二、三、四年级。李遂念哪，我也不到二年，有一年多。我就上顺义了，高小啊，全顺义就那么一个高小。

邱：叫什么学校？

于大爷：城关小学。

邱：现在还有这个学校吗？

于大爷：地址有，搬了，现在人家那儿有一个中学来着，（顺义）二中这个。

邱：城关小学。

于大爷：一至六年级呀，那就算高小不是嘛，六年哪，一至六年级，全顺义就这么一个高小，两个都没有。学校那地方叫城隍庙，就是顺义西门里头现在的。

邱：那时候能念得上这个顺义高小城关小学的都是什么人呀？

于大爷：那没钱念不了了，一到顺义没钱不行了。

邱：要交多少钱啊？

于大爷：嗨，那记不清了。我也不管，有人交钱。

邱：反正您家挺有钱的。

于大爷：对，没钱念不了。你上那儿念，没钱，还念得了？全顺义就那一个高小。吃饭给饭钱，住那儿也可以，有宿舍。有饭厅，你可以买饭，就是这意思。要是不愿意住那儿（也可以），一般都住那儿。

邱：一般都住？

于大爷：远处的就住那儿，有宿舍。

邱：那到了城关小学以后，开一些什么课呢？

于大爷：那阵儿就有什么了，那阵儿就是语文、算术了，还有动植物，那叫"自然"。还有一个"卫生"，那叫什么，忘了，这都有。

邱：都有？

于大爷：嗯，动植物，那阵儿就成规矩了。那你不成规矩，那高小一毕业，你到北京你弄不上啊。

邱：学了六年？

于大爷：啊，你不学六年怎么考，毕不了业，考学校，你没有六年级毕业证，人家也不招，你考上考不上是一回事儿，你得拿着毕业证报名啊，你在考初一的时候，是不是？

杨：您初中在哪儿？

于大爷：就在灯市口，北京灯市口道北了，是在育英中学①念的，美国教会学校。这育英中学啊，西边是初中部，东边是高中部。

杨：那不金鱼胡同那儿吗？

于大爷：金鱼胡同后边一小学，那也是灯市口小学，金鱼胡同里头，挨着。东半拉是高中部，育英高中；西半拉是育英初中部。再往西截一堵墙是贝满，女子学校，这都是教会学校。这校长是赵庄的。

邱：赵庄的？

于大爷：就咱顺义县赵庄的，叫李如松。

---

① 育英中学，即育英学校，现在的北京市第二十五中学，由美国基督教公理会创建于1864年，是北京近代教育史中，引进西方科学，开展现代教育最早的学校，20世纪30年代至40年代，已驰名全国。1952年由共产党和中央政府接管，转为公办。

邱：对对。

于大爷：日本一投降啊，他就南下了，坐飞机就走了。①

邱：哦。那您当时进育英的时候是哪年啊？

于大爷：哎呀……日本投降四五年吧？

邱：对。

于大爷：四五年，我在那儿念了不到三年，这儿念三年去的。

邱：那就是四二年的时候？

于大爷：对，四几年，四一年、四二年这个阶段。

邱：哦。

于大爷：为什么半途吹了呢？一解放没辙了，就不念了，没钱了。

邱：那四五年到解放还有四年呢。

于大爷：共产党什么了，就没辙了，没钱了，土地都让人家分了。

邱：您在育英念了多长时间？

于大爷：不到三年，初中。

邱：没有上高中？

于大爷：对，日本投降以后我就吹了。

邱：为什么日本投降以后就吹了？

于大爷：没有钱啦，家里的地全没了，土改就分了呀。你不明白这意思？

（大家笑，一直在旁边的另一位于大爷提醒他：四五年日本投降，四七年才"土改"，头一次就有你们家，你不记得了。）

邱：这中间空着两年呢。

杨：对呀。

于大爷：哦，那就不知道了。唉，我也糊里糊涂。反正那样吧，反正总地说，日本一投降以后，我就不念了。

---

① 李如松，顺义县人，1918 年被教会派任育英学校校长。1948 年冬，离开北京南下，并不是大爷记忆的日本投降之后。

邱：就不念了？

于大爷：嗯，就吹了吧。甭管它有钱没钱，到那阶段我就不念了。我念的时候呀，后来育英又改了，我说我念的这就不叫"育英中学"，改成北京市立八中。①

杨：市第八中。

于大爷：欸，就改成市立八中了。

邱：您当时进去的时候就已经……

于大爷：进去的时候就是市立八中，不过一提呢，老是"育英中学，育英中学"，就跟这官差儿似的。

邱：当时都有些什么课？

于大爷：那阵儿一礼拜一节日语，一节英语。那阵儿书就多了，数学，几何、代数都有了，就全了，那算正规了。

邱：那上日语的是日本老师还是中国人？

于大爷：中国人。人家是日语毕业的呢，现在不也有嘛，当翻译的，中国人当翻译的不有得是嘛，哪国话都会的那个，他念那本书了，就是这意思，对不对呀？他日语学校不毕业，他能教日语吗？

邱：哦，是中国人来给您教日语。

于大爷：欸。教英语也是咱们中国人。都是中国老师，没有外国老师。也跟现在一样，也是 45 分钟上课，那个老规矩没离，跟现在差不多。我呀，当时学习不怎么样，属于中上。喜欢副科，什么生理卫生，动植物啊，什么政治，这都行，省脑筋。一到几何、代数完了。体育也有。音乐，那阵儿脚蹬的那个，按那个。

杨：风琴？

于大爷：对，风琴。不是说喜欢、我好这个，就是省脑筋，不跟数学，几何、代数似的，这个他唱，你就跟着唱，唱完下课为止。（大家笑）

---

① 1942 年 1 月，日伪教育局强将育英改归市辖，更名为"八中"。1945 年 10 月 10 日，宣告复校。

杨:您上中学的时候,您在北京城里有什么娱乐吗?

于大爷:就是开运动会。

杨:不是说那个,平常放了学,听个评书啊,听个戏什么的。

于大爷:没有没有。

杨:没有?

于大爷:嗯。

杨:您那会儿住的就是金鱼胡同宿舍里头?

于大爷:金鱼胡同那儿没有宿舍,金鱼胡同后边啊有一个小学,那名叫"灯市口小学"。

杨:那您住?

于大爷:我就在北京住。

杨:您在北京住哪儿,您记得吗?

于大爷:房地都没了,在北京大格巷住。国子监,雍和宫。现在叫成贤街那块儿,西头是交道口,东边北新桥,就那个。雍和宫喇嘛庙那块儿,那不就是国子监吗?

杨:对对对。

于大爷:就那里面住。

邱:您当时是跟亲戚家住呢?

于大爷:我租的,租房住。

邱:您当时是一个人住那儿呢,还是跟家里人一起?

于大爷:家里的,那时候我就结婚了,我十七岁结的婚。那阵儿念书都岁数大,班里多大岁数都有。

邱:您那时有孩子了吗?

于大爷:那阵儿没有。

邱:那时候还没有孩子?

于大爷:四五年生的,日本完了,也没立即回来。在北京待了几年。共产党来的那会儿,还在北京城,那阵儿(解放前夕)北京城还不让进去人呢那阵儿。五一年还是五○年回来的,我就忘记准年头了。

那阵儿，就在北京待着呢。

邱：待在北京做什么呢？

于大爷：住闲了，没干什么活儿。这也不敢家来，比如这打死了，那也打死了，完了我家来，再把我打死了。① 对不对？我就没家来，在北京玩儿、混，在北京混。

邱：那您怎么生活呢？

于大爷：家里送（钱）呀，知道我差不多（花完了）就给我拿来了。

邱：一个月花销多少呀？

于大爷：有钱的人没有数儿，随便花。我还记钱数？没花的就拿，老有钱，记它干什么呀！

邱：也就是说虽然土改了，但家里还是有家底儿，是吧？

于大爷：大概是吧，我也没问过，送来就花。再后来，我就家来了，以后就是务农。五一年吧，可能是，不是五一就是五十年回来的，五一还是五二年就参加工作了。

邱：什么工作呢？

于大爷：五二年教书，教了七年就"文化大革命"。

旁边的大爷：不是"文化大革命"，"四清"②。

于大爷：哦，对。"四清"我就家来了，还有什么"反右"。后来的"文革"，哎呀，哪年哪年的，我也闹不清，反正我就家来了。就一直干20年活儿，种地，20年。

邱：那就是说"反右""四清"的时候，就从学校离开了？

于大爷：对了，因为我成分高啊，地主。比如这样，您就说成分高，那没错误他也不叫你。比如说那是在那村，跟哪个什么干部有点儿意见，或者多少有点儿缺点，就找你这有钱的人、成分高的。贫下中农

① 讽指1947年土改。
② 四清即清政治、清经济、清思想、清组织，是1963—1966年在中国农村和少数城市基层开展的社会主义教育运动，又称城乡社教运动。

174

有这点儿事儿的，就不叫事儿，就不叫你家走。你这正好碰上茬儿，叫你家走。

旁边的大爷：革命对象！（笑）

于大爷：对了，就这么点儿意思，我一说您明白了吧？

邱：明白了。

于大爷：这事儿要搁贫下中农身上没事儿，不算回事儿，要搁地主、富农身上，你这就叫事儿，你家走。就这意思。我说："我犯什么错误了？"他说："给您落实了，您也没有必要打听了。"那我说："我得清楚，不就因为我成分高不要我吗？"跟哪个村干部你都明白，有点儿矛盾这回头这就不要了。

旁边的大爷：就得了，回家了。

杨、邱：哦。

邱：那教书的时候，是在哪儿教书啊？

于大爷：就在公社。

邱：哦。教的是小学还是中学？

于大爷：就是小学。那一、二、三年级，那时像大杂烩一样，都管，都得弄！那时就两本书啊。语文、算术，没有别的。七八年，落实政策，又干两年多，这两年活儿连续工龄算。

杨：那您等于是七八年落实政策，又干了两年，八〇年退休？

于大爷：对！我不到六十啊，又教了有两年多书，得了，就全给办了，我们这一批人通通地全给办了，按75%给办了。

杨：算您是职工，办退休？

于大爷：算干部，教师算干部。这样，就退了。

第五章　　庄头家族

　　据现存中国第一历史档案馆户口册来看，顺义地区共有 34 个庄头，但田野调查却显示，清末庄头的数量，实际上要多于此。访谈中，常有老人提到哪儿哪儿有一支庄头，我循着线索找去，有的信息并不准确，辗转一圈后，发现找到的人群离题太远，连旗人都不是；可有的信息，却让我惊喜连连，也由此牵出许多精彩故事。这一过程很辛苦，但也很有趣，充满了魅力，就好像寻宝游戏，一扇一扇迷宫的门开启在寻宝者面前，那些门后的光影也一步一步诱惑着寻宝者往前探索。

一、顺义马坡镇肖家坡（萧家坡）、大营村吴姓庄头

　　肖家坡，隶属北京市顺义区马坡镇管辖。马坡镇在顺义区中部，肖家坡位于马坡镇东南处，全村约计 60 余户，200 余人。大营村，隶属北京市顺义区马坡镇管辖，紧邻肖家坡北部，全村共 400 余户，1300 余人。

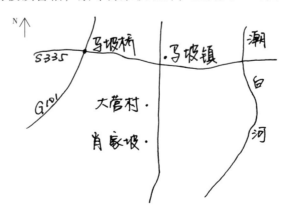

图 5-1　北京市顺义区肖家坡、大营村地理位置

吴庄头的信息，最初是下坡屯商大爷告诉我们的^①：

邱：咱们这边还有些什么庄头啊？

商大爷甲：有。你比如那个肖家坡有一个庄头，他属于什么庄头啊，说不太好。半壁店，离我们这儿不远，有一个半壁店，有一个刘庄头。

邱：是通州的半壁店吗？

商大爷甲：不是，就顺义的，离这儿不远，也就是牛栏山的半壁店。光一个顺义县，都不止一个半壁店。这个半壁店，由我们这儿看就看西南，离这儿也就三里地。就在滑雪场那边，离那儿不远。刘庄头。

邱：肖家坡的那个姓？

商大爷甲：肖家坡的那个姓吴。我们属于皇粮庄头，半壁店这个啊，后来他不是搬牛栏山住了嘛，他属于胭粉庄头，实际也就是红粮庄头，就是公主那边的庄头。

邱：肖家坡那个呢？

商大爷甲：他呢，说不忒好，有的说也是胭粉庄头，就不知道了。这个吴庄头啊，那咱们就属于听说了。有姓吴的，他们是庄头，但就不熟悉了，没接触过。就有一个在牛栏山这儿，解放初期，在牛栏山合作社里面。原来，不都是私人企业嘛，杂货铺。后来就公私联营的时候，那合作社，那儿有一个姓吴的，我认识，跟他块儿堆（在一起待过）。

　　肖家坡，是现在的名字，史书上常记为"萧家坡"。萧家坡吴家，一开始并没有引起我的重视，因为中国第一历史档案馆保存的户口册中没有这一户的任何相关记载，而当时有待考察的内容又太多，因此也就忽略过去了。直到 2010 年，定宜庄先生赴台湾讲学，从台湾"中研

---

　　① 访谈时间：2008 年 11 月 15 日；访谈地点：顺义区牛栏山镇下坡屯村商大爷甲家；被访者：商大爷甲；访谈者：邱源媛、邢新欣（中国社会科学院）。

院"复制了一批户口册，里面有一户大营村庄头吴赵氏。其户口册开头如下：

> 顺义县大营村居住庄头吴赵氏（文明之妻，户下）

定先生将这份户口册通过邮件发送给我，觉得"户下"（旗下奴仆）一词非常有趣，值得查询一下。当时的我并未将大营村（吴）与肖家坡（吴）联系在一起。经过查阅史料，我发现二者或有一定关系。其中有一篇档案，全文抄录如下：

第一页

顺义县知事唐　仰役速赴大营村，协同地保，即将总董吴崇瑞禀送李海拦丧折幡案内李文绪，限三日内传代来县，以凭讯判。去役毋得延扰干咎。速速。

计传

　　李文绪　住大营村

洪宪元年①一月　　　日差

县　　限　　　　日销

第二页

具禀正北路总董吴崇瑞

马禀送拦丧斗殴事，窃邻村大营村李文绪父病故发丧，有族人李海预先阻扰，经伊村人郭八等排解不意。今日发丧，李海背约拦丧，将幡拆毁，治晚令团丁弹压出殡，然恐李海仍（此后文字缺失）。②

---

① 1915 年 12 月 12 日袁世凯宣布承认帝制，并改国号为"中华帝国"，将 1916 年定为"中华帝国洪宪元年"。

② 顺义档案："清代顺义县档案汇集（56）"，全宗号：1，目录号：1，卷号：21：56。

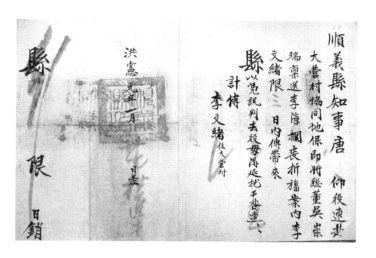

图 5 - 2　洪宪元年（1916）顺义县大营村村民李海拦丧折幡案（第一页）

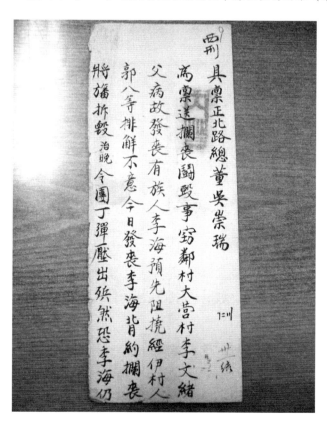

图 5 - 3　洪宪元年（1916）顺义县大营村村民李海拦丧折幡案（第二页）

这是"洪宪元年",即 1916 年,一份关于大营村李姓村民斗殴事件的档案,其中提到大营村总董"吴崇瑞"。"总董"一词的确切意思,尚未查到,据上下文来看,应该是一个职位。

与此同时,在《中国农村惯行调查》① 一书中关于萧家坡的部分,又找到几条史料:

【乡长】

问:前乡长是谁?

答:吴崇勋,担任乡长二年,今年成立了大乡,他就辞职了。

问:之前的乡长是谁?

答:吴治中。

问:再之前的是?

答:汪润田。干了三年。

问:再之前的是?

答:吴治中,他的父亲、祖父就一直干村长。

【庄头】

问:庄头家里的人有没有当村长的?

答:没有,吴重瑞当过区董。②

该记录的访问时间是昭和十七年,即 1942 年,3 月 27 日,提到了"吴崇勋""吴治中""吴重瑞"。

这两条史料引起了我的注意,大营村的"吴崇瑞"与萧家坡的"吴重(chóng)瑞"发音很相似。萧家坡记录还出现了"吴崇勋"一名,与大营村的"吴崇瑞"似有相同的行辈字"崇"。而且,地图显示,大营村与肖家坡距离非常近,毗邻而居。这让我跳跃性地联想到,有无

① 〔日〕《中国农村惯行调查》,岩波书店。
② 〔日〕《中国农村惯行调查》第一卷"概况篇",岩波书店,第 192 页。

可能"吴重瑞"乃"吴崇瑞"的误写，而"崇"则是行辈字呢？换句话说，下坡屯商大爷和《惯行》中提到的肖家坡吴家与大营村吴家是否是一个家族？或者即便不是，二者会不会也有着千丝万缕的联系？

当然，这仅仅是我的设想，毕竟前后两条史料相隔二十余年，而且，"吴崇瑞"是"总董"，"吴重瑞"则是"区董"，二者也有区别。但也正因为这两条史料有所关联的可能性，让我重新查阅档案，尽可能收集肖家坡、大营村的吴姓家族的相关史料，下文分别从史料和田野访谈来讲述肖家坡和大营村的调查。

1. 文献中的吴庄头

吴庄头属于哪种庄头类型，至今尚未能确定。据《中国农村惯行调查》一书记载，萧家坡吴姓人是顺治年间从满洲过来的，隶属于镶白旗。但该书并未提及他们是何种庄头。[①] 下坡屯商大爷曾提到，吴庄头是脂粉庄头，也叫红粮庄头，是公主那边的庄头。康熙《顺义县志》中，萧家坡有一个庄头叫吴徽诰，该庄属于镶黄旗下屯田，种官地18顷。[②] 该书同一条目下还有于铨，住李家桥；朱凤翔，住李遂店；商达子，住牛栏山下坡屯；佟守印，住柳各庄；王之英，住水屯。据会计司大粮庄头户口册，李遂店有朱姓庄头一名，属于"镶黄旗四家端书管领下"的半分庄头。此外，商达子毫无疑问是下坡屯商家的某个庄头。按此推断，萧家坡吴家也应属于大粮庄头。但《顺义县志》说他们隶属镶黄旗下，与《中国农村惯行调查》记载的镶白旗有所出入。因此，萧家坡吴庄头到底属于哪个旗分？是何种庄头？还有待进一步考察。

实际上，这个疑问，并不妨碍本文讨论。无论吴庄头的旗分如何，是否属于大粮庄头，吴家在清代是庄头当毋庸置疑，本文的分析也因此有了基点。

相对商家而言，吴家的档案史料收集得较少。最能体现吴家在民国年间状况的，当属《中国农村惯行调查》一书。该书产生于20世纪上

---

① ［日］《中国农村惯行调查》第一卷"概况篇"，岩波书店，第192页。

② ［清］康熙《顺义县志》卷1，第18页。

半叶，当时，日本曾对中国的台湾、东北和华北农村进行过三次惯行调查。这些调查一方面具有较强的侵略性质，为日本帝国主义进一步扩大和巩固在华侵略权益，提供具体资料和情报。但同时，因为参与调查活动的人员多为专家学者，客观上具有较强的学术性和先进的理论模式，给学术界从事中国近代社会史与经济史研究提供了宝贵资料。该书第一卷，以调查、问询等方式，保留了大量顺义地区的资料，时间从昭和十五年到十七年，即 1940 年到 1942 年。

《惯行》中不少地方提到吴姓庄头。昭和十六年，即 1941 年十二月的调查中，吴家是大营村最大的一个姓氏，全村 188 户，吴姓 42 户，占了22%，第二大姓，郭姓 26 户，占了 14%；萧家坡全村 34 户，吴家 14 户，占了 41%。可见，无论是大营村，还是萧家坡，吴姓都是最大的姓氏。

据《惯行》记载，萧家坡有一座建于清初的老爷庙，由当时的庄头吴永清一人出资建立。该庙在民国十七、十八年（1928、1929）曾修缮过，由吴姓村民出资。村里的其他庙（土地庙），也是由吴姓村民独立出资修缮，外姓村民一概不参与。每年正月十五，在老爷庙举行的悬灯聚会，虽然是全村活动，但吴姓之外的其他村民也仅出一点点钱，主要集资款还是来源于吴姓村民。当问到"为什么吴姓之外的村民不参与集资"时，受访人的回答是"他们穷"。[1] 可见，吴姓的经济地位明显高于萧家坡的其他家族。

由前文所引问答史料可以看到，村里的很多重要职位，虽不一定由庄头担任，却都由吴姓家族成员把持。如书中提到的吴崇勋、吴治中，以及吴治中的父亲、祖父等，都是村长，而庄头吴重瑞还担任过区董。[2] 由此可见，在民国时期，无论是经济上，还是政治势力上，吴姓都是萧家坡首屈一指的大族。

此时的吴家，不仅从前清庄头的职位中受益多多，而且，对他们祖

① ［日］《中国农村惯行调查》第一卷"概况篇"，岩波书店，第 192 页。
② ［日］《中国农村惯行调查》第一卷"概况篇"，岩波书店，第 192 页。

先的记忆也很清晰。村民吴成恩在受访时，明确地说吴家是顺治年间从满洲过来的，隶属镶白旗下。[①] 可新中国成立之后，曾经的庄头身份，或者大地主身份，对吴家的影响并不大。不仅受到的冲击较小，而且还有多位吴姓家族成员担任了肖家坡（萧家坡）大队的行政职务。在零零星星的民族记录中，吴家也全部呈报汉族。1982 年全国人口普查，肖家坡（萧家坡）大队共 232 人，汉族 229 人，满族仅 3 人，全部来自户主为吴秀英的一户人家。[②]

2. 寻访肖家坡、大营村

2011 年 3 月 3 日，我和师妹邢新欣博士去了顺义区马坡镇肖家坡村和大营村，寻访清代庄头的后人。遗憾的是，抵达马坡镇后，我们才得知肖家坡村和大营村早在 2009 年就已全村拆迁搬走了，原因是建设顺义新城，政府征地。此项目起于 2005 年，2009 年完成全部拆迁。此时此刻，两村已拆除干净，一户都没留下，只剩一堆瓦砾。村口临近大马路边上，竖起了一串高高的牌子，写着"某某银行总部基地落户顺义新城"等字样（见照片），让人看了，不是滋味。中国的农村是急需发展，但如何在发展的同时，保护好村落，保留住不可再生的历史和文化，需要各级政府更为理性的思考。

肖家坡和大营村，毗邻而居，就隔了一条小土路，两村土地分布犬牙交错（后来采访肖家坡老人时也都提到这一情况）。我们走在废墟上，很难分出哪些地是肖家坡的，哪些属于大营。

村子没有，村民去哪儿了？马坡镇镇政府新城建设办公室的工作人员告诉我们，回迁房建设期间，政府给村民发放了一定租房资金。至于现在村民都在哪里，工作人员并不了解，这些信息只有两村的村委会那里才有。根据工作人员提供的信息，我们在镇政府旁边的居民小区里找到了肖家坡村委会。

---

① ［日］《中国农村惯行调查》第一卷"概况篇"，岩波书店，第 192 页。

② 顺义档案："顺义县人口普查办公室 马坡公社手工汇总过录参考表（二）"，全宗号：63，目录号：1，卷号：64：2。

图 5-4 拆迁后的大营村

图 5-5 拆迁后的肖家坡

　　到达村委会时，大概是中午十一点半。一套普通的居民房中，一台电脑、几张桌子、椅子，马马虎虎算是过渡阶段的村委会。当值的是一位不到三十岁的年轻女孩，同在屋内的还有三位六七十岁的大爷。

　　一听我们来寻访庄头后人，老人们你一句我一句地说开了。有意思的是，他们既想说又有些顾虑，这个说上两句，那个就说："你别说了，瞎说什么啊，不知道就不要乱说话"，"你们去档案室就能查"，"有县志，那上头就有"。可稍微停顿一下，又七嘴八舌地嚷开了。我们的聊天，就在这断断续续中进行。

　　三位老人中年纪最长的是一位姓王的大爷，生于 1941 年。王大爷知道的情况较多，说的也较多。据他说，肖家坡最大的户姓吴，祖上是个庄头。他们吃皇粮，是皇粮庄头。

邱：什么是皇粮庄头呀，大爷？

王大爷：就是皇帝家的亲戚。

邱：比地主可大多了。

王大爷：有上千亩地呢。

王大爷：吴庄头还兼咱们这顺义县的商会会长。

图5－6　临马路的牌子，后面是大营村和肖家坡旧址1

图5－7　临马路的牌子，后面是大营村和肖家坡旧址2

185

其他两位老人，也用自己的语言表述了吴庄头家是如何的有钱，"吴庄头他们的小姐出来，就那个玲珑绸缎"，等等。据说，吴庄头有俩闺女，在北京办煤场，"文革"期间挨整，后来死了。有个叫李少宗的，"伺候吴庄头的"，"就是一伙计"，"不是，是个管家"，"比管家小点儿"，就这么个李少宗，现在死了，他的后人，也不知所踪。还听老辈人说，有一老太太，从解放村嫁过来的，她小叔子是吴庄头的近支，可惜再具体的情况就不知道了。肖家坡现在基本都报汉族，庄头家也是。王大爷还提到，吴家的辈字是"宗"，他说是祖宗的"宗"。根据我们收集的史料，如《中国农村惯行调查》等，民国时期吴家那一辈的辈字是"崇"。二者的关系，无法确定。

老人们东一言西一句，大多内容点一下，马上"欲言又止"，加上我们还要向工作人员讨要其他老人的联系方式，总之乱七八糟、零零散散地和老人们聊了四十多分钟。离开村委会时已是十二点多。成果不佳，只要到了一位八十来岁吴大爷的小儿子的手机号码，另一个八十来岁的吴姓老人，住在牛栏山敬老院，所获信息实在有限。

从肖家坡村委会出来，下一个目标是大营村村委会。吃过午饭，按照王大爷提供的地址，先乘顺30路到白各庄，转顺20路，到庄头下车。庄头是一地名，分好几个站，我们在一个叫刘伶居饭店的地方下了车，一片田地上，稀稀落落的几座平房，大营村村委会就在果树林中的一排白房子里。

原本，我们以为肖家坡村委会的工作人员已经很提防我们，提供的信息很少了。走进大营村村委会，我们才领教到什么叫不容易。"踢皮球"，主任踢给书记，书记又踢回给主任，来回来去地倒腾。但有一点可以肯定，"咱这儿没有旗人，都是汉族"。

这中间有一个"接球"的老人，姓郭，好歹算是给我们提供了一点信息。郭大爷祖上是种地的，据他说，全村大概五六百户，大户有郭家、吴家、李家、孔家和张家。大户的地儿都不算太多，一般就是几十顷。更多的内容，郭大爷就不说了。

图 5 - 8　顺义大营村民
委员会

没辙，回到主任那里，想再讨要老人的联系方式。那个难啊。我和师妹轮番上阵，嘴皮子磨了得有将近半小时。最后，给了一位郭大爷儿子的联系方式。就这样，我们被扫地出门。郭大爷的儿子不愿意我们采访大爷，对我们还算客气，但态度坚定。

第一天的田野就此结束，所获信息虽然不多，但有几点是可以肯定的：

（1）肖家坡村民对庄头的记忆非常强烈，他们是皇粮庄头，是旗人，不是民人，虽然现在基本都报汉族，但他们的祖上却是与民人不一样的人。

（2）肖家坡村里的大户姓吴。

（3）大营村村民没有提到庄头，在我们明确问到本村是否有庄头后，他们也都一致摇头说没听说过。

（4）大营村祖上就是汉人，跟旗人没关系，现在也都是汉族。

（5）大营村的大户有郭家、吴家、李家、孔家和张家，档案等史料中，有前四家的相关记载。

回程的路上，让我们感到一些高兴的是，联系上了肖家坡吴大爷的小儿子，通过他找到了吴大爷，大爷愿意跟我们聊聊，时间就定在第二天下午，地点在牛栏山镇广场。

第二天（2011 年 3 月 4 日）一大早，我和师妹怀揣着期待，兴冲冲地上路了。先到了牛栏山镇敬老院，无功而返，什么都没有打听到。因吴大爷的访谈约在下午，时间尚早，不知道该去哪里，突然想起下坡屯村离这儿不远，抱着逛一逛的心态，我们朝下坡屯走去。遗憾的是，下坡屯也拆迁了。心情沮丧的两人无聊地在牛栏上镇上闲逛，其间跑了一趟下坡屯村委会，到大马路上跟聊天的大爷们套近乎。几乎处处遭人白眼，没什么收获，溜溜达达地磨蹭到下午的约定时间，在牛栏山镇广场的众多老人中，挨个儿询问，找到了肖家坡的吴大爷。

吴大爷，1928 年生人，83 岁了。身体很好，口齿清晰。但关于肖家坡和大营村庄头及其祖辈的情况，了解并不太多，给我们提供的信息也不多。

访谈时间：2011 年 3 月 4 日

访谈地点：牛栏山镇广场

被访者：肖家坡吴大爷

访谈者：邱源媛、邢新欣（中国社会科学院）

邱：大爷，您祖上什么时候到肖家坡的？

吴大爷：那就不知道了，早了，也得一二百年了吧。

邱：那您祖上在肖家坡做什么的呢？

吴大爷：全是农民，我爷爷也是农民，到我父亲还是种地的，没干过别的。

邱：您知道肖家坡有哪些大户？

吴大爷：吴姓是大户，还有李姓。

邱：李姓他们家是做什么的？

吴大爷：也全是农民。

邱：吴家地多吗？

吴大爷：吴家是皇粮庄头，我一小我记得他是皇粮庄头，往后就败了，就穷了。

邱：什么时候开始穷的？

吴大爷：我一小的时候就穷了。

邱：什么叫皇粮庄头啊？

吴大爷：皇粮庄头就是，他们说啊，打东北来，跟皇上差不多，就是骑马占地啊。那阵儿，听说是了不起。他们（庄头）算是旗人，应该我说，我们也是旗人，那时一说写这个写那个，什么啊，谁知道旗人不旗人的，一说就是汉族，就写了这个。

邱：那就是说老吴家实际不是汉人。

吴大爷：是啊，是旗人，跟别人不一样（请安、葬礼等跟汉人不同）。吃清明会，知道吗？清明时候，就是给老祖宗上坟的时候。要说这儿有香坟地，就是老吴家的地儿，几亩也好，十亩也好。就是这大庙，老爷庙，烧香磕头，初一、十五，供老爷。他管这个。清明时候，是老吴家，在旗的，才上这儿来。姓吴的，甭管哪儿的，都来。

邱：您说除了老吴家是大户，还有一个老李家，他们是怎么回事，您能说说吗？

吴大爷：那就说不清楚了。他们是汉人，跟我们不一样。

邱：他们家是做什么的？

吴大爷：全是农民，种地的。

邱：李家跟吴家有关系吗？

吴大爷：没关系。

邱：他们家有后人吗？

吴大爷：那我就不知道了。

邱：除了老吴家，肖家坡还有满族吗？

吴大爷：没有了。

邱：大营的吴家跟你们是一回事吗？

吴大爷：不一样不一样，同姓不同宗。

邱：他们是什么时候到大营的，您知道吗？

吴大爷：那就不知道了。年头特深了。也许没准，跟皇粮庄头一块儿过来的。也有姓郭的，在肖家坡北边，北上坡的郭家。

邱：那他们家又是咋回事？

吴大爷： 那全是汉人。

邱： 大营有旗人吗？

吴大爷： 没有，全是汉人。大营还有姓孔的多。

邱： 他们家又是哪里来的？咋回事儿呢？

吴大爷： 那就说不清了。

邱： 大营有庄头吗？

吴大爷： 大营没有庄头，北京，京北就这么一户庄头（肖家坡吴家），就北京的北边，就这么一户皇粮庄头。

吴大爷也提到了吴庄头的两个闺女，在北京开煤场，在"三反""五反"中，挨整，后来死了。提到了李少宗，但没有更进一步的相关信息。对肖家坡和大营村的其他老人，吴大爷说大都去世了，活着的也都糊涂了，具体他也不太清楚。

在跟吴大爷聊天的时候，我们偶遇了肖家坡的另一位大爷。这位大爷也跟我们聊了一些，但却不愿意透露他的姓名。

根据两位大爷提供的信息以及头一天的所获，肖家坡、大营村吴姓庄头的大体内容，可以归纳为以下几点：

（1）肖家坡大姓：吴、李。姓吴的是庄头，是旗人。姓李的不是旗人。

大营村大姓：吴、郭、孔、李、杨、张、余。大营村没有庄头，都是汉人，没有旗人。

（2）肖家坡、大营村就一个庄头：肖家坡的吴姓庄头，大营村没有庄头，两村姓吴的不是一回事儿。肖家坡和大营村的村民，对这一区别都非常清楚。

（3）肖家坡的吴庄头有钱，地多，有三百多顷地。大营村很多家都去种他们的地，后来，吴庄头败落了，这些地也就归种地人自己了。

此后，我们又想尽办法尝试着联系两村的老人，都很不成功，拆迁是重要的因素之一。下坡屯商家（采访当时）以及李桥、李遂于家，之所以能够牵出一连串的老人，是因为村子还在，老人们都住在村里，溜达着就一家串一家了。一旦村里拆迁，像肖家坡、大营村这样，老人们散居各处，寻访的难度就会大大提高，人都找不到，如何访谈？吴姓庄头的田野个案成为本研究的一个遗憾，无法弥补。

不甘心，面对这样的结论，我的感觉就是不甘心。怎么办？就此放弃吗？骨子里的执拗让我回到故纸堆，继续爬梳史料。意想不到的是，居然在文献上有了重要发现。① 该部分文献考证太过专业，而且与本书主题有一定差距，不适宜展开论述。但这一曲折的经历，再次让我感受到田野调查的益处。在此，我想从文献中摘出一个关于庄头与奴仆的案子，虽然浅显，却很能体现庄头家族的沉浮变迁。

3. 主子与奴仆

田野访谈中，老人告诉我们，肖家坡大姓有吴姓，还有李姓，大营村大姓则有吴姓、郭姓、孔姓、李姓、杨姓，等等。这里我们就来讲一个大营村郭姓庄头与吴姓奴仆的案子吧。

一份来自嘉庆三年（1798）四月十二日的庄头处呈稿中，记载了"已革庄头郭中行呈控壮丁吴文显等捏称附投名色霸占绝丁地亩一案"。大意是，乾隆六十年（1795），大营村庄头郭中行的庄丁吴文显霸占了绝丁吴二格等五户的地亩，庄头郭中行要求吴文显退出，并上告官府，令吴文显退出地亩。三年之后，吴文显不服，反告郭道行（郭中行被革退，由郭道行接替庄头职务），理由是吴文显的父亲吴有寿，从乾隆三十三年（1768）之后，就直接向内务府交纳钱粮，同时还持有内务府下发的印有其祖父吴三字样的印票。因此，吴文显认为自己并不是郭中行的户下壮丁，拒绝退出侵占地亩。经内务府、刑部、户部查明，郭家始祖郭天山在顺治二年（1645）带地投充成为庄头，康熙年间，郭天山之子郭名声接替庄头职位，并将吴文显之祖吴三等壮丁报内务府入

---

① 邱源媛："Household Registration Booklets of the Estate Stewards under the Imperial Household Department: Population Registers and Genealogies"（《清代内务府庄头户口册：丁册与家谱》），载韩国首尔大学《东亚家庭人口学会议》论文集，2012 年 1 月。

档。吴文显确实是郭中行的户下壮丁，有司裁决吴文显退出侵占地亩。可正当此时，吴文显之妻吴高氏，不知道案件已结，在吴文明之妻吴赵氏的怂恿下，又以诬陷罪状到官府状告郭中行，最后被官府驳回。①

时隔四年，即嘉庆七年（1802）九月十一日，庄头处呈稿又奏报："查已革退庄头郭中行户下已故壮丁吴文明之妻吴赵氏占种绝丁地亩一案，经本府奏明，将吴赵氏交刑部讯明治罪。"这次案件的主角，直接变成了吴文明之妻吴赵氏。由吴文显霸占的地亩，不知何故已转到吴赵氏名下，而且吴赵氏坚决不予退出。有司虽认可吴赵氏侵占地亩一事，但最后还是判处吴赵氏管理自身及彭柏等壮丁地亩，并向庄头郭道行缴纳钱粮。而郭道行却"恐后拖累"，情愿不领吴赵氏等人钱粮，恳请官府将这些地亩的租银，饬交顺义县征收。②

这起案件中，有几点非常有意思：

①吴家至迟在康熙年间即已是郭家的户下庄丁，当时，吴文显之祖吴三还很清楚自己的身份，可到了吴三的下一辈吴有寿，即吴文显的父亲，对此却已然不知，吴文显更是理直气壮地与郭中行打起了官司。

②吴有寿自乾隆三十三年（1768）起，已直接向内务府交纳钱粮，完全不受郭姓庄头的控制，这也正是吴文显不知道自己是户下的重要原因之一。

③吴家虽系户下，但到嘉庆初期，至少在村里已颇有势力，就连吴家的媳妇（吴高氏、吴赵氏）都敢至公堂控告郭家。到最后，郭姓庄头甚至不敢领吴赵氏等人的钱粮。如果不是家族势力达到了一定程度，这样的事情难以想象。

④嘉庆七年（1802）时，吴赵氏除了自身地亩，还管理了彭柏等壮丁的地亩。彭家同样也是郭姓庄头家谱中的异姓人，吴赵氏已取郭姓庄头而代之管理。

---

① 嘉庆三年四月十二日庄头处呈稿，转引自《清代的旗地》（中册），第655页。
② 嘉庆七年九月十一日庄头处呈稿，转引自《清代的旗地》（中册），第667页。

可见，嘉庆初期，大营村的吴赵氏已经掌控了为数不少的地亩，并直接向内务府交纳钱粮，不受郭姓家族控制。内务府还专门给吴赵氏立了户口册，前文提到的"顺义县大营村居住庄头吴赵氏（文明之妻，户下）"即是，自同治年间起，共有 15 份，吴赵氏名正言顺地成为庄头。甚至于吴家在村子里的势力比郭家还大，成为地方一霸，主子和奴仆完全本末倒置。

由此看来，庄头家族的变迁，并不完全始于辛亥之后，清中晚期，就已出现各种情况。而这些细节，田野访谈中不易获得，绝大部分老人仅仅追溯到父亲，甚至只能讲述自己的故事。此刻，文献又反过来弥补口述的不足，让我们更开阔地了解到庄头家族发展的起伏曲折。

二、顺义李桥镇北河村网户王庄头

访谈时间：2011 年 4 月 1 日

访谈地点：李桥镇北河村王大爷家

被访者：王大爷

访谈者：邱源媛、杨原（中国人民大学）

访谈者案：北河村的多位于姓大爷在访谈中，都提到本村的大户姓王，在清代也是庄头，也是在旗的。在我们的请求下，于大爷带我们来到村东头王大爷的家。王大爷 1935 年生人，今年 76 岁，他说他们家是网户庄头，家里也有地，但主要是在潮白河打鱼，交纳的租子是活鱼。网户，在清代应属于内务府都虞司管理。我们搜集的户口册主要是内务府会计司和管理三旗银两庄头处的，王大爷祖上的户口册，我们没有查到。这一个实例，也说明华北地区，包括北京郊区的庄头数量比我们预计的要多，庞大的群体确不容后人忽视。

1. 家族来源与世系

邱：王大爷，我们跟于大爷聊天的时候，于大爷说起来，说咱们这边还有叫作旗王，是吧？有民王，有旗王？

于大爷：他们姓王，在旗。

邱：对，在旗的。咱村里现在有多少咱姓王的呀？

王大爷：北河姓王的，估摸着得有80%。他有东王、西王哪。

邱：哦，这么人多呀，您说说。

王大爷：老人都没了，俺们也是听老人说。

邱：您是哪年生人啊，大爷？

王大爷：三五年生人，今年76。

王大妈：他没赶上那个。

于大爷：孙中山起革命，推倒前清。我们都没赶上。

邱：您祖辈是做什么的呀？

王大爷：农民。为什么叫庄头呢？就是以种地为主。听老人说呀，我这人也好听老人念叨，早先北河街啊就来哥儿两个的，一个叫王大旺，一个叫王大盛。哥儿俩分东王、西王，那个哥儿们跟西边住，这个哥儿们跟东边住，一人4个儿子，一人5个儿子。东四王，西五王。

邱：哦，这是哪辈子的事情？

王大爷：哎呀，很早很早以前了。就是由东北来的，挑挑儿来的，逃难来的。到这儿开发来了，这边没人。这不，这就有东王、西王，还有旗王、民王。凡是在旗呀，都跟上边有点儿联系。

邱：您这儿属于哪个旗，您知道吗？

王大爷：那就说不好了。

邱：您家有行辈字吗？

王大爷：反正我这辈儿啊，是"雨"字。我父亲那辈儿是"寿"字。

邱："寿"字？

王大爷：嗯，"雨"，这都排着呢，这北河街都排着呢，"雨""寿""庭"。

邱："庭"是哪一辈儿，爷爷那辈儿？

王大爷：爷爷那辈儿叫"庭"，往上边就是"克"字，再上边就是"辛"字。辛，就是下面王北辛，王什么辛。这就是"辛"字了。再上边就是"旺"字了，可能是。这都排着，这字都是祖先给留的。我"雨"字以后就不排着了，个人叫个人的了。就我这辈儿还排着呢，是不是？

邱：王大爷家的行辈字就挺清楚的。

王大爷：对。我"雨"字，上边"寿"字、"庭"字、"克"字、"辛"字。王克遂（音）他父亲就是王秉辛（音）。

于大爷：再往上知道不知道？

王大爷：再往上就不知道了。这边庄头是怎么回事啊？一说庄头，我再跟你说说，就是这"克"字，"克"字是正庄头，以上不是。

邱：以上不是庄头了？

王大爷：以上就不是了。

邱：哦。

王大爷：听他们老人讲，庄头啊就跟现在这个村书记、村大队长那性质差不多，跟上边有联系，管钱粮，收租子，往上交。我跟你说，一听。我的正大爷啊，正老爷子叫作王克忠，克忠、克允（音），这是亲哥儿俩。王克忠是大庄头，那有钱。王新斋（音）是俺们这儿的大庄头的姑爷，这是最大的地主。

邱：叫王什么？

王大爷：王新斋。

于大爷：这都是有名的地主。

王大爷：大地主。他姑爷。大地主的夫人是这儿的姑奶奶。阔人找阔人。

邱：王新斋是大地主？哦，就是说王新斋是王克忠的姑爷？

王大爷：对对对，这全是大地主。

于大爷：有名的。

王大爷：有名的。俺们这儿叫王克允。这是大庄头、二庄头。

邱：哦。

王大爷：咱也不嫌寒碜，也不调查，听我二大爷说过，我二大爷的爸爸，收租子都上牛山收去。

邱：牛栏山？

王大爷：牛栏山镇。

邱：哟！这地有这么大呀。

于大爷：离这儿四五十里地。

王大爷：俺们这儿单有一坟地，叫王坟圈。

邱：现在还有吗？

王大爷：没有了。听说咱祖上啊，我也不怕寒碜，不管是哪儿来啊，跑马占圈，这一圈，就归这儿得了。可是呢，上面跟官儿有联系，他收的地租子，往上得上贡。我听我二大爷说，东大河出鲤鱼，金翅金鳞，别处没有，一年就给送，活的，给皇上，水桶捞的，捞十斤二十斤，这租子就算完了。

邱：送什么？

王大爷：送鱼，鲜鱼。庄头收这租子费，不是交好些，就叫点儿礼儿就得了，往皇上那儿，那么个意思。

于大爷：不说是网户庄嘛。

王大爷：网户，这网户庄，净晾网就三顷六地。

邱：哦，就是说您家原来给皇帝交租子就交点儿活鱼。

王大爷：交点儿活鱼。

邱：哦，您跟于大爷他们家不一样，他们家是交那个，种粮食交那个租子的，您这儿是就交鱼就行了？

王大爷：我也听人说的，网户。也有地，网户地。

于大爷：你打鱼的就给鱼就行。

王大爷：网户地，有一个，就是沙浮①后边。

邱：在哪儿？

----

① 沙浮村，现在属于顺义区李桥镇，靠近潮白河，离王大爷所在的北河村也不远。

王大爷：沙浮头喽，潮白河那边，晾网使的。

邱：你们在哪儿打鱼？

王大爷：欸，就潮白河，苏庄①那儿。

于大爷：谁打鱼收谁的税，你打鱼，这儿就收你税，白打啊？是不是？就跟种地交粮食，交公粮似的。养儿当差，种地纳粮，我不种地，我就打鱼，打鱼也跟你要税。

邱：那您家种地吗？

王大爷：那阵儿，雇人种地。

邱：那你们种地交租子吗？交粮食的租子吗？

王大爷：我赶上时候就交国民党的租子跟共产党的租子，我们那阵儿不就小嘛，那庄头就没了。

邱：对，在庄头的时候交租子吗？

王大妈：那不知道。

王大爷：养儿当差，种地纳粮，这是自古以来的传统。爱谁谁种地，他也交就是交得少。比如说跟农民收5斗吧，他往上交1斗就得了，是这么个道理，层层扒皮呀。

2. "我爷爷亲哥儿仨，俺们家最穷"

王大爷：我爷爷亲哥儿仨，俺们家最穷。这就瞎聊了，我那二爷最有能耐。

邱：他有什么能耐呢？您说说。

王大爷：我就二爷爷最有能耐，为什么俩太太呢，跑去内蒙古库仑，专门倒马。

邱：哦。

王大爷：老百姓以种地为主，他倒马，轰马群。他还是管头，他雇

---

① 苏庄，现在属于顺义区李桥镇，潮白河边上，紧邻沙浮村。

人轰马，他是头儿。让你这一圈马，300匹、200匹，往北京轰。轰完了以后，那北京单有骡马店卖。这二爷我见过。

邱：就是从外面往北京轰吗？

王大爷：运马，到这儿卖。

邱：那这可赚大钱了。

王大爷：那当然是了。为什么俩太太呢？净敢来牌推牌九，这都是我那二娘。

邱：那您二爷怎么那时候不种地呢？原来不是庄头种地的吗？

王大爷：哥儿仨脾气不一样，就他……我这也多说了，就他是两个太太，剩下我爷爷跟我大爷都一个太太。他是两个太太，一个太太是白辛庄，姓白。那个太太就是跟北京联系的。（另）一个就跟内蒙走了，老跟着他。他闺女还在呢。我这二奶奶是保定那个，嘿！漂亮！小脚。

邱：您这个二爷他怎么会就跑到内蒙去赶马去了呢？谁带着他出去的呢？

王大爷：那人能说会道的，跑北京的。滑，鬼，他最鬼。再具体的，我就不知道了。

邱：哦。

王大爷：后来啊，他们家的地，白给俺们了。

邱：哦，他们家地为什么白给你们呀？

王大爷：他没有儿子呀，一闺女。

邱：哦，那你们家地不少呀。

王大妈：我们家就穷人。

王大爷：我那大爷是地主。我一小时候，人家雇活儿，有骡马。我这爷爷啊，输耍落的，净耍去。

邱：您大爷家也不错，就您爷爷不成？

王大爷：大爷家一般，也没什么地儿了。我们分东王、西王不是，我们是东王，都是正庄头王克忠的（后人），都是东王。在以前是东王势力大。刚快解放时候，头解放，西王势力大，地方多。这边（东王）

全落停了，家境不怎么忒好了。我这人好聊，过日子有低潮、高潮。

邱：咱们这边东王为什么后来就衰败了呢？老庄头啊，后来怎么就衰败了呢？

王大爷：这是我的观点，以后，知足抢上的心就撤了，不争不抢。就说我这个大爷爷，应该来，地还是多的。可不争不抢，就败了。那阵儿，选保长，这边应该他当保长，我大爷应该当保长，可是他不当。选了一个比较能说会道的，贫农的人，一年给你多少钱，上边来人你支应，弄不了我再出头，是这么的，雇人当保长。

邱：雇人当保长？

王大爷：是呀，（雇的人）也是这村的，一个村里的头。不管事儿，所以啊，这西王也就，慢慢就（衰落）了。他还有一儿子在北京。

邱：哦，这是您大爷，您父亲这一辈的？

王大爷：对。他在九泰药铺啊，前门外，往东。

杨：打磨厂。

王大爷：对！九泰药铺，我经常那儿去，高台阶。我那大爷可不简单，也是能说会道，领督掌柜的。

邱：什么叫作领督掌柜？

王大爷：就是人家出钱，这儿开药铺，下边有伙计。那东家啊，我这是瞎说八道，也没有根据。（东家）是天津人，那家人不好干事儿，家有钱，你给我这儿当掌柜的来，到时候挣钱，他吃喝花，归他，开工资呢，都交给他以后再开你工资。领督掌柜的就是当然得多给呀，下边还有徒弟呢。我这大爷啊，他好聊，外场。领督掌柜，能说着呢，外号叫"瞎架王三"。

邱：什么叫瞎架王三？

王大爷：就是瞎侃。

邱：哦！

杨：瞎架王三，给他起一号儿。

王大爷：长掌柜哪儿有不能说的。

邱：那您这个大爷混得还是挺不错的。

王大爷：不错，压根儿没回来，他还有一闺女跟北京。

邱：他是哪年去的北京啊？

王大爷：那就早了，没回来，一直在北京。

邱：咱回过头来讲讲您家。

王大爷：我爷爷穷，输耍落的。

邱：输什么？

王大爷：输耍。①

王大妈：耍钱。

王大爷：耍钱，把这家都输了。合着俺们就剩点儿破坟地，这个种花生豆儿，就是这个，一亩麦地都没有。

王大妈：为什么穷人呢。

王大爷：坟地不许卖。

邱：对对，这是老规矩了。

王大爷：都输了呀！打麻将、玩儿牌。

王大爷：就过这么一点儿好处，刚才你看那字据没有？（见图5-9）

邱：嗯嗯嗯。

王大爷：民国十六年（1927），由这儿，道东喽那块地，有个3亩什么地，就是这儿。那是大庄头（王克忠）的地，他要卖，核算叫我奶奶的妈家拿的钱，150块现大洋，买过来了，就做这么一点儿好事儿。俺们这儿，这是老房家地。就凑合这几间泥房没输，地全卖了。这泥房啊，好的时候是瓦房，都叫我爷爷给揭卖了。

邱：哦，多少还留了点儿。

王大爷：揭瓦卖钱，耍钱哪。

邱：哎呀！

王大爷：还有这么一笑话，逗乐呢，跟你说长了。

---

① 即赌博。

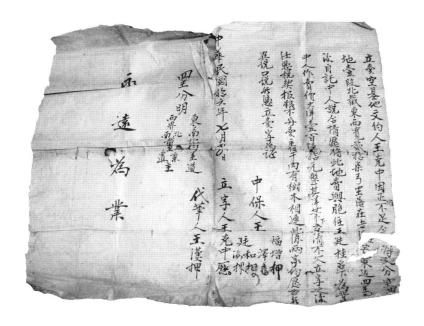

图5-9 王家买卖文书（民国十六年，1927）

邱：您说。

王大爷：这我姑跟我说的。奶奶的妈家阔，有钱。说俺们家啊，这六个孩子，仨姑娘，仨小子，过得挺艰难的，人也不勤俭。到晚秋啊，人家那边给拉俩小半大猪，小猪，三四十斤了，还拉了两口袋黑豆。说你们家挺困难的，就是晚秋那阵儿，你们家喂俩，攒一个猪，家过年，不挺好嘛。再卖一个，来俩钱儿花，这年不就过得挺棒嘛。我奶奶一勺一勺喂，等到了腊月二十三，快肥了。到年些了，我爷爷外边输钱，输了，家轰肥猪来了。你说多困难哪。

邱：就又把猪给抵出去了？

王大爷：顶出去了，输了！不还是过穷日子嘛，你说那阵儿。

邱：那就是您爷爷哈，就您爷爷耍钱。

王大爷：还抽大烟，我爷爷抽烟那大烟盘子我都记着。

邱：是啊？

王大爷：这么大个儿，俩。

邱：后来呢？

王大爷：都卖废铁了，那是铜的。抽大烟还得有人给点儿，那是多大架子。

邱：那实际上原来家境好多了，是爷爷这一辈就开始败下来了？

王大爷：败了，都抽败了，地都没了。就是房没扒，瓦卖了。

邱：那您奶奶当时也没说劝劝？

王大爷：哎哟！那时候妇女三从四德，我奶奶脾气好着呢。

邱：您刚刚说奶奶娘家有钱？

王大爷：高各庄，也是地主，姓刘。我大爷王庭和他们那姑奶奶全是地主，到我这辈儿就全是贫农了。

王大妈：那就穷了。

王大爷：穷了，也就解放了。解放以后就俺们家就是贫农了。

邱：贫农了？

王大爷：就说这村里，远处甭说，就俺家分地了，别人都没分地。

邱：您这分地是什么意思？

王大爷：分地属于贫农，家穷啊。

邱：哦！就是那个"土改"的时候，就分地了？

王大爷：有地主、富农、中农、贫农，俺们家是贫农，就分地了。他们家（指着于大爷）是地主，他们就没地了。

3. 在北京

王大爷：俺们家穷了之后呀，说话长了，俺家啊过穷了，这房给人家住了，俺们也搬北京去了。

邱：哦，您在北京还住过？

王大爷：我是北京生人。

杨：哦。

王大爷：齐化门①。

杨：哦。

王大爷：朝阳门。齐化门外的吉市口四条。我这脑子也好，住那什么地方，我两岁时候我都记着。吉市口有一香饵胡同，俺家就住在那香饵胡同。朝阳门外道北喽有一吉市口。

杨：香饵胡同不是那哪儿嘛，交道口，安定门内，香饵胡同。

王大爷：哎，我住的是朝阳门外。我跟你说吧，实际上那是臭胡同。

王大妈：臭胡同。

王大爷：它为了避免这不好听，写一"香饵"胡同。出门外边就是大垃圾堆、大粪桶、煤球炉子，都往那儿倒。

邱：那您当时怎么就，是您父亲带着过去的？

王大爷：可不，过不了了。我跟你说，我三五年生人，三七年卢沟桥事变，那时候日本就来了，我一小就见过日本。我奶奶见日本都得磕头。就回家过了，三七年。

邱：就说三七年又过来了？

王大爷：又回来了，为什么俺没有地呢，就是这样，艰苦度日。

邱：哦，您家三五年，您出生之前就去北京了。都有谁去的呀？

王大爷：我父亲、我叔叔、我姑姑，都得去，家没法过来。

邱：哦，就父亲、叔叔、姑姑？

王大爷：我奶奶，我奶奶也去了。

邱：您奶奶，爷爷呢？

王大爷：爷爷就死了。

邱：就奶奶带着父亲、叔叔、姑姑。

王大爷：一大堆呢，就住三间土房呢，我脑子好使。

邱：当时靠什么为生哪？

---

① 朝阳门，元代称齐化门。

王大爷：啊呀，那苦了。我父亲跟我叔叔是做首饰楼，打首饰。

邱：在北京那几年，您父亲和您叔叔就一直做首饰，打首饰？

王大爷：对。日本进关以前，一直做首饰。

邱：在哪家首饰楼啊？

王大爷：那我就不清楚了。在前门外的美食街。我那边还有一大爷，我大爷爷的儿子，在北京九泰药铺。遛弯儿时，他告诉我的。我这大爷就指着说："你爸爸原来就在这儿。"也就一小作坊，大栅栏往西观音寺（音）街，南面还有一胡同叫梅志（音）街，那道东喽。我父亲在那儿小门脸。

邱：您家在北京待了几年哪？

王大爷：没有几年。我是北京生人，哪年去的，不清楚了。三七年日本人进来，那边就乱了。日本一来呢，谁还戴首饰呢？生活都顾不上了，谁还戴首饰？买卖就萧条了。

邱：哦。

王大爷：我叔叔也改炸饹馇盒①，做小买卖。在东便门炸，这我都记得，面朝西，还不是自个儿炸，雇人炸。专雇人炸饹馇盒，使那书皮儿啊，书不是嘛，糊成纸口袋，一口袋一口袋，都往口外发，专门来车。

邱：哦，往口外发？

王大爷：嗯对，往张家口发，事儿不大。

邱：哦，您叔叔，后来也还行。那您父亲呢？

王大爷：我父亲上西安了，那边做买卖去了。

邱：做什么买卖呀？

王大爷：那我就不知道了，听说也是卖杂货。也是跟着人家跑的，这边不能维持生活呀。

邱：您和您妈妈没跟着去？

王大爷：没有。

---

① 饹馇盒：老北京的一种油炸小吃，香脆可口。

邱：后来您父亲到西安以后，回来了吗？

王大爷：回来一回，赶上战争，死了，乱仗打死了。

邱：哦。

王大爷：死了，挺惨的，我九岁。

邱：九岁的时候，哦，那您母亲带着您挺不容易的。

王大爷：哎呀，不容易。可不度日怎么着呢？

邱：那她以什么为生呢？就是您母亲。

王大爷：靠那边沙子地，那坟地还没分，它就是不能种好庄稼，能种爬豆，棒子都不长。

邱：哦，棒子都不长。

王大爷：艰苦度日，这村里就俺们家分地了，我这俩叔叔都一人分，有一亩多的，有两亩多的，是麦地，那能种麦子，能种棒子，能吃白面。日子太穷了。

三、顺义李遂镇柳各庄杨庄头

访谈时间：2011 年 4 月 25 日

访谈地点：李遂镇柳各庄村杨大爷家

被访者：杨大爷

访谈者：邱源媛、杨原（中国人民大学）

访谈者按：柳各庄的杨庄头，是沟北村于大爷们首先提到的。访问柳各庄于姓老人时，几位大爷都说柳各庄的庄头最大的是杨家。就这样，我们找到了杨大爷。杨大爷 1936 年生人，采访他的时候他 76 岁。杨大爷看上去神采飞扬，记忆很好，完全不像这个年纪的老人。

1. 家族世系

邱：我们在档案里查到顺义这片有很多旗人，已经走访过马坡、牛栏山、李桥那边的。前几天，我们去了沟北，听那边人提到了柳各庄的杨庄头。今天上午咱村（柳各庄）的于大爷也说杨庄头。所以，我们就找到了您，就想跟您聊聊您家的老事儿，您是旗人吗？祖上从哪里来的？什么时候来这个地方的？是做什么的？

杨大爷：你说的这个，我也是耳闻，老一辈人传下来的，另外结合着咱们顺义的县志。先说俺们杨姓吧，你要是按我说，于姓是在其次。柳各庄应该是四家庄头，好像是溥公庄，① 是纳皇粮的。你看这院儿没，靠我这东邻居大庙那房，前栏后栅那房子，那是我们杨姓的族长。俺们这个村750户，杨姓得占其中250户，在村里边是最大的。因为是先有的杨姓，杨庄头是六品的顶戴，六品的蓝翎。刚开始过来的时候，管48家庄子。柳各庄应该是于、吴、童、杨四家庄头。其他三家是在这个庄头的领导之下，他们交租纳贡要交到他这儿。我不知道这儿地理环境，从这儿得到燕郊。48家，不是48村。其他的要把收上来的租子交到他这儿，然后他向上交到皇家。过来呢，好像是跟着老罕王扫北，圈地政策。我们这姓人就是随着这帮人过来的。圈地叫跑马占圈。最开初就是杨姓这家庄头，在这一带是最高统治者，因为他比县长大一级。虽然没有那个职位，但是他级别高。你比如说过去县级干部到下面视察，到柳各庄这他没进村之前他就得先下马，或者是下轿，因为他这级别在那儿。圈地圈到什么份儿上？应该差不多是3000亩吧。我们第一代祖宗叫杨长庚。长远的长，庚子的庚。

邱：您家有家谱吗？

杨大爷：没有，没有。我就只凭记忆了。家谱早就烧了，土改、"文化大革命"早就全完了。

邱：您能记得杨长庚下面一代两代的吗？

---

① 杨大爷说这四家庄头都属于溥公庄，后面还提到溥公是个王爷。同时，又说这四家庄头又是纳皇粮的。王爷庄和皇粮庄，二者是不同的庄园。前者属于王公贵族，后者属于皇家，一个庄园不可能既属于王庄又属于皇庄。访谈结束后，我们在户口册中查到柳各庄杨庄头确实属于内务府，是皇庄。所以，此处杨大爷所说有误。

杨大爷： 杨长庚下面推说说不上来，我能够往上说。比如说我是"永"字辈，上一代"杨续什么"，再一代"杨玉什么"，再一代"杨什么年"，再一代是俩字儿的，然后是"大"字儿的，"伦"字儿的，什么"国"字儿的，"世"字儿的，就是这样的。

邱： 您慢慢说，我记一下好吗？

杨大爷： 我随便跟你说吧，我也没有准备。为什么他这个辈儿不能乱了？你到柳各庄，尤其我们这个姓的，你像我这个辈分儿的，全是杨永什么，我的哥哥弟弟。杨绪什么的，"光绪"的"绪"，就是上一辈儿了。这样，我就不怕说乱了，有辈儿了。我们这个杨姓分布在哪哈儿，这柳各庄是主体。落在哪哈儿，沟北有一支儿，王家场一大支子，薛各庄有一支子。再有就是散一点儿的了，李遂有一支，前边李遂。

邱： 李遂镇上是吧？

杨大爷： 李遂村。所以说刚才说的这个，就限于柳各庄是 250 户。如果加上薛各庄、王家场、沟北、李遂，还有些散户，那就，那就不下四五百户。应该是就在他这个圈子里，杨长庚这圈子里，都是他的后人。咱就这样聊，不说我们是名门望族。

邱： 确实是名门望族了。

杨大爷： 准确地说，反正从这个县志的历史资料来，这我或许就……正黄旗。

邱： 噢，您是正黄旗。

杨大爷： 应该是多尔衮的旗下。是不是，是这意思不？

邱： 多尔衮是两白旗。

杨大爷： 他是黄白两旗。他一个人，正黄旗和正白旗归他管。反正他们都是分出来的小股，王家场那块啊，河西就在东方太阳城那儿。王家场子那支人，要说近了是跟我一族的。因为我们支派很多。你比如说沟北那儿又是一支子，薛各庄一大支子，其他李遂一小支子。说到那辈字儿啊，还有讲究。

邱：哦，什么讲究呀？

杨大爷：你看啊，你看，我叫杨永□，"永"字辈，"永"字放中间。我爸爸杨绪□，我爸爸是宣统元年，他今年要活着就103了。然后我的爷爷杨玉□，我爷爷的爹叫杨□年，这"年"字就放后面了，杨什么年，杨大年，杨诚年，这是"年"字的，在后面。我爷爷的爷爷就叫俩字儿了，就没有字儿了，是杨福、杨青、杨绿的，就甭管这儿了，就两个字了。回头我太爷爷的爷爷就杨大什么，我这家吧，我这家立祖的就是杨大什么，这"大"什么是放在中间的。大字的父辈呢就是"伦"，"伦"也是放在下面的，杨什么伦、杨天伦、杨铁伦的。伦字的上一代，那就是杨国什么，"国"字也搁中间。他的父辈大概就是杨世什么，也是放在中间。再往上。没有，没有记忆了，没有资料可查了。

邱：您这记得够清楚了，已经九辈了。

杨大爷：就是这样。再往上查不出来了。它因为我们这个原来有一个家谱来着，土改时候就没有了。

2. 庄头杨新斋一支

杨大爷：俺们这杨庄头。杨庄头按我记忆里面最鲜明的就是杨新斋，杨新斋是我爷爷这辈，他叫杨玉存，名字叫杨玉存，号，他有号（新斋）。

邱：您的记忆里面这个是第一个庄头？

杨大爷：不是，他不是第一个，就是在我的记忆里面比较清楚的，再往上就不清楚了。

邱：明白了，是在爷爷辈儿的？

杨大爷：他是我爷爷辈的。这为什么要说这个呢？就是说包括王家场的，李遂的，沟北的，柳各庄的，生男孩子必须上他这来报户口。就是说杨姓族长吧，让他给赐个字。比如说又一代我有儿子了，我不能乱起名，什么杨亮、杨青，那不准，你得上他那儿。他是管男不管女，女

找寻京郊旗人社会

208

孩子你爱叫什么叫什么，是男孩子你必须到他那儿。杨新斋，我记得比较清楚了。他有三房太太，两房无出。

邱：没有后人？

杨大爷：到第三房太太才生了一个闺女，三个儿子。我见过这个杨新斋的大太太，不是见过本人，见过她的照片儿。满洲国那两把头知道不？就是慈禧太后那模样。

邱：嗯，还梳那种头呢。

杨大爷：二太太是不行。二太太，我听说，这可天儿说啊，她没入坟地。

邱：为什么呀？

杨大爷：她好像是这个，从天津弄过来的，是一个，就所谓的八大胡同的。比较有姿色的，但是什么也没生。

杨：那是算太太还是算妾啊？

杨大爷：也算二房，二房，肯定是太太。

杨：那就不叫续弦了。

杨大爷：那不叫，那不叫续弦。因为你大太太不生，你就得准许我，那就不叫妾了。你如果二太太还不生，你还得准许我。但你只能说一二三。

邱：这二太太也没生。

杨大爷：没有。哎，这三太太是本村的。到第三房太太，头一胎生一姑娘，第二胎一二三生了仨小子。一个闺女，三个儿子。现在我这老叔，他比我才大多少岁？他今年活着刚八十二。

邱：那比您才这么大几岁，六岁？

杨大爷：可不就是这么着。他倒已经死了，七十一就死了，活着今年八十二。我跟我老叔、我二婶他们，最好的朋友，因为我们靠得很近。他（庄头杨新斋）这三个儿子，他大儿子，伪大乡长，后来在"文化大革命"清理他从故宫里清理回来了。

邱：从故宫里给清理回来？

杨大爷：清理回来。

邱：那怎么跑到故宫去了？

杨大爷：他故宫博物院就管写那什么的，就管写那个帖子。这是他大儿子。后来他是在解放之后，隐姓埋名，因为他当过伪大乡长。

邱：他是啥时候去的故宫？最后是把他从故宫里面抓出来的，是啥时候去的？

杨大爷：应该就是在四八、四九年左右，不知道，反正伪大乡长一没了，就是让八路军，让解放军一扫他就跑了。

邱：噢，伪大乡长。

杨大爷：那就应该算历史反革命。

邱：在哪个乡当乡长啊？

杨大爷：他在哪个乡，他就是在河西了。因为这道河，以这道河为界。就说在四七年，四九年以前，四九年以前河西是敌占区，国民党统治区。我们这边呢算半解放区。就说他们（国民党）过来也是撸粮征税，不给就抢。共产党这边，你必须也要拿粮征税，要给运送公粮，抬担架，征兵。他那边没有兵就抓啊。

邱：那不是双份吗？

杨大爷：那没办法，把我们这边逼得是，反正活过来就不错了。你看我念书的时候，你这上着课，哪哪一响枪赶紧就跑，撂下书本就跑，往小河东跑，往排楼田营那边跑。因为过来他不管你是谁，干脆说他们（国民党）要抢你，连个扫帚楗子也不给你留，就说他们是地方武装。您听我跟您说这个。这个在解放的时候，就说顺义城解放应该在四八年的 12 月，顺义就解放了。解放顺义很简单，共产党一过来，顺义就算解放了，（国民党）就放下武器了，最后就是围困北京了。这样呢，这个老大呀就隐姓埋名，他就走了。

邱：走到哪去了？

杨大爷：不知道。这个叫什么来着，"文化大革命"清理阶级队伍，七找八找地把他给找出来了。伪大乡长，介①故宫里边，给人弄出来，就给弄回来了。弄回来就批斗。"文化大革命"给就出来那应该是六……

邱：六六年？

杨大爷：不是，他应该是六七年、六八年。"文化大革命"不深入，你弄不出来他。他的书法挺不错的。他写这个，你比如说小牌儿，这是清朝乾隆年间小盆一个。写这玩意的。"文化大革命"回来这儿，他受了一段苦，媳妇也离婚了。先大太太死了，后来又说一个怀柔的，中学教师。他挺有才华的，这个人啊一表人才。你看他北京、天津、烟台有人。

邱：您是说北京、天津、烟台都有一个家还是说都有人？

杨大爷：都有人。就是到最后，他家里边也不予承认。

邱：什么时候再去的故宫？

杨大爷：不知道了。他怎么样沦落到故宫里面。现在他这孩子们，他有俩闺女俩儿子，他们都在北京，跟家里边没有联系。我还有一二叔。

邱：你才说的那是大儿子吧，庄头的大儿子？这是二儿子？

杨大爷：对，就是杨新斋的大儿子、二儿子。这个二儿子死在迁安县了。日本人时候，他是那个，治安军，在沧州还是在哪，他是伪军官学校毕业。他们治安军是干什么的知道吗，懂不懂？

杨：就是剿游击队啊。

杨大爷：治安军，就所谓咱们在书本上写的皇协军，那个正名字叫皇协军，实际上治安军给日本维持秩序的。结果在迁安县，就是唐山那个，迁安县跟八路军一战就给打死了。那会他是排长，他出了军官学校就应该是排长。

---

① 介，语 jiě，北京土语，"解"的变读，意思是"自、从"。下文同，不再赘述。参见《北京土语辞典》，北京出版社 1990 年版。

邱：他这个是哪个军官学校您知道吗？

杨大爷：具体我说不好，不是沧州就是在哪，这我还真没有记忆。

邱：都是在日伪时期的时候？

杨大爷：他是日伪时期的。

邱：刚才庄头大儿子，这个伪大乡长。

杨大爷：那是后来了，国民党统治时期。老大（庄头大儿子）跟他（庄头二儿子）差远了，这我就有记忆了，他（庄头二儿子）的才华比这老大又在上。

邱：呦！他们家人真厉害啊。

杨大爷：写一笔好字还能随手画俩，你像咱们三人谈话，他跟着起画就能画出来。这个人，就是死的时候才二十几岁。留下一个闺女，他闺女比我小两岁。我二婶，也是王家场老白家，那也是名门望族。老白家大财主，在王家场。后来，他这段算完了。完了，家里剩谁了呢？老大不在家，不正经干，在外边吃喝嫖赌，还要介家里边拿钱。家里边剩谁呢，这老太太，除去会生儿子，这活儿什么都不会。谁当家啊？我二婶，就刚才二叔（庄头二儿子）这太太。一个女人当家。要支撑这一大家，还有姑奶奶呢。大姑娘，姑奶奶养到三十多才出嫁。

邱：都知道满族姑奶奶是最难缠、最厉害的。

杨大爷：厉害，她不是。她在家，她就抽大烟哪。她后来三十多岁嫁给顺义东门里的老韩家，现在就是说胜利村。

邱：哦，抽大烟。这二婶当家的时候该多难啊？她怎么支撑这个大家啊？

杨大爷：是啊，她就得找一个管事的，料理家务的找一个人。所以他（庄头大儿子）再家儿拿钱，人家就不给。

邱：他到家拿钱？

杨大爷：他外边没有事由了，他要再想干这些个事情，那您必须得在外边生活，怎么办。家里边知道有三顷多地，最后有三百多亩地，到"土改"时候，这我就全清楚了。

邱：土改的时候，这三百多亩地都没有了吧？

杨大爷："土改"时候有，"土改"完了就没有了。她也租出去有这么几十亩地去，剩下还都自己种着。比如说那大片，那大片是杨家场院。她有管事的，有厨子，有老妈儿。原来说这杨新斋单有一厨子，是吃小灶的。

邱：庄头就不一样。

杨大爷：我那二婶啊，二叔没的时候，她才二十几岁。她没有一些外言，生活作风非常正派，因为她也大家闺秀。

邱：您刚才说了娘家也是个大地主家，是咱旗人吗？

杨大爷：她王家场老白家的。老白家是个大地主，是不是旗人，我不知道他们这。他们老白家在这个村里西南角，一大片青堂瓦，就是老白家。

邱：她是大脚还是小脚您记得吗？

杨大爷：大脚。那会叫小旗装。

邱：小什么？

杨大爷：旗装，因为旗人是不许裹脚的，旗人都是放足。那她可能还是旗人，他们老白家在顺义有买卖。他们老白家现在全在外边做大事。

邱：是吧，那她这个二婶当家的时候，您知道些什么。比如她具体怎么操持这个家。包括她可能会把地租出去，她怎么收租子，这些您知道吗？

杨大爷：外边的事情，她管内边儿，管里边儿。外边是她请的是这个，咱们说叫了事儿的。了事儿的，就是管家。

邱：管家，那她这个管家是哪的人呢？也是姓杨的么？

杨大爷：那必需的。

邱：噢，那必需的。哪的，这个管家您知道吗，叫杨什么？

杨大爷：两代的管家我都知道。第一个叫杨续□，现在这个人活着，那就得120岁左右了。他老了之后，就有一个杨永□，就是我这辈儿的。这些是全有了事儿的，管家来料理，外边事儿全由他们来操持。

好像他们有六个长工，一个做饭的，一个老妈儿，就是管做针线的，但是粗活儿她不做，就管做针线。做饭单有一厨子，是李逯的，姓刘。六个长工里面有一打头的。你比如说咱们吧，我是打头的，你们就随活儿，是不是？你比如说我要挣九袋棒子，你们就六袋，这配活儿由我说了。打头的，他得头干呀，那不是甩手头，你们干去，我这站着瞅，不行。但是她家里边内务，那得她说了算。为什么她跟这大太太，就是庄头大儿子这大太太，不和啊两人。

邱：噢，真是够糟心的，还有个不和的。

杨大爷：我这二婶相当强势。你别看她，她也粗懂点文墨，因为我刚才说她也是很……（是）名门望族。她懂得点伦理，又是粗通点文墨，而且性格呢又很厉害，按咱们农村说，很厉害。她能管得了，别人管不了。像我这大婶，那我都见过，大婶窝囊。

邱：大婶您见过？

杨大爷：我见过。她是二郎庙村的，姓李。

邱：她是大脚小脚啊？

杨大爷：全是大脚。

邱：全是大脚？

杨大爷：嗯，没有小脚。在这门里没有小脚。

邱：噢，这门里面，就杨门里面。包括您家里面都没有小脚？

杨大爷：我们家不是。我们家不行，我们家那穷人家。

邱：您说的这门里面就庄头这门里面。

杨大爷：庄头这，进来出去的，进来出去的没有缠足的，全是满族人。

邱：很合规矩的。那您刚才说到就是那个大太太和二婶两人还有争斗。

杨大爷：啊，争斗。最后是这大太太肯定是不占上风，窝囊。不是老实的，要说干动心也动不过。

邱：动不过这个二婶？

杨大爷：动不过。我二婶很能干，高挑身材，倍儿漂亮，但是没有任何生活上的污染，很正经。不容易，一大家子，像这还很多吃闲饭的呢。这老太太这些外甥，全跑着取来。土改完了，就按人分了。她跟我一样是，土改时候我们一人三亩四分地。房子也落实了，都给他们落实了。就说老宅子没了，还是按那个辈分给你。最后他们还是八间房子。说到这房，你们来的时候看见没？东边那个，一大片，就是杨新斋的老宅子。

邱：领我们进来就在您家旁边这个。

杨：东边。

杨大爷：东边。原来那是广亮大门，七层台阶，上马石、下马石。还有一个大影壁，西南座大影壁。

邱：现在还在吗？

杨大爷：都没了！我就跟你说我这个印象。你进去是，这叫什么，这广亮大门叫仪门。出棺材，进轿，迎接这个上差，才能开这仪门。然后进门大屏风，就是大屏门。开屏门走正门。没有这个（大）日子，正门不开，你走边门，走两塞去。然后这不是进去，这是厅房，八间大厅。您进去它就没有游廊，没游廊，没走廊。您看他那院子是四扇的院子，我为什么叫大四合呢？哎，正房五间，一边儿一间半，耳房就得八间，东西厢房，这就把这院就闪出来了。叫四扇的院子。然后进这大门之后，这一个垂花门。

杨：二门。

杨大爷：垂花门，那不叫二门了。垂花门就是这一殿一卷的这个，一殿一卷懂不？

邱：什么？

杨大爷：一殿一卷。有这个木雕的，两边有砖雕。再往（里），进垂花门，有大事把屏门打开，没有大事还是走两边。进门，养鱼缸，一边一个。再往前走，进大厅了，左边芍药，右边牡丹，一边两撮。

杨：很规整。

杨大爷：哎哟妈呀，您可也真是的，那是很厉害的。您平常人您想进人家杨新斋的大门，不太容易。说您怎么进去，有关系。

邱：那这个大宅子到什么时候被拆的？

杨大爷：嗯，这个还没拆呢么。

邱：不已经拆了么？

杨大爷：前边一部分拆了，后边一部分还存着呢。

邱：现在还能看到吗？

杨大爷：当然能看到了。现在你看也能看到了。不过垂门没了。厅房没了。影壁没了，什么现在就剩一个东厢房。

杨：等于就剩最后头那扇院子了。

杨大爷：对，就后头那个。最后的那个院子，也没了。就是他们后边临街盖房就都全出去了。原来是，原来再早以前他还有一个楼房呢。

邱：土改以后呢？

杨大爷：土改以后都是重新分了房。你看，他那个正厅，东屋老太太，西屋是大媳妇。像我二婶她们只能住，她是西厢房。那要有区别的。

邱：嗯。他们一家没分家啊？

杨大爷：以前没分。解放后这就没办法了，不分也得分了。

杨：就土改之后分给谁了？就剩下的房子，他们家人都住的厅房。

图 5-10　杨庄头家大宅原址

图5-11　杨庄头家大宅
影壁原址

图5-12　杨庄头家大宅
原过门石

图5-13　杨庄头家大宅
仅存的屋檐

217

杨大爷：以后啊，他们就落 8 间了，然后，像东房、西房、耳房都分给别人了。

邱：您这二婶是什么时候去世的呀？

杨：她也没了，死在闺女家了。

杨：也就是十三四年吧，90 年代死的，还不到 80。不容易。

邱：哦，这是二叔二婶。老庄头的第三个儿子呢？

杨大爷：嗯，后来啊，家里边剩下的就是我老叔这一支子。就是老儿子了。最小，就比我大六岁这个。

邱：这个儿子怎么样呢？

杨大爷：这儿子，他忒老实了。您算算，那会儿我二婶当家的时候他刚多大。他就是十几岁，他就念到，没念到简十，大概就是小学，高等小学毕业之后。自己挺好学的，老实，现在说叫温。

杨：老老实实，受人欺负的。

杨大爷：哎，老老实实受人欺负的，那种人。后来，解放之后吧，有五几年吧，经人介绍当了小学教师，一直到退休。

邱：也是还在柳各庄？

杨大爷：他在柳各庄。我这老婶也老实。他们结婚已经是在"土改"稍微靠前一点儿了，才结的婚。那时就已经破落了。现在，我老叔也死了，老婶也没了。我还剩两个弟弟。他跟我都不错，年年，年了节的还要看看（我）这大哥。

邱：那当时您这个老叔（庄头小儿子），咱就说这个土改以后，包括"文革"，他有没有受牵连啊？

杨大爷：受了。给他介教育界放回来，给他带帽子游街。地主，这五类分子，这属于黑五类的。后来啊，落实政策，又回到教育界。

邱：他当时是在哪教书呢？

杨大爷：在这个太平新庄。落实政策之后，上陈各庄。就是陈庄，李遂这个。他这老师挺够格，瞅谁都好，就跟《茶馆》那个王掌柜似的。

邱：他教什么的呀？

杨大爷： 小学就是综合的，语文、算术，小学那个还不好办。下边，他教不了高等小学。就这么着，后来退休了。

3. "我们这支延续到现在，不犯法，但不是那种很本分的"

杨大爷： 你要说我们这个家，就算有毛病了。我这家啊，原来是柳各庄，后来到王家场。是这个庄头啊，我们这族长把我们开除出去的。

邱、杨： 开除出去的？什么时候开除出去的？

杨大爷： 应该是在这个，恐怕光绪年都不行了，还得往上，就在这杨大什么的，还得之前。

邱： 您说来听听。

杨大爷： 我们这家族延续到现在，不是那种很本分。说您是本分不本分呢？我也不是那种十分本分，哎，但是不犯法，不犯国家这法。呃，吃喝嫖赌，就所谓男盗女娼吧，这就犯了家规了。像我们这祖辈为什么开除出去的？嗯，一个是抽大烟，一个是耍钱、赌博，弄得家庭是败落。因为我们家原来是挺好的，就我们这代祖宗啊，就说不清是哪个了，还是第七代第八代说不上来。以上这么一个"杨大什么"这一辈，这刚多少年，到我这才六代人。六代人无非就是一百多年吧。

邱： 对，三十年算一代。

杨大爷： 一百多年吧，大概也得在二百年左右这一代人。家混的家不成家，原来挺好一个大家族里头。我知道啊我家原来在哪来着，一大片地儿，一大片家产全完了。你怎么办呢？那你就是犯了他的家规了。哎，这天呢就是这族长把他找了去，好不容易把他找到了。找到之后，跟家绑上，说，（你）抽大烟、耍钱、开赌场，吃喝玩乐数够了吧，玩够了没有？你比如就跟现在咱们说玩够了没有？玩够了，他也知道犯错误了。他这庄头门后有两条棍，黑红棍家法。他是你不用打官司这告那告，我就把你办了。

邱： 噢，都不用上衙门？

杨大爷：你不用打官司，那衙门他才七品知县。我就能把你，我打死你就算完了，我就算判你死刑了。然后，你不是也玩够了，你也是抽够了嘛，把你孩子大人带走。啊，这西边，就我们村西这儿，这是主河道。现在这潮白河啊，潮白河就在柳各庄村前来着。带着你孩子大人走人。离开柳各庄就不允许回来了。那儿有一片河滩，我们叫杨家锅伙儿，就是我这族的，我们这一块的。

邱：什么叫"锅伙儿"？

杨大爷："锅伙儿"就是你把你这支人去那儿，也没有房子就是光有河滩地。你去搭个窝房，搭个锅。

邱：怎么写啊？这两个字。

杨大爷：锅就是锅灶的锅。伙就是立人一个火。锅伙儿，我们这边有杨家锅伙儿，谢家锅伙儿。这些所谓的锅伙儿，那就是被你这族开除出去的，你们自己去另立锅灶。杨姓你不能走，但是你就是不许回柳各庄了。所以就是那有一片河，那有一片荒滩，你把你这孩子大人带走，比如妻子儿女什么的，一屋怎么样是你这支的全走。走了，就是那儿开锅伙儿。这么着两三代人，怎么着的，大河改道了。杨锅伙儿没了。我们又上了房子。所谓现在王家场子就是房子。

邱：房子？

杨大爷：它就叫房子村。

杨：原来叫房子村，现在？

杨大爷：现在后改叫王家场子。实际上这房子为什么呢？分东房子、西房子。东房子，我们就在东房子那，又另立锅灶，重新弄地，重新再置家。这我就有点清楚了。到什么时候？我爷爷的爹，就是杨□年，杨什么年的这辈。我这个祖爷，曾祖父，杨□年。他是一个置家的。

邱：好手？

杨大爷：哎，好手。结果呢，鼓鼓捣捣地就弄一大院，又弄了一顷七八十亩地，就是一百，一百七八十亩。

邱：那是不错了已经。

杨大爷： 弄得挺好。完了之后的，我这个曾祖父啊，三个儿子，就是我爷爷，我二爷爷，我三爷爷。我有一个姑奶奶。按我们这旗人来说，管妈不叫妈叫奶奶，管奶奶叫太太。我爷爷，十六岁抽大烟，是四七年死的，七十六死的，一辈子没断过。

邱： 哎哟，您爷爷怎么又是吸大烟？

杨大爷： 您看看，要不说我们这家人就算不好办呢。我二爷，抽大烟最后给人家佣工。哎，这还没说完，还没说完呢。这房子又，又没了，这河又重新改道，这完了。怎么完了呢？又遇上我爷爷这个（抽大烟），这老哥儿仨啊。

邱： 您爷爷是老大？

杨大爷： 我爷爷是老大。

邱： 您就跟我们说说这三个爷爷的事。

杨大爷： 我二爷，混得没法子了，给人家扛长工，最后闯关东，现在应该落在锦州那一带了。

邱： 锦州那边了，闯关东。什么时候出去闯的关东？

杨大爷： 哎哟这个，这个不会太远，一九……反正是在这个直奉战争。

杨： 那二几年。

杨大爷： 对，也就是那一块。因为我这个，我二爷这个闺女。我二爷没有儿子，生三个闺女，都是我的姑。我这老姑现在要是活着的话，她给的是丰北的，老刘家的。她应该也就是，我想想啊，九十岁上下。所以说我这个，我这二爷也不太远。这就是我二爷这段。他这大闺女顺义太平村，二闺女给的是王家场。我二爷啊，他闯关东那边又立了家了。日本人时候他给家打过信，这我有点记忆。日本人四五年投降，那也就是四四、四三年那会，我有点记忆了，我知道这档子事情。我二太太就不予承认了，不搭理他了。也没给他回信，他扔下她们娘儿四个啊！

杨： 孩子都扔在这儿了。

杨大爷： 都扔在这儿了。

杨：到关东又立家了。

杨大爷：就是我二太太领着她的仨孩子。

邱：那怎么活啊？

杨大爷：她反正也活过来了，就那么瞎转悠吧，这是一个。我二爷。我三爷，是当国民军了，直奉战争喜峰口，喜峰口一战就战死了。我三爷有一个姑娘，嗯，后来就不知道了。我三太太最后死在哪，我也不知道了。

4．"我爷爷不败家，四七年'土改'我们就成地主了"

杨大爷：您再听听我爷爷这个。我爷爷是一辈子，十六岁开始抽大烟，七十多岁死，没断过。后来八路军来，没有大烟，他吃药粒儿。我们这支子，那不就到我爷爷，我太爷这他完了，剩我爷爷完蛋了。怎么办呢？再置地置不起了，再买房子买不起了，还不够弄两大烟泡儿的。后来我爷爷没办法，只能自顾自了，自个儿说驴牙。驴牙，懂不懂？

邱：不知道。

杨大爷：牙行。

杨：说合中间人。

杨大爷：上大市，驴换马，马换驴。干这活儿，他从中能弄点儿小钱。

杨：驴牙子。

杨大爷：他们讲究什么。不是对口讲二百块钱，一百八行不行？人家不这么说。

邱：嗯，袖子里头。

杨大爷：对对对，就是这活。他从中弄个三毛五毛的，三块两块的，弄个大烟泡儿，吃饱自个儿完了。我爸爸他不管，我妈他不管。你像那会儿我妈领着我们过，我有一弟弟，死了现在。他属蛇的，活着今年七十一。我爸爸给人佣工，我妈就带着我们，我爷爷啥也不管。我爷爷是四七年死的。

邱：也就说您刚十岁。

杨大爷：我爷爷那个，我不去理会他。我爷爷有三个儿子、四个姑娘，我有四个姑。我爸爸在男人之中他是最末老了的，我有一个大爷，还有一个二大爷。我大爷，意思就是说我今年活多大，我大爷死多少年，就是我这个大伯父。他是在，他也是妻子不顾的。要不说俺们这家太不是东西了。他在李遂当巡警。那会就是在这个应该是抗日战争，就是民国政府那时候，他当巡警。反正在我的记忆里，我父亲不愿意说，我母亲能跟我说说。他也是不顾家，我大妈，我大妈是带着她孩子在，我大妈（娘家）是杜各庄，一直都带着孩子跟娘家过。最后我有一哥哥，就是我大爷这儿子，八九岁夭折了，死了。结果我大妈就死在娘家了。我大爷任谁都不管，最后他（大爷）什么时候死的，不知道。反正埋他的时候，这我记得，有坟头。他是入了这坟地的。

邱：哦。

杨大爷：我二伯父，落在小东庄。就是现在叫作东兴小区的。那块就是小东庄。他在那哈儿，就和我这二大妈。我二大妈也死了，我二大爷也都死了。我那还有，现在说还有三个弟弟，就是我的叔伯兄弟。比较是正经过得啊，是我二大爷。

邱：您不四个姑姑吗？

杨大爷：四个姑姑。我们家里边，我大爷，他是最大的，其次就是我大姑，给了黄庄的。

邱：也是皇粮庄头？

杨大爷：不是不是，他是姓黄，也叫黄家街，那"土改"时候他也是地主。我们家，原来啊，应该说很不错的，您找姑爷家、找婆姨，现在也讲，基本上讲个门当户对。对吧？

邱：对对，他们那个黄家是庄头吗？

杨大爷：是。

邱：哦，也是庄头。那您刚才说杨家领了48个庄头，他那个庄头是属于你们那个吗？

杨大爷：不知道。那我就说不好了。我们家这个应该说，按我的记忆里应该是东南路，到燕郊。

邱：你们家这地盘太大了。

杨大爷：这是我大姑。我二姑，也是小东庄的。为什么我二大爷落在小东庄呢？是我二姑给说那儿媳妇了，那成的家。何家村，我有俩姑，王家一个，贾家一个。小东庄，我有两个姑姑，二姑是史姓，我三姑是张，都是在上中农这一带的。就是我爸爸和我二大爷最惨。我还有一老姑，老姑就是在柳各庄这个地儿生的。我老姑和我爸爸是最惨，能活过来。家里边什么都没了。当时说没讨过饭，没讨过饭吃就是。那会儿也是很要面子的，穷也是穷的。你要按我的记忆里边，像我这代，像我小时候，是各种野菜我没有没吃过的，树叶子我没有没吃过的。

邱：嘿，您爷爷不吸大烟那多好啊！太爷已经那么大的家产了。

杨大爷：那你要说，那会儿你要是按我太爷，如果我爷爷这辈子他们老哥儿仨再继续他这事业再壮大以后，那就四七年"土改"我们就成为地主了。

5. "我爸爸四七年入党，五六年开除党籍"

邱：（大家笑）那倒也是，那倒也是。那您家呢？您父亲呢？

杨大爷：我父亲受的苦太多了，相当苦。他是从小跟姥爷长大的，杨镇，杨各庄。

杨：姥姥家是吧？

杨大爷：姥姥家。因为我爷爷的丈人家是杨镇，虞姓。他们不是这个于，他们是虎头虞。

邱：噢，那个虞。

杨大爷：他们是那个虞。这是我爸爸姥姥家。我爸爸六岁就上姥姥家了，结果是他舅舅给他结的婚，就是我妈。然后，你也结婚了，他也大了，就回来。回来就在李遂，由这儿上牛栏山，酒厂待了十三年。在那个牛栏山魁盛号，十三年，他是把式。

邱：噢，把式，车把式。

杨大爷：车把式，牛栏山有一个魁盛号酒厂。

邱：魁盛号，跟现在二锅头是一个吗？

杨大爷：这二锅头的前身。

杨：这个他们东家姓什么啊？

杨大爷：不知道。我不去问。因为我父亲不苟言笑。他跟我几乎没什么交流，只能我了解他，他了解我。我们俩没有什么交流。"土改"时候解放，我父亲才回柳各庄，他那个买卖也倒闭了。

杨：等于之后从牛栏山又回到柳各庄？

杨大爷：回到柳各庄，那会儿就买卖倒闭了，共产党就起来了。

杨：那个应该算是一烧锅是吧？

杨大爷：烧锅，对！叫烧锅。他回柳各庄的时候，应该是我爷爷就已经回柳各庄了。房无一间，地无一垄，是串房檐儿住，全都没有了。

杨：串房檐儿住？

杨大爷：串房檐儿住，就是谁家有碾棚、磨棚有些小屋子。

邱：那够惨的，那时候。

杨大爷：太惨了！我跟你说我能活过来就很不错了。您想，很不错了。"土改"之后，那个分了点儿地，分了二十几亩地，我爸经营着。我爸在村里面也是管治安的，叫治安员，现在叫治保主任。我爸爸就四七年入了党，五六年开除党籍。

邱：为什么呀？

杨大爷：他亲属，这里边有的表兄弟都是地主阶级啊。阶级路线不清。五六年整党时候就给开除了。

邱：噢，那当时对您家的冲击肯定也是挺大的。

杨大爷：也无所谓。

邱：那个年代也都这样。

杨大爷：反正全都是，您看我们合作化的时候，我们五四年组织的初级社。我们第一个就是，我爸爸那会儿就组织那个农业合作社叫初级社，那会儿就干社长，他是领头的。我爸爸，我对我父亲挺怀念的。他很能干，不识字，记性好。

杨：您这记性也真够好的。

杨大爷：他一天好没得过。刚才我不跟您说，宣统年间生人，八三年去世，没赶过好。您看没有，从这个军阀混战，到抗日战争、解放战争，到几大运动，好容易刚过上好日子，死了，75岁。为什么这造化都让我一人享了，我现在挺好，我过得很幸福。

邱：前人栽树后人乘凉。

杨大爷：前人栽树后人乘凉。还有这么个事儿，"土改"的时候啊，胜利场，就在于家祖宗堂前面。什么叫胜利场啊，就是把这些地主、富农家的，这些个浮财，什么箱子柜儿啊，什么这些个瓷器啊，摆设啊，然后搁那一个大空场来的。那里边发生了很多故事。

邱：能说说吗？

杨大爷：你要愿意听我就给你说。

邱：我们愿意听。

杨大爷：这个，这个胜利场，圈着有人看着，这是些东西待分的。呃，谁先分？贫下中农。懂不懂贫下中农？

邱：嗯，这明白。

杨大爷：最穷的，社会上最下层的。哎，穷人翻身了么。就是我们家这类的，那肯定是第一，房子先挑，那些个桌椅板凳烂七八糟你先挑。哎，你爱哪个你就拿哪个。房子，你愿意上哪儿住去你就上哪儿住去。就我爸爸，说我们家为什么选这么大一宅子呢？我爸爸那会儿是党员，治安员，当村干部。

邱：再加上您家当时又贫下中农，成分很好。

杨大爷：而且又有优先权，红色的。

杨：哎对，红色贫下中农。

杨大爷：这样的就选了一处宅子。哎，地也分好的，那个家具就无所谓了，我爸爸不注意这些个东西。弄个箱子，弄个柜儿，其他的就不要了，钟表烂七八糟就不要了。那胜利场啊，有人看着。看胜利场那会儿，后来刚才说的伪大乡长（老庄头的大儿子）就他们那儿，就还乡团的，我们这边俗称叫伙会。哎，他们来把这看胜利场的两个人，抓走了，死在那个顺义天齐庙。

邱：什么？

杨大爷：顺义天齐庙。死在那哈儿，人头悬挂牢关三天。最后，挑死。让他们给，他们是李遂赵连成这支子，叫什么反共救国军青年先锋队，死在他们手里。他们不是给共产党守这摊儿么。

邱：噢，就因为守这摊儿。

杨大爷：你比如像那会儿的，像我要说这个我都能说清楚。像我爸爸他们，一有这事，他们就得跑，村干部共产党员，他逮着那不是枪毙的问题了。那逮着弄不好连我也得让人家弄死了。他必须得把自己隐瞒下来。你像我爸爸不到晚上，党员开会，哪儿党员开会，谁知道你是党员哪。你看他们会议都在棒子地儿开，青纱帐里，上坟地里面开去。你有个风吹草动，他们带头就得跑人隐蔽起来。你有时候，反正像我爸爸一跑出去七八天呢，家不来。很危险的，他是半明半暗。他主要是得给共产党办事。

邱：那国民党当时能过来吗？不是这边是红区，那边是那个国民党还能到这边来？

杨大爷：能过来啊，有武装啊。咱这边八路军就是八路军，解放军。那会儿还，这边力量很小的。因为他们主要在冀中。共产党这实力在平谷这一带，平谷、蓟县这一带。

邱：还要靠东北一些。

杨大爷：咱们这边还属于边缘区。

邱：那就属于拉锯地带？

杨大爷：对！敌我拉锯的。有时候他来，他们这八路军来也是。咱们就说，管他叫穷征暴敛吧，反正做军鞋，征兵，你也得去。他（国民党）那边来了，没有摊派，只能是抢，武装暴力来抢，有驴拉驴，有马拉马，有被窝抱被窝，对不对？我们村的一个干部家属有五个作人质的。支部书记，民兵队长的，我们家没有，我妈没被抢过作人质。

邱：谁抢啊？就国民党抢？

杨大爷：啊，国民党抢走，一走四十多天。作人质。你好给他点儿粮食。因为他靠抢。没办法，我逮不着你。比如说你是支部书记，你是支部书记家属。我逮不着你，逮你家属啊。

邱：每次都这样？

杨大爷：不，就这一次五个。这样呢，你把你这个村里边的主要负责人，让你后边很大忧虑。你就当支部书记，你媳妇儿让人抢去，你说你怎么过，四十天呢。

邱：这是哪年的事情啊？

杨大爷：四八年。支部书记的太太，民兵中队长的太太，还有管粮秣的，民兵骨干（家属）。

邱：您父亲是什么？

杨大爷：治安员。

邱：对对，您刚才说了。那您家还真是够幸运的。

杨大爷：对，这段很残酷的。因为什么我爸爸又开除党籍呢？其中也有这个，怎么办，怎么办？这就要维持了。要给共产党干事，得干点儿国民党的事了。怎么样得把这五个人赎出来？那就一部分得要给他送点儿粮食，送点儿粮食来使他们这帮地方武装维持。这样在开除我爸爸党籍的时候，那就成个罪名了。包括，那会和他们一起的，还有我叔叔、我们支部书记。当然那会，基本上是我们杨家掌握政权，全给开除了。"文革"的时候，我们杨家人也被斗过，弯过腰低过头就是。那会这说点儿良心话，我就是干这个生产队长，你像我还能够斗他们。您斗您就斗吧，您去挨斗去，回来该干嘛干嘛，该给多少分给多少分呗。

四、河北省霸州市陈厨营邓家

本部分开始之前，首先需要说明，今天的霸州是河北省的一个县级市，并不隶属于北京市。然而，就清代的行政建制来说，霸州，同顺义、通州等如今的北京郊区一样，均属于顺天府辖区。

顺天府，明清两代对北京地区的称呼，其辖区在清初多有变化，直至乾隆八年（1743）才固定下来，共领五州十九县，即通州、蓟州、涿州、霸州、昌平五州，大兴、宛平、良乡、房山、东安、固安、永清、保定、大城、文安、武清、清河、宝坻、宁河、三河、平谷、顺义、密云、怀柔十九县，又混称为顺天府二十四州县，清代内务府庄园人群大量分布在此二十四州县中。按照今天的行政区划，这二十四州县已分别隶属北京市和河北省。但是在清代，二十四州县境内的内务府庄头，却都在顺天府的地界之内，相互间并无区别。

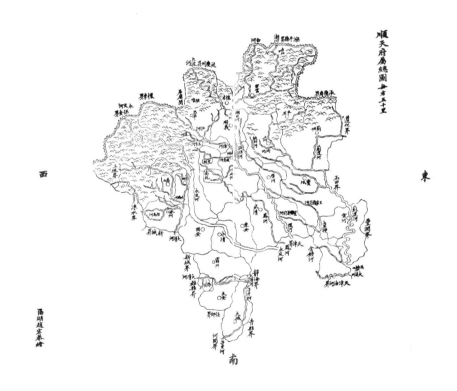

图 5-14　《光绪顺天府志》顺天府属总图①

———————

① ［清］周家楣、缪荃孙编纂：《光绪顺天府志》第三册，北京古籍出版社，1987 年版。

有清一代，霸州陈厨营邓家与顺义等京郊庄头，生活在同一管理制度和行政体系之下，相互间存在着诸多同质性，有着千丝万缕的联系。霸州的故事，能让读者更为真切地感受到清代庄头人群复杂的多层次、多面性。因此，经过反复考虑，我决定在全书将要结束的时候，再给读者们讲述一个关于霸州庄头的故事。

第一次访谈：

    访谈时间：2011 年 6 月 15 日

    访谈地点：河北省霸州市后营村村委会

    被访者：后营村村长、邓大爷甲

    访谈者：邱源媛、张建（南开大学）

第二次访谈：

    访谈时间：2011 年 7 月 8 日

    访谈地点：河北省霸州市后营村村委会

    被访者：邓大爷乙

    访谈者：黄一农（台湾清华大学），邱源媛、杨原（中国人民大学），关笑晶（中国社会科学院），黄书梅（美国 Brown 大学），蔡名哲（台湾中正大学），卢绪友（中央民族大学）

1. 访谈缘由简介

河北省霸州市，位于冀中平原东部，位于京、津、保三角地带中心，是河北省的一个县级市，由廊坊市代管。京九等数条重要铁路、高速公路、国道贯境而过，在市区形成双黄金十字交叉，交通十分便捷。霸州是河北省内经济发展较快的地区，改革开放初期，霸州开始发展壮大的乡镇企业。1985 年，霸州市总收入达 5 亿元，居全省第一位。至今，霸州的经济水平在河北省仍名列前茅。

对霸州的采访，起因于 2011 年举办"满学与清史研究"研习营。主持这次研习营的是中国社科院历史所定宜庄研究员、中国社科院院近代史所刘小萌研究员及台湾清华大学历史所黄一农教授，由中华文化发展促进会、蒋经国国际学术交流基金会联合主办，我们研究室（中国社会科学院历史所社会史研究室）协办，为期十天（7月3日至12日），有二十多名大陆和台湾的年青学者参加。

我们研究室虽然是协办，但很多具体事情是由我们来计划并完成的。研习营学习分两大部分：课堂授课、田野调查。田野调查的对象，我们选择了河北省清代庄头人群后裔。通过对数百份户口册的逐一查看，翻阅相关文献史料，最初确定了四个田野点：河北省霸州市陈厨营、河北省永清县千人目、庞各庄、塔儿营。

2011年6月15日，我与当时尚在南开大学攻读博士学位的张建相约至霸州、永清实地考察，严格来说，这是为7月初研习营的田野活动踩点，还不是真正的调查。感谢张建及其家人的细心安排，让我们避免了类似顺义采访时所遭遇的尴尬，在霸州当地政府官员带领下，顺利来到陈厨营。

陈厨营，现在已改名后营，为方便行文，下文统一称"陈厨营"。该村位于霸州市东北部，相对于北京顺义区的各个村庄来说，陈厨营的交通并不算便利。目前，村里有770余户，3000余人。

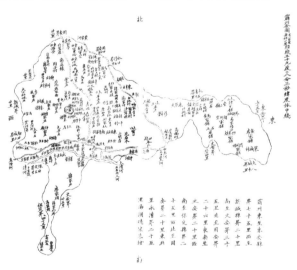

图 5-15　《光绪顺天府志》霸州全图①

①　［清］周家楣、缪荃孙编纂：《光绪顺天府志》第三册，北京古籍出版社，1987年版。

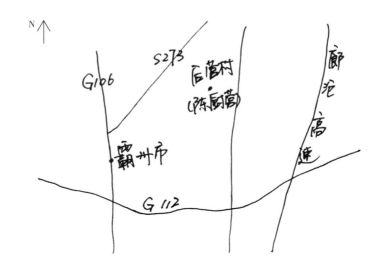

图 5 – 16　河北省霸州市后营村地理位置

图 5 – 17　河北省霸州市后营村

之所以选择陈厨营，主要基于以下几点：

第一，陈厨营在明代是屯垦点，很多居民都是军户的后人。据嘉靖《霸州志》载，霸州共有军户 847 户，占地 324 顷 80 亩 8 分 2 厘。散居城北的京卫军，系永清京卫屯军。今日所称的某某营，就是昔日京卫军屯垦点，陈厨营也是其中之一。[1] 此后，虽然京卫军撤消，但仍有不少军户留居于屯垦点。所寻找的这批八旗庄头，与军户后人是什么关系呢？这引起了我很大的兴趣。

第二，该村户口册数量较多，当时我们手上共有6份户口册[2]涉及4个不同姓氏，也就是4个不同家族：

（1）绳地投充庄头纪成章

（2）绳地投充庄头钱永耀

（3）绳地投充庄头王锡

（4）正黄旗庄头邓毓文

（5）庄头邓奎福

（6）正黄旗庄头邓恩荣

第三，纪、钱、王三家3份户口册的编撰时间为乾隆四十七年（1782），这是目前所查到的编撰时间较早的户口册。邓姓户口册标注时间不明确。

第四，纪、钱、王三家3份户口册均标注"贝勒府银两庄头投充等户口册"，也就是说，纪、钱、王三家均属于王庄庄头，而邓姓家族则属于皇庄庄头。同一个村子里两类庄头同时存在的情况并不多，这有利于进行对比研究。

---

① ［明］嘉靖《霸州志》卷一"舆地志"、卷五"食货志"。

② 我搜检了中国第一历史档案馆所存户口册，陈厨营纪、钱、王三家留有3份户口册，编撰时间是乾隆四十七年（1782），均为"贝勒府银两庄头投充等户口册"，"贝勒"二字，说明纪、钱、王三家属于王庄庄头。本文的主角邓家则进入内务府成为皇庄庄头，共保留44份清末户口册，时间从同治元年（1862）至宣统二年（1910）（详见下文）。需要说明的是，自2008年始，中国第一历史档案馆开始全面实行档案查阅电子化政策，电子化的过程中，读者无法查阅部分档案，而我所需要的户口册正在其中。2008年之前，我在档案馆找到了陈厨营其他庄头的户口册，但未见到邓氏户籍。因此，2011年对陈厨营展开调查时，所采用的3份邓氏家族户口册，均由当时就读南开大学博士生的张建先生提供，特此感谢！经过多年整理，中国第一历史档案馆终于在2013年，将这批档案制作成胶片，公开供应读者查阅。我这才得以完整查阅，共检出邓氏户口册44份。

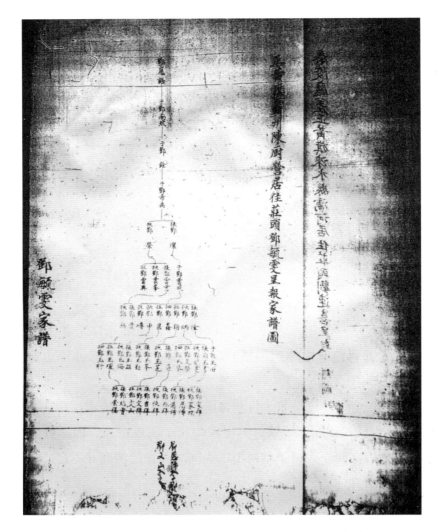

图 5-18　正黄旗霸州陈厨营居住庄头邓毓文呈报家谱图

2. "我们姓邓的……是燕王扫北带过来了"

据村长介绍，全村 3000 多口人，都是汉族，没有满族。邓姓是本村的大户，老纪家人少，只有大概七八户，其他王姓、钱姓人也不少。

村长的简单介绍中，有一点让人特别感兴趣，也成为我此后关注的重点：

村长：姓邓的是南京卫。

邱：姓邓的是南京来的？

村长：南京过来的。

邱：什么时候从南京来的呀？

村长：听老人说燕王扫北的时候。在北京，跟朱元璋。

村民：应该是到了山西，然后从山西过来的。

村长：跟燕王过来了，从南京过来的。

"燕王扫北""从山西过来的"，让人立即联想到广泛流传于北方地区的"山西洪洞大槐树"传说。各地所传故事，在具体情节上虽有一定出入，但大要相同，说的是明初由于灾荒和战乱，黄河流域居民人数大为降低，政府便从人口稠密的山西往这儿迁民，洪洞县大槐树处就是明政府办理迁民手续的地方。附近各县的百姓，都聚集在大槐树下，往别处迁发。这便是故事的主线，随之又附带了诸如"脚趾甲复形""背手""解手""打蜗牛分家"以及"胡大海复仇""燕王扫北""三洗怀庆府"等一系列传说。本文所及"燕王扫北"，是以朱棣镇守北平期间北征蒙古残元势力为基础产生的民间故事。"扫北"也常写作"扫碑"，则是以"靖难之役"为背景的，故事中把"碑"解释为南京明朝的祖宗碑，但何为"扫碑"却语焉不详，只能解释为朱棣取得了明朝的继承权。①

多年来，这些传说一直为学界所关注，学者们通过梳理民间故事的记载文本、流传地域、传播中的诸多演变等，探讨了人们如何记忆历史，在时间的长河中，人们如何选择记忆、如何创造记忆。这些讨论将学界对传说本身的单纯关注，推进到对历史记忆如何形成等问题的思

---

① 参见赵世瑜：《祖先记忆、家园象征与族群历史——山西洪洞大槐树传说解析》，载《历史研究》，2006年第1期。

考，给人颇多启发。①

听到村长关于邓家"燕王扫北""从山西过来的"的描述，同时，又因掌握旗人户口册，对老邓家在清代曾经入旗的肯定，让我觉察到前人关于大槐树等传说研究中很可能缺失了不该忽略的一环。当前，大槐树群体记忆研究非常火热，可似乎很少有学者关注过，这批研究对象中的不少家族在清代曾经进入八旗成为旗人的历史。大槐树传说广为流行在北京、河北、山东、山西、江苏、陕西、河南、安徽、东北等地，其中北京、东北以及河北的大部分地区，在清代主要由旗人居住，而其他某些省份、地区也不同程度地居住着部分旗人。旗人与汉人不同的人群，对传说的流布、人们历史记忆的形成会不会产生一定影响呢？

霸州邓氏家族的族源记忆来自"燕王扫北"、"从山西过来的"等汉族话语体系，与此同时，在清代该家族又曾加入八旗、成为旗人，这个家族的历史、后人的记忆或可为我们思考以上问题提供一些线索。在接下来与老人聊天中，我有意识地跟老人谈起了这些往事。②

邱：大爷，怎么称呼您？

邓大爷甲：×××。

邱：您是哪年生人啊？

大娘：八十几了。

邓大爷甲：哎哟，我证上有，我现在忘了，反正是一九二几年呐。

邱：一九二几哈？您这身体真好，挺硬朗。

邓大爷甲：还行，还行。

邱：邓大爷，您现在报的是满族还是汉族？

---

① 参见赵世瑜：《祖先记忆、家园象征与族群历史——山西洪洞大槐树传说解析》，载《历史研究》，2006 年第 1 期。

② 访谈时间：2011 年 6 月 15 日；访谈地点：河北省霸州市后营村村委会；被访者：后营村村长、邓大爷甲；访谈者：邱源媛、张建（南开大学）。

邓大爷甲：汉族。

邱：您知道您祖上是干什么的吗？

邓大爷甲：啊？

邱：祖上是干什么的？

邓大爷甲：再上辈？

邱：对啊。

邓大爷甲：不知道，我们过去有个家谱啊，都知道在那边赁来的，我有个爷在铁路上工作。后来上南京也不是干什么去，结果我们这儿后营姓邓的这儿老串一句话，"南京有个大柳树，北京有个沈万三"，也不知怎么回事，说我们姓邓的在那个大柳树底下搬来的，是燕王扫北带过来了。

邱：这个三爷是什么时候去的南京？

邓大爷甲：我那三爷？

邱：是什么时候去的南京呢？

邓大爷甲：那时候还民国呢。铁路，他在铁路上，铁路上有事儿，那阵儿他去了。我三爷啊往那儿去，一打听啊，有这么个地方，也有大柳树这个地方，也有这个屯儿，他就上那儿联系去了。到那儿一说，全对，说给印一个家谱吧，挂着了，还有一本书，那个说明，说得挺详细的。就说我们那儿姓邓的来了俩人，是一个叔、一个侄儿。

邱：一个叔、一个侄儿？

邓大爷甲：一个叔、一个侄儿。赶到了那儿一核对呢，是有，家谱好几百户全姓邓。

邱：哦。

邓大爷甲：一查有这么俩人，是叔侄，什么什么年头跟着上北走了。这么着。我三爷说："你给我在这儿立个家谱吧，我们那儿这么些个年，也好几辈了，也不知道，就知道反正是在这儿，一个叔、一个侄儿走的。"

邱：您家这家谱在呢？

邓大爷甲：在啊，在我儿子那里。一本书上写着全着呢，比如第一个老祖吧，叫邓禹，"大禹"的"禹"。反正也不是在什么朝的，我们也不记得，反正是个宰相。下边他那二门叫邓虎、邓彪。

邱：邓虎、邓彪？

邓大爷甲：那上头写着呢，我们过年还挂过。

邱：您记得吗？您能记得下来吗，一代一代的能记得下来吗？

邓大爷甲：记不下来。反正那上头写着打老祖那儿往下排，排到打南京大柳树过来，排到来到后营的这俩人。说是有来人，打这儿走了。

邱：那这个叔、这个侄儿叫什么名字？

邓大爷甲：不知道，头些年拿那不当回事。

邱：也就不知道了？

邓大爷甲：上边那些事儿不知道，反正有本书写得挺详细的，哪一辈做什么官，那上头全写着了。

邱：都有。大爷，您不是说是燕王扫北的时候，一个叔、一个侄儿跟着扫北到了北京是吧？

邓大爷甲：到了这儿。

邱：是到了这儿，还是到北京？

邓大爷甲：北京啊，从前的燕京。朱元璋，那谁，朱棣，朱棣那不是朱元璋第四个儿子。

邱：到了北京的话，什么时候从北京到咱们这儿的呢，到咱们后营的？

邓大爷甲：这说不好，家谱上有，家谱上写得可详细了。

邱：那您知道吗？

邓大爷甲：那我可不知道。那时候就拿家谱看看，也没拿心思记这个。

邱：大爷，您家里有行辈字吗？

邓大爷甲：啊？

邱：就是咱们这个名字里边每一辈都有一个行辈字，您们家有行辈字吗？

邓大爷甲：不知道。

邱：比如说叫做邓国什么什么，他可能这一辈全叫这个"国"字。

邓大爷甲：那不知道。那上头都清楚，那家谱上是哥儿五呢。过来我们是七辈了，全都。

邱：七辈。

邓大爷甲：南京啊……过来的那俩人，在这儿有……到我们这一辈儿都七辈了，你想想，七辈了都。

大娘：七辈还多。

邓大爷甲：燕王扫北带过来的。

邱：恩，都七辈了。对了，大爷，刚才村长说你们家当时在清代特别地牛，都是要把粮食交到京城去的，是吗？

邓大爷甲：那说不好。

大娘：交粮食，交北京去。

村长：过去后营不上北京交租子嘛，是你（这支）还是……反正邓绍仁那支是。

邓大爷甲：上北京交租去？

村长：交租子。

邓大爷甲：哦，那个是邓绍仁的。

村长：是他吧？

邓大爷甲：是他。那时候啊，他是那么着，清朝来了呢，他由下边啊，可能说是皇上的近亲吧。

邱：哦。

邓大爷甲：跑马占圈吧，就是。是不是？他在那儿管过租子，收上租子了，给北京送了去，是这么回事。

邱：您说邓家是皇上的近亲？

邓大爷甲：反正是皇上的近亲，是什么姑太太也不是什么。我爷说过。

邱：哦，您爷爷跟您说过？

邓大爷甲：他交给……往上边交地租去。

邱：跑到北京去交地租。

邓大爷甲：现在就说跑马占圈，这一圈，他们这么占的地方。

邱：那您说的意思是跑马占圈……

邓大爷甲：后来都管着，说是姓邓的呢，说是旗人，又不是旗人，也不怎么着，反正有那么个说法。

邱：哦。

邓大爷甲：叫"带地投旗"也不是什么，依靠着那个呗，是不是？真正的旗人不是。

邱：不是真正的旗人？

邓大爷甲：不是真正的旗人。投旗也不怎么着儿，反正都是这个。

邱：那这样说来，那你们老邓家在清代是旗人吗？

邓大爷甲：不是。

邱：不是？

邓大爷甲：姓邓的听说不是旗人。

邱：不是旗人？

邓大爷甲：嗯。

邱：咱们这块儿有旗人吗？咱们陈厨营有旗人吗？

邓大爷甲：有。

邱：哪个旗人啊？

邓大爷甲：沙城有个小村，叫营子（音），那儿有个旗人。

邱：邓大爷，我再问您一个事儿，您听说过"庄头"这个词吗？

邓大爷甲：什么？

邱："庄头"，您听说过这个词吗？

邓大爷甲：庄头？听说过。

邱：怎么回事啊？什么叫"庄头"？庄头是干吗的呀？

邓大爷甲：庄头不就是邓绍仁的爷嘛。

村长：对对。

邓大爷甲：办事儿的那个就叫庄头，那个角色就叫庄头。

邱：哦，他爷爷是庄头？

邓大爷甲：反正就是那么传说着，反正知道庄头这个名。

邱：现在邓绍仁大爷，还在吗？

大娘：死了。

邓大爷甲：老人没有，年轻人不知道。

这是我和张建第一次去陈厨营时，在村委会采访一位邓大爷时的情况。大爷对家族来源最直接、最清晰的记忆是"燕王扫北带过来的"，也知道燕王扫北跟朱棣有关，原来的老家在南京大柳树底下。家族长辈在民国时，曾回到南京寻访族源，并获得一本家谱。应该说，这些记忆是大爷本能的一种反映，在讲述中，大爷流露出的情绪很自然。

但大爷的记忆到了清代，则显得模糊而矛盾。我提问的切入点是村长提到清代邓家在当地势力不小，还需要到北京去交粮。邓大爷一开始对此并没有肯定，还有些疑惑，当村长提到邓绍仁后，大爷竟一连说了好些细节。大爷说，邓绍仁家好像是皇帝的近亲，地是跑马占圈得来的，管收租子，并将租子交到北京城去。提到"庄头"一词时，大爷也明确地知道邓绍仁的爷爷曾是庄头。

这些细节描述非常有趣，耕种土地与清初八旗跑马占圈紧密相关、负责租银的征收和缴纳，都是典型的旗人庄头的特征。至于说他们与皇帝是近亲，则很可能因其皇粮庄头的身份，在当地势力比较大，所以给村民们留下的一种印象，附会之说。

让人有些惊讶的是，大爷明确地提到了"带地投旗"，毫无疑问，指的就是投充旗人，而且还是"带地投充"。①

邓大爷能够随口说出"带地投旗"，确实让我很意外。这并不是一个人人都熟悉的词汇，臆造身份的可能性较小。也就是说，这个家族不仅仅被清代户口册明确记载为旗人，在现实生活中，他们所受到的管理模式以及自身的生活方式也都是旗人化而非汉人化的。

然而，奇怪的是，大爷既知道祖先是"带地投旗"的，却说老邓家不是旗人。大爷的话有些含糊：

邓大爷甲：说是旗人，又不是旗人，也不怎么着，反正有那么个说法。

邓大爷甲：叫"带地投旗"也不是什么，依靠着那个呗，是不是？真正的旗人不是。

虽然，我一再追问，大爷仍说"不是旗人"。

整个访谈中，大爷流露出的情绪，没有丝毫要有意掩盖，或者有所忌讳的地方。他对明代祖先来自南京、"燕王扫北"的记忆最为清晰，对清代入旗历史的印象却远没有这么强烈。他没有回避邓家清代庄头的身份以及庄头的某些生活细节，但却并没有意识到"庄头"就是"旗

找寻京郊旗人社会

---

① 所谓"带地投充""绳地投充"是清代关于投充的较为专业而有些生僻的词汇，雍正《大清会典》卷228《内务府》有记载："凡设立钱粮庄地丁，与征粮庄同，俱于次年起征折色钱粮。庄头每名给地十八顷，每亩征银一钱一分一厘，每年征收银各二百两。半分庄头地九顷，每年征收银一百两。其带地投充人等，每地一亩，征银三分，草一束。不带地投充人等，每名各给绳地十二亩，亦照例征银三分，草一束。""凡分给定例：亲王分给钱粮庄头二名。郡王、贝子、贝勒、公，各一名。带地投充人，亲王分给五十户，郡王、贝子、贝勒各三十户。绳地投充人，亲王分给五十户，郡王三十户。"这两条史料描述了清初建立庄园时，分给不同等级的庄头不同数量的土地，以及庄头需要征纳的钱粮。第一条，说的是皇粮庄头，其中有"庄头""半分庄头""带地投充人""不带地投充人"等几种。第二条，说的是王庄，分"带地投充人""绳地投充人"两种。实际上，这里的庄头等级划分并不全面，比如皇粮庄头，严格来分有头等、二等、三等、四等、半分庄头（详见本书第二章）。王庄划分又不一样，更为复杂（参见邢新欣：《清代的王庄》中国社会科学院历史研究所博士论文，2009年，未刊稿）。但这并不影响该史料所显示出的"带地投充"与"绳地投充"的差别，而此差别正是此处需要的关键内容。带地投充与绳地投充，实际上是相对应的。"带地投充"，顾名思义，是指自己原来拥有一定土地，带有这些土地投入八旗组织的那部分投充旗人。"绳地投充"，则指没有带地，需要清廷分给土地的那部分投充旗人，就像史料中提到的"不带地投充人等，每名各给绳地十二亩"。

人"，更没觉得他们清代祖先的身份（"旗人"身份）与明代祖先的身份（"汉人"身份）有何不同。这样的表述是顺义地区的庄头后人所没有的，让我明确感受到投充庄头在八旗组织中身份低下、介于旗人与民人之间的边缘身份。

这是第一次踩点的收获，我个人相当期待第二次考察。

第一次去，家谱在老人儿子手里，儿子不在家，我们没能看到这份从南京抄回来的家谱。与村委会协商后，我们将研习营田野调查时间定在7月8日，同时也在我们的恳请之下，村里干部答应届时准备好邓氏家谱。

3. 第二次访谈

7月8日，研习营全体学员及定宜庄、刘小萌、黄一农等教授来到陈厨营。按计划，我将学员们分成10组入户调查，老师们也分随不同小组到不同老人家中采访。本组成员有中国社会科学院近代史所博士关笑晶、美国Brown大学艺术史系博士黄书梅和我本人，随行老师是台湾清华大学历史所黄一农教授。一行人来到大爷家中，可没想到安排本组寻访的大爷不在家，家人说他下地干活了。没辙，我们只能回到村委会参加杨原一组的采访。杨原一组成员有：中国人民大学历史系博士杨原、台湾中正大学历史系博士蔡名哲、中央民族大学历史系硕士卢绪友。

因为采访人过多，每人都有不少问题，大爷被我们围在中间，显得有些应接不暇。在此，主要选用了杨原和我的提问。[①]

杨：您知道您祖上是从哪儿到这儿来的吗？

邓大爷乙：我祖上叫什么？

杨：不是，到这个地方来的，祖先。

---

① 访谈时间：2011年7月8日；访谈地点：河北省霸州市后营村村委会；被访者：邓大爷乙；访谈者：黄一农（台湾"清华大学"）、邱源媛、杨原（中国人民大学）、关笑晶（中国社会科学院）、黄书梅（美国Brown大学）、蔡名哲（台湾中正大学）、卢绪友（中央民族大学）。

邓大爷乙：我听说燕王扫北。

杨：燕王扫北？

邓大爷乙：嗯。

杨：哦，那可早了。

邓大爷乙：早了，年头不少了。

邱：我听咱们村长说邓绍仁大爷，您认识吗？

邓大爷乙：邓绍仁，知道。

邱：说他爷爷是庄头，您知道吗？

邓大爷乙：我跟他上过学。

杨：上过学？

邱：您跟谁上过学？是跟邓绍仁上过学？

邓大爷乙：邓绍仁他爷。

邱：哦，跟邓绍仁的爷爷？上过学是什么？您跟他学过？他是干什么，教书？

邓大爷乙：他教书。

杨：邓绍仁的爷爷是教书的？

邓大爷乙：啊，教书。

邱：您跟他学什么呀？多大的时候您跟他学的？

邓大爷乙：那些年，还不闹呢。我跟他上了有仨月，那时候都是念私塾。

邱：哦，念私塾。

邓大爷乙：一开始就是《百家姓》《三字经》《大学》《中庸》《上论语》《下论语》《孟子》，那时还时兴念私塾呢。

邱：那时候是哪年啊？四几年？五几年？您是多大的时候跟他……

邓大爷乙：上学是吧？

邱：对。

邓大爷乙：闹大乡①那年是多会儿？我约莫17。第二年18，一闹大乡我就上我姐那儿住着去了。

邱：就不在这个村子里了？

邓大爷乙：不在村。

村长：闹大乡的时候是日伪时期。

邱：闹大乡？

村长：还乡团②，汪伪政府那阵儿，那是日伪时期。③

邱：那时候你们怎么念私塾啊？是到邓绍仁他爷爷家里面去念吗？

邓大爷乙：他借人家的房，不是他的了，他那阵儿没有房。

邱：他自己没有房吗？他可是庄头啊，他的房挺多的，他干吗不拿他自己的？

邓大爷乙：他扎烟针儿④。

邱：他扎烟针儿？哎哟！

邓大爷乙：我六伯，我心说，那时候在保定有好些个房，一千间。

邱：有一千间房？哇，一千间！就是这个邓绍仁的爷爷？

邓大爷乙：对。

邱：您管他叫"六伯"？

邓大爷乙：六伯。

邱：哎哟，那您这六伯真厉害，一千间房呢！

邓大爷乙：全造了，落得他家跟人家一租房，他儿都跟人家租房。

---

① 闹大乡，即1941年3月至1942年冬，日伪在华北推行"治安强化运动"时的政策之一。"治安强化运动"前后近两年时间，涉及军事、政治、经济、思想等各个方面，规模不断扩大。在手段上，烧杀、虏掠、欺骗、利诱，强迫"集家并村"，广修封锁沟与碉堡，分割抗日根据地，实行野蛮的杀光、烧光、抢光的"三光"政策，制造"无人区"等，无所不用其极，制造了众多惨案，危害极大。

② 还乡团，国共内战时期（第三次国内革命战争时期，1946—1950年），国民党政府支持的以地主豪绅为基础的武装组织。因共产党领导打土豪、分田地运动，把许多地主赶出家乡。这些地主想打回家，就组成了武装组织，在国民党支持下，随国民党军队进攻解放区。

③ 还乡团出现在日本投降之后，并不在汪伪时期。闹大乡与还乡团不是一回事儿，村长此处说法有误。

④ 扎烟针儿，就是"扎大烟"，一般来说是指注射鸦片。

他叫邓崇礼，反正他们家有点儿乱。

邱：邓崇礼就是邓绍仁的爷爷是吧？

邓大爷乙：对。

邱：他是最后一个庄头吗？他后面还有吗？邓绍仁的父亲是庄头吗？

邓大爷乙：邓绍仁的父亲也教一辈子的学。

邱：哦，也是教一辈子书。

邓大爷乙：他也教书的。要说汉文，属他深，古文他都教得上来，古文最深了。有时候开讲，这个字怎么回事，全能说上来。"学而时习之"，他一说出来了。跟我说的，什么原理他都说得上来。哪本书，拿过来他就开讲，就知道怎么回事。

邱：没有了。邓崇礼的这个儿子叫什么名字呀？

邓大爷乙：邓清泉。

邱：邓清泉？

邓大爷乙：跟他上学，他教了这么些个年。

邱：然后邓清泉下来就是邓绍仁了是吧？

邓大爷乙：邓绍仁了。

邱：邓清泉的时候就不是庄头了，是吧？

邓大爷乙：他就不行了，他就穷了。

邱：穷了？邓崇礼要钱给要没了？

邓大爷乙：对了。

邱：哎哟，那一千间房子都没了？

邓大爷乙：可不，都受苦了，后来他也受苦了。

邱：大爷，您跟我们说说，这庄头是怎么回事？

邓大爷乙：这些个地，那时候我听说过还有跑马占圈。那时候，邓姓啊，有势力。这一跑马，骑着马这么一转，这就是我们的，就有这名号，要不他怎么这么些个地。

杨：有哪些？有多少地呢？

邓大爷乙：我听说我们这个庄头的地18份。

杨：18 份？

邓大爷乙：围的 18 沟，一沟 9 顷 6。

杨：一沟 9 顷 6？

邓大爷乙：哎。这么些个地。管事的那个，10 个给他管事的，都管事的，给他操持这事儿，给他算账。

杨：10 个管事的？

邓大爷乙：哎，年头说不上来。他这个庄头怎么来的，我也说不好，反正属他管，到时候他堵着家要钱，到时候得给他钱。

杨：给哪儿钱？

邓大爷乙：给他钱哪。

杨：给这个庄头钱？

邓大爷乙：他就吃租。租一个月、租一年，你给我多少钱，你不租了你就搬家，走你的。

杨：这钱都是归他还是？

邓大爷乙：对了，归他。

杨：您说您这个是旗人，您知道您是哪个旗的吗？

邓大爷乙：说详细说不好。

杨：也说不好？

邓大爷乙：说是满洲。

杨：满洲？

邓大爷乙：嗯。

杨：大爷，您说您是旗人，还有旗人的习俗吗？就是家里做的祭拜或者是仪式，有没有一些很特别的，跟汉人不一样的习俗？有没有旗人特别的，跟汉人不一样的做事的……

邓大爷：跟汉人不一样？没有。

　　这位邓大爷所说的庄头世系：邓崇礼——邓清泉——邓绍仁，在旗人户口册上得到印证。"□□□□□陈厨营居住庄头邓奎福呈报家谱

图 5 - 19　□□□□□陈厨营居住庄头邓奎福呈报家谱图

图"（宣统二年）中，"邓崇礼"之子正是"清"字辈，该户口册上虽然没有"邓绍仁"的名字，但"清"字辈的下一辈正是"绍"字辈，可能编撰户口册时，"邓清泉""邓绍仁"有其他原因尚未录入。① 详见图 5 - 20。

　　该图第 6 排第 3 列，写的是"六子邓崇礼"，与邓大爷口述中的六伯吻合。第 7 排第 6、7 列，是邓崇礼的两个儿子，写的是"长子邓清辉""次子邓清宴"，虽然无"邓清泉"之名，但都是"清"字辈。该家谱上"邓清辉""邓清宴"无子，但第 8 排明显是"绍"字辈，5 个

---

　　① 清代旗人的户口册分为两种："丁册"和"家谱"，一并称之为户口册。二者区别甚大，在此不及详述，请参加邱源媛：《清代畿辅地区内务府庄头户口册研究》，载《中国社会科学院历史研究所学刊（第九集）》，商务印书馆 2015 年版。

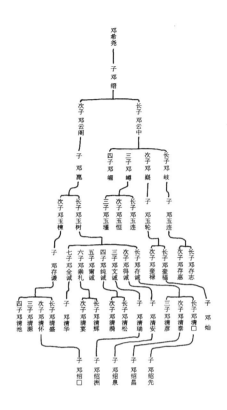

图 5 - 20　□□□□□陈厨营居住庄头邓奎福呈报家谱图（录文）

人的名字为"邓绍某"。由于年代较长，各类原因众多，在核对口述与户口册时，每个具体的人名未见得能一一对应，如果行辈字无误，关键人名能对应上一部分，一般就可以加以确认。也就是说，无论是户口册，还是老人口述细节，都印证了霸州陈厨营邓氏在清代曾经是旗人的史实。

上文提到，我与张建第一次去陈厨营时，邓氏家谱不在村里。此次再去，中国社会科学院王立群率领的小组在老人家看到并拍摄了完整的邓氏家谱，王立群小组将拍摄到的家谱提供给研习营的所有学员，在此特表感谢。

需要强调的是，这是邓氏家族自己撰修的家谱，与清代官方给旗人编订的户口册中的家谱，也就是上文列举的"□□□□□陈厨营居住庄头邓奎福呈报家谱图"并不是一回事儿。前者是私修家谱，其目的是敬宗收族，属于纯粹家族行为，官方并不介入。而后者则是官修家谱，其目的在于世袭官职，便于朝廷掌控，官方因素较重。私修家谱强调的是家族的渊源与延续，官修家谱则体现了国家对各群体人口控制的情况，与其编撰目的无关的情况便容易被忽略。[①]

让我们来看看这份家谱：

治汉堂邓氏宗谱

邓氏之居霸县也，近五百载。儿时闻父老言，吾族盖于明中叶燕王朱棣扫北时来自建康，故霸县始祖钦公与文举公、文学公、文财公者，盖犹父与犹子也，其后瓜瓞绵绵子孙繁溢，遂别为二支，曰东门，以钦公为始祖；曰西门，以文举公、文学公、文财公为高祖。每于春秋大祭阖族均至殡官祭祀，自钦祖以上则不可稽，族中亦无宗谱溯示源流，即或先时有谱可考，数经兵焚，概亦泯灭无存，徒使后人在父老口中仅知吾族来自建康，远祖何人无从按迹致伸敬仰憾何如之。民国十九年秋末时，在庚午十月初一日，余适执业于平绥铁路局，因公赴南京公私，傍午之际抽□遍访建康吾族。几经波折，始于五间厅八号遇宗翁培松氏。按谱而稽，果吾族远祖盖汉禹公也。时以公未能久羁溯源祖迹，蒙培松翁允代稽考。返平后，果得培松翁手书并简谱支系一份。远祖禹公居河南南阳府南阳县白水村传至卅六世仁高公方自河南移居建康，建康者，南京也。传至四十二世祖元善公有子四，曰兴二公、兴四宫、兴三公、兴六公。四十九世至钦祖，盖出自兴二公。五十世文举公者，乃兴四宫之嫡裔也。以此类证，吾族出自禹公乃无疑义，即父老相传，吾族自南京移来之说尤相吻合。因

① 邱源媛：《清代畿辅地区内务府庄头户口册研究》，载《中国社会科学院历史研究所学刊（第九集）》，商务印书馆 2015 年版。

烦培松翁为抄支系一份录成简谱衔接始祖钦公、高祖文举公概以下东西两门诸祖统为谱系，俾将来连宗时有所印证，吾族后人亦得仰承祖德，勿堕家风，固不仅籍兹谱系睦族亲宗已耳谨序。

六十一世孙

应序其字　　邓　季春熏沐敬书

图 5-21　河北省霸州市陈厨营邓氏家谱

这份家谱开篇便记载邓氏家族到达本地（霸州陈厨营）已五百余年，听老人说，祖上是明中叶朱棣扫北，也就是燕王扫北时，从建康，今天的南京过来的。但始祖何人、来自何地，却并不了解。民国年间，后人依据这些说法，到南京寻根，几经波折，终于得到一份手写的简谱支系，上面写着邓氏始祖禹公居住在河南的南阳府南阳县白水村，其后世系也与霸县先祖相互吻合。族人在南京寻找到的这份简谱，与陈厨营邓氏祖辈传下来的说法相互印证，由此证明霸州陈厨营邓氏果真是燕王扫北时从南京迁过来的。

详考整个家谱，其内容虽不似一些家谱计入家族大部分成员，但从汉代始祖禹公直到清代末年，每一代直系先祖都有记载，其功名、职官也有说明，整个家族的大体发展脉络是清晰的。然通观全篇，却始终未提清代霸州陈厨营邓氏加入八旗组织成为旗人一事。

由此可见，无论是在老人自然朴实的先祖回忆中，还是落实于文字的家族谱系中，老邓家"旗人"的踪影隐隐约约，并不明显。行文至此，我不禁要问，"带地投旗"一事对家族本身及其族人方方面面的生活影响，是不是并没有想象中那么的大？或者，清代灭亡之后近百年历史的沉浮，使得家族中关于"旗人"的那部分记忆，在后人有意无意的各种塑造中逐渐淡化减弱？

如何解答上面的这些问题，于我而言，相当困难。与清代众多皇亲贵胄、名人官宦、世家大族相比，霸州邓家太过底层、太过贫民化，档案、史籍对他们记载实在有限。更为不幸的是，与此相关的几个档案馆，有的完全不开放，有的因此部分档案尚未整理，暂时不开放。何时能查询这批档案，如何寻找邓家的遗踪，当时的我心里一点底都没有，也没有太多方向，不得已只能暂时搁下。

学问需要时间沉积，两年慢慢过去，在对各类史料的不断爬梳中，霸州邓家史料零零星星呈现在我面前。嘉庆中期，霸州曾发生了一起内务府庄头以交纳内务府钱粮为由，拒不承担当地差役的事件，州县系统下的顺天府与八旗系统下的内务府为此反复争论了数年，而此次事件的主角正是霸州陈厨营邓氏家族。①虽不似老人口述中说的"皇帝的近亲",但邓家的背后确实有地方官府撼动不了的内务府撑腰。无论顺天府如何向上呈报,在内务府的庇护之下,邓家始终也没有承担地方杂差。此次事件中,透露出来的庄头财富、在当地的势力以及旗人与地方官府的关系,可见一斑。②

这些史料反映出,清代的陈厨营邓氏家族确确实实是生活在八旗体系下的旗人,也确确实实从内务府(八旗组织)中得到了很多民人不可能有的庇护。家族的兴旺,必然与此直接相关。

回到前文关于家族记忆的主题,可以看到,即便清代入旗的历史对邓家产生了诸多影响,但时至今日,邓氏家族在记忆构建的过程中,很大程度上弱化甚至忽略了清代成为旗人的这一页历史。

为什么出现这样的情况?我无法给出确切的解释,这群人的祖先本就是汉人,清初虽然入旗,虽然同顺义地区的老圈庄头一样,在有清将近三百年的统治中,较之民人,他们得到了清廷赐予的更多特权和庇护。然而,清朝灭亡之后,他们的心态却不同于老圈庄头。对比本书前面的章节,可以看到,老圈庄头后人,即便当前报的是汉族,但对祖先的记忆始终是"我们是旗人""我们随老罕王过来的"。而投充庄头却自然而然地追随汉人,自然而然地认祖归宗。"燕王扫北""南京大柳树",他们的祖先记忆,完全来自汉人系统,丝毫没有旗人的踪影。

赵世瑜先生对"燕王扫北""大槐树"等传说的解构中,曾说道:

> 我们在有关洪洞大槐树迁民的传说故事中发现了两条族群认同的轨迹。一条是以上面所说的宋代以后北方族群混居的历史为背景的……另一条轨迹则是在清末民国初开始出现的,这时,一方面,初步丧失了可以同化一切异族优越感的中国有了亡国灭种的威胁,

---

① 《庄头处呈稿》,转引自《清代的旗地》(中册),中华书局1989年版,865页。
② 《庄头处呈稿》,转引自《清代的旗地》(中册),中华书局1989年版,882页。

另一方面，西方达尔文的单线进化论和近代民族国家概念也开始传入中国，影响到许多知识精英的思想。对于那些地方的知识精英来说，他们便开始利用自己手中的文化权力，对传统的资源加以改造，他们希望把大槐树从一个老家的或中原汉族的象征，改造成为一个国族的（national）象征……我个人不主张说，这些传说是在这时（笔者案：清末民国初）大批制造出来的（但我想也不会早于清代中叶），但是这些传说的广泛传布，一定与这个时期、与知识精英的推波助澜有关。①

晚清至民国初年，正是各地民众"反满"情绪最为高涨的时期，对那些明代本就是汉人，清代投充入旗的旗人群体来说，他们追根溯源、寻求中原汉族身份的愿望，必然比汉人更为迫切，他们对故事的臆造、对历史记忆的选择也自然更具目的性。

关于"大槐树""燕王扫北"等传说，前人学者们已经做了不少工作，但我个人认为仍有进一步探讨的余地。故事流传的部分地域正是八旗人群集中的区域，诸如华北、东北等地，但学者们却忽略了不少人群在清代曾经投充至旗下的史实。这些人群由汉人成为旗人的身份转变，他们生活在与民人完全不同的八旗制度之下，是处于八旗组织最底层、是介于民人和旗人之间的边缘人群，清末民初，他们又成为民众"反满"的对象，诸如此类的种种因素，会对该地区的族群记忆产生怎样的影响？需要我们进一步思考。

目前，在辛亥革命时期"满汉关系"研究中，学界关注点主要集中在知识精英在话语权上对满汉"民族""国家"的争论，或是诸如汉人大肆屠杀驻防旗人等惨烈事件之上，较多关注京旗以及驻防旗人，对其他旗人群体和其他相关问题研究较少。就如本书所讨论的庄头人群，

---

① 赵世瑜：《祖先记忆、家园象征与族群历史——山西洪洞大槐树传说解析》，载《历史研究》，2006 年第 1 期，第 63 - 64 页。

这群人位居八旗组织底层，世代生活在农村，在大时代中，他们没有掌握话语权的机会。较之同一时代城市人群激进的"排满"氛围，他们的过渡或许相对平静，但并不代表他们没有受到影响。他们需要转变，需要适应时代，或许随众塑造家族记忆，就是他们能够做的一种转变，也是一种自我保护吧。

余论：关于旗人与
民人的一点思考

通过前文论述，可以看到，旗人庄头与汉人地主①，虽然表面看似都富甲一方，拥有大量土地和财产，然而本质上，二者却是完全不同的两种人群。

"庄园"自努尔哈赤时期开始，就是王公贵族、八旗兵丁的私有财产，庄头仅仅是他们从壮丁中挑选出来的，管理庄务的人。说的通俗一些，"庄头"就是一个职务，庄头手下的土地、壮丁均非庄头的个人财产，而属于庄头的主子。比如，皇粮庄头，归内务府管理，其土地属于皇家；王公贵族所属庄头，其土地则归王公贵族个人所有；其他各重要机构，如雍和宫等寺庙的庄头之地，也归该机构所有。所以，理论上，庄头的土地根本不是他个人的，庄头也无权处置个人土地。当然，现实生活中，旗人会采取各种方式偷偷变通，那又是另一个问题。

旗人庄头与汉人地主的根本性差别，就在于八旗庄头统属于八旗制度之下，职务及财产，甚至于"庄头"本人都归其主子所有。汉人地主则归地方州县管理，他们对于土地的所有权与他们所承担的官位无任何关联，其财产属于家族私有。这些根本性的不同，造成了旗人与汉人、旗人家族与汉人家族在生活状态、思维意识上诸多的不同。

---

① 严格来讲，与"旗人"相对的应该是"民人"群体。然而，畿辅地区，民人以汉人为主。同时，较之"民人地主"，"汉人地主"一词更为人们所熟悉，也更符合习惯上的称呼。因此，采用"汉人地主"。下文同，不再赘述。

一、富甲一方与奴才本色：旗人庄头的双重身份

本书一开篇便罗列了民间戏曲、文学中流传的有关庄头形象的描述，富甲一方、为富不仁，称得上是地方一霸。实际上，这只是该群体形象的一个侧面。旗人在清代，虽号称特权阶层，但他们的人身自由却被清廷牢牢掌控。内务府下属包衣旗人又更为特殊，他们世世代代都是主子的奴仆，所受束缚更甚。

以户籍管理为例，相对来说，汉人户籍在清代的管控有所松动。康熙年间，清廷实行摊丁入亩，废除人头税，丁银变为田赋。政府随之放松了户籍控制，汉人的地主家族成员可以自由迁徙，可以改变自己的身份，其行为合理合法，没有制度上的障碍。

但旗人的庄头家族则不然，三年一比丁的人口登记政策，让清廷牢牢控制住庄园人口。比如，顺义地区大营村革退庄头李永春，仅他一人就有 31 份户口册，从同治元年（1862）一直到光绪三十三年（1907），李永春 45 岁到 90 岁，每年一次的人口清查，没有漏掉一次。该家族的人口增加、减少，户口册记载得清清楚楚。类似情况，在我们收集的户口册中大量存在。田野访谈时，老人也曾告诉我们，壮丁需要向庄头报户口。

> 包括王家场的，李遂的，沟北的，柳各庄的，生男孩子必须上他（庄头）这来报户口。[①]

可见，清廷对八旗人丁户口管控之严，直至清末。

人丁身份，一旦被户籍确定下来，就很难改变，会影响到每一个人一生的方方面面。比如，入关前和入关之初，皇庄庄头本人及子孙世代

---

① 访谈时间：2011 年 4 月 25 日；访谈地点：顺义区李遂镇柳各庄村杨大爷家；被访者：杨大爷；访谈者：邱源媛、杨原（中国人民大学）。

被固定于所管理的土地之上，没有从事其他职业和迁徙的自由，也没有任何改变自己和后人命运的机会。康熙后期，政策有所松动，朝廷允许"老圈庄头"参加科举考试，但"投充庄头"却一直未见官方允许其科考的正式政令。可见，即便同为庄头，"皇庄"、"王庄"，"老圈庄"、"投充庄"相互之间，也不允许越界。

旗人庄头及其家族自始至终都是"奴仆"身份，终清一代，从未改变，这与汉人的地主家族存在本质区别。

二、分家而不析产：旗人庄头土地所有权的特殊性①

土地是否属于自己的，这在中国古代社会何其重要。庄头是"奴仆"身份，对土地只有耕作权、使用权，从未有过所有权。即便是使用权，清廷赋予庄头的权力也很有限。

本书中多次提到的"分家"就是非常典型的例子。

> 那时候庄头就转让给西门……西门就是在满清末后期的时候，还有民国以前的这个阶段，他是属于旺门。②
>
> （庄头）转到西门来了，因为当家啊，那地当然就是归这边（西门）了，怎么说就是归西门人掌握了。③
>
> 不是庄头，哪来的地。④
>
> 收上租子，给皇上那儿交租子去，我爷爷那阵儿就这样。我爷爷一死时候，就归我大爷掌管了，我爸爸都不是……就一个人，哥

---

① 邱源嫒："The Eight Banner Manors and the Qing Economy: Property Rights in North China during the Seventeenth Century"（《八旗庄园与清代的经济：十七世纪华北地区的地权问题》），2014 年全美亚洲年会提交论文。

② 访谈时间：2008 年 11 月 15 日；访谈地点：顺义区牛栏山镇下坡屯村商大爷家；被访者：商大爷；访谈者：邱源嫒、邢新欣（中国社会科学院）。

③ 访谈时间：2008 年 11 月 15 日；访谈地点：顺义区牛栏山镇下坡屯村商大爷家；被访者：商大爷；访谈者：邱源嫒、邢新欣（中国社会科学院）。

④ 访谈时间：2008 年 11 月 15 日；访谈地点：顺义区牛栏山镇下坡屯村商大爷家；被访者：商大爷；访谈者：邱源嫒、邢新欣（中国社会科学院）。

们儿都大哥接管，兄弟不能接管。就俺们家，我爸爸分家时，那房屋都没俺们的，没我爸爸的。就归庄头。我们家那么些房子，我那兄弟……都归我大爷的。①

所有的财产都归我大爷接手了。兄弟不能接手，得大的接。这样我大爷就接了这个庄头，像我们家，一切的房产什么都没有俺们的，都是我大爷的，没权利。②

为什么旗人庄头要采取这种家产只传一个儿子的做法？为什么不像汉人家族那样均分家产？这不是庄头的个人行为，而是八旗制度导致的。土地并不属于庄头个人所有，作为一种职位，"庄头"名号不能分割，谁担任"庄头"，谁就拥有全部家产。

看似平常的"分家析产"，实际上，涉及清代庄头管理的核心问题之一，即庄头的承替。原则上，无论是老病、身故，或是缘事革退，庄头无权决定由谁来继承自己，这得由他们的主子说了算。

清代皇庄之所以能够较长时期并稳定地存在发展，是由于有一套比较完整的经营管理方法……对庄头的身份地位、顶补、革退等，都有一些具体的规定，并建立丁档、家谱制度以作为查考的根据。③

这里所说的丁档、家谱，就是户口册。也就是说，官方制定的严格制度，除了控制人口外，还控制了庄头一代又一代的继承、替换。户口册，正为官方提供了考察依据。举个有趣的小例子，目前留存下来的八

---

① 访谈时间：2011年3月31日；访谈地点：顺义区李桥镇北河村村委会；被访者：于大爷甲、于大爷乙；访谈者：邱源媛。
② 访谈时间：2012年6月30日；访谈地点：顺义区李桥镇北河村于大妈家；被访者：于大妈、于大爷；访谈者：邱源媛、邢新欣（中国社会科学院）。
③ 《清代的旗地》"前言"，中华书局1989年版，第3页。

旗官方文书、档案中，"庄头"转换，即便是父子之间的承替，都不用"继承"二字，而用"顶补"一词，非常生动而微妙地体现了其间的关系。

这种官方或者说主子把控的承替方式，导致了庄头的财产只能传给一个儿子，同时，也导致了非庄头直系甚或异姓接替庄头职位的情况频繁出现，尤其在"缘事革退"事例中。"缘事革退"，指庄头在任期间未遵守规定，或因某些事情得罪主子而遭遇革退，这是庄头受到的最严厉的惩罚之一。这样的庄头及其家族，大多发配为奴，命运悲惨。

举一个发生在乾隆年间的真实案例，乾隆四十四年（1779），助马口外的四名皇粮庄头三丫头、邓世忠、嘉宏、刘柱子，因为拖欠租粮而被革退，内务府将他们的家属一共140余口，罚至张思载等其他庄头的名下充当壮丁。这批人数量太多，张思载等庄头不愿意赡养，请求朝廷将他们放出为民，自生自灭。乾隆知道此事后，严厉斥责，下旨说：

> 庄头等或欲图出旗自便，故意拖欠钱粮，罪止革退，而其子孙转得为民，仍可倚以自赡，日后并可考试，幸登仕籍，皆情理所必有，不可不防其渐。嗣后凡获罪革退之庄头，其家属有呈请为民者，除疏远族户准仍照例办理外，其本身及子孙俱应发往打牲乌拉充当苦差，以示惩儆。[①]

乾隆帝对庄头出旗事件的态度非常坚决，要求严加禁止，认为如果这次让他们出旗了，日后想出旗为民的庄头就会仿效他们的做法，故意拖欠钱粮，让其子孙转为民人，并由此参加科举考试，走上仕途之路，这样的事情决不允许发生，必须防止。同时下令，自此而后，如果缘事革退的庄头及家属有要求出旗为民的，将本人及其子孙发往东北极寒疾

---

① 《内务府会计司呈稿》，转引自《清代的旗地》（中），中华书局1989年版，第652—653页。

苦的打牲乌拉①处充当奴仆。发配为奴的案例，在清代的皇粮庄头中，并不少见。

以上事例，无论是家产只传给一个儿子的普遍现象，还是庄头缘事革退发配为奴，或者异姓承替庄头职务的众多事例，在汉人地主家族来说，都是不太可能出现的。中国古代汉人社会是一个"士人"的社会，"士人"与地主阶层紧密相关，地方上的乡绅士人、知识精英往往就是地主。他们出而为仕，家乡族人会依靠他们壮大家族势力。当他们年老、生病或者遇有事端时，大部分人又可辞官回乡，在当地依然享有一定声望，家族也依然是地方上的名门。家族的兴衰，虽然与族人是否为官关系密切，但即便失官，也绝不会像旗人庄头家族那样，一旦失去"庄头"身份，就立刻丧失诸如地位、名誉、土地、家产等所有的东西。由此，汉人地主与地方官府间的关系，既相互利用、相互依存，也相互忌惮，不会像旗人那样，面对主子时，只有奴才的一面，也就极少出现乌进孝对贾珍那样的唯唯诺诺。

旗人庄头与汉人地主的这些差异，以及由此带来下对地方社会、上对官府国家的种种影响，是本研究的切入点，但并不是本书的主题。史书里的庄头，是呆板的，框在制度的条条框框之中，没有血肉。传奇小说、戏曲里的庄头，是夸张而又模糊，在其中，几乎分辨不出他们与汉人恶霸有任何区别。田野中的庄头鲜活而灵动，但却若隐若现，毕竟这已不是当时的记载，而是数百年之后后人的回忆。鲜活的田野调察资料，给予我们发现问题的契机，但呆板的制度才是决定一切的基础。本书的主题不是制度，但制度却是本书的着眼点。

---

① 原为16至17世纪时海西女真乌拉部的乌拉城，在今吉林省吉林市西北乌拉街，东北依丘陵，西南东三面临松花江，当时被称为东陲第一大城。努尔哈赤灭乌拉部之后，在其领地改设打牲乌拉府。打牲乌拉衙门所在地在清代属于皇家领地，该机构的任务是专门为清朝皇室贵族置办东北地区的各种特产，比如：各种上乘裘皮、天然东珠、绿松石、人参药材、各种珍馐鱼肉、名贵山珍、上等猎鹰，等等。打牲乌拉衙门之下有一批专门从事这些工作的旗人，在清代被称为"乌拉牲丁"。

三、漠视与淡忘：旗人民众的历史记忆

旗人与民人的差异，是我在从事这项研究时，所怀有的一根从不敢忽略的思维神经。清代畿辅地区是华北地区的重要组成部分，金、元以降，华北成为国家的政治中心，国家权力对该地区基层社会的渗透与其他地区有着显著区别。近年来，历史学家和人类学家在华北区域史的研究中，逐渐开始重视和强调国家的或者官府的力量投射，强调华北研究中的"国家干预"成为学者们的共识。相对民人而言，置身八旗制度下的旗人，显然得到了更多的国家庇护，相应的，所受人身束缚也更为严格。国家权力在旗人和民人社会的不同渗透方式，对清代华北农村基层社会产生了深刻影响。

遗憾的是，当前研究华北地区的学者，却在某种程度上忽略了生活在这片土地上的旗人群体，华北区域史研究体系中，有意识地探讨旗人群体的成果较少。① 同时，由于历史和现实的原因，老百姓们，包括该群体自身也开始淡忘其祖先的旗人身份，纷纷改报汉族。这种来自学界和民间的双重"淡忘"，使我们在认识清代八旗制度（尤须强调的是，这是中原腹地的而非边疆地区的八旗群体）以及华北社会时极易产生盲点。如果以今天的华北来反观清代的华北，很容易将历史割裂开来，甚至会以为清代华北地区的庄头与如今的乡间民众是不相干的两类人群，从而忽略了这一特殊人群在清代曾经入旗的历史，也会对华北地区的旗人群体以及满汉交往，乃至整个华北农村社会的诸多问题，做出错误的判断。

这本小书是关于北京郊区庄头旗人后裔的口述历史，我们的兴趣并不在于老人的回忆是否确切，而在于他们如何看待祖先、如何记忆历史。这些老人大部分出生于民国中前期，即 20 世纪 20 年代至 30 年代，这一阶段正是所谓民国初期"国族"建构的时期。以往学界对"国族"

---

① 刘小萌《清代北京旗人社会》是该领域的一部力作，中国社会科学出版社 2008 年版。

建构的关注点多集中在上层知识精英层面，实际上，下层百姓也有他们自己的建构方式（赵世瑜先生等学者的研究在这方面做了很多开拓性的工作①），而底层旗人正是其中不可忽略的一支力量。从族群构成来说，"旗人"正是清末民初关于"民族"争论之中风口浪尖的焦点人群；从地域来说，他们占据了东北、华北、各地驻防点以及边疆要塞的重要地理位置。因此，该时段的旗人们（包括上层精英旗人和底层旗丁），如何描述自己的祖先、如何记忆历史，实则对今天这些地区的民族意识、文化趋同有着重要的影响。

民间百姓建构的历史，虽不及精英们在大时代变革中的言论那么显著、那么激烈、对当世当代的影响那么巨大，但却似乎更为绵长久远，就像一股潜流，不知不觉中汇集而成，缓缓延续着，不似惊涛骇浪，却不曾间断。如今，或许大部分人已忘却了 20 世纪初那场激烈的"国族"论争，但"我们随老罕王过来的""燕王扫北带过来了"等说法却根深蒂固地长在村村落落老百姓的心里，这个问题值得我们反思。

本书所引出的旗人庄头与汉人地主的区别，并借此探讨清代畿辅地区旗人社会与民人社会的差异以及由此产生的种种问题，是这项研究带给笔者最为有趣、最为重要的启示，也是最可延展的研究方向。"寻找"是"庄头"故事的开始、故事的发展脉络，但却不是故事的结束。"庄头"的故事远没有结束，它仍吸引着笔者继续向前探索，而下一段故事的篇章也已悄然地拉开了序幕。

*　　　　*　　　　*

本书的整个研究、写作过程，得到了很多先生的帮助。定宜庄先生既是我研习清史的授业恩师，又是我尝试口述史研究，迈入社会史学术领域的引路人。我在研究道路上的每一步进展，都倾注了她的心血，感激之情，难以言表。

---

① 参见赵世瑜：《祖先记忆、家园象征与族群历史——山西洪洞大槐树传说解析》，载《历史研究》2006 年第 1 期。

感谢中国社会科学院郭松义先生、刘小萌先生，台湾"中研院"赖惠敏先生，中国人民大学胡鸿保先生，北京大学杨善华先生，南开大学张思先生，师妹邢新欣，师弟杨原、张建，以及中国社会科学院历史研究所社会史研究室的各位同仁对我的指导与帮助。

谢谢北京出版集团的诸位先生在出版过程中，所做的辛苦工作。

特别感谢我的家人，感谢你们与我一起分享了研究中所有的苦与乐，陪着我在学术道路上一点点成长，感谢你们给予我的支持和爱！

参考书目

档案类

《清代谱牒档案》，藏于中国第一历史档案馆。

《顺义县档案》，藏于北京市顺义区档案馆。

《盛京内务府粮庄档案汇编》，辽宁省档案馆编译，辽沈出版社1993年版。

《清代的旗地》，韦庆远、刘守怡等编，中国人民大学清史研究所、档案系中国政治制度史教研室，中华书局1989年版。

文献类

《清世祖实录》，中华书局1985年版。

《钦定内务府现行则例》，清文璧等纂清咸丰内务府抄本，《故宫珍本丛刊》，海南出版社2000版。

《总管内务府会计司现行则例》，清同治元年内务府抄本，《故宫珍本丛刊》，海南出版社2000版。

《钦定总管内务府现行则例》，清内务府编道光二十年武英殿续刻本，《故宫珍本丛刊》，海南出版社2000版。

［清］道光朝《钦定总管内务府现行则例》，中国科学院图书馆藏善本。

［清］吴振棫：《养吉斋余录》，中华书局2005年版。

［日］《中国农村惯行调查》，岩波书店。

［清］周家楣、缪荃孙编纂：《光绪顺天府志》第三册，北京古籍出版社1987年版。

　　［民国］《顺义县志》，中国方志丛书，成文出版社印行 1968 年版。

　　［明］嘉靖《霸州志》，天一阁藏明代地方志选刊，上海古籍书店 1981 年版。

　　［民国］《霸县新志》，中国方志丛书，成文出版社印行 1968 年版。

　　［清］乾隆《饶阳县志》，中国方志丛书，成文出版社印行 1968 年版。

　　［清］乾隆《宝坻县志》，中国方志丛书，成文出版社印行 1968 年版。

　　［清］康熙《大兴县志》，中国方志丛书，成文出版社印行 1968 年版。

　　［清］光绪《畿辅通志》，中国方志丛书，成文出版社印行 1968 年版。

　　［清］曹雪芹：《红楼梦》，中华书局 2005 年版。

研究著述

　　定宜庄：《清代八旗驻防研究》，辽宁民族出版社 2003 年版。

　　定宜庄、郭松义、李中清、康文林：《辽东移民中的旗人社会——历史文献、人口统计与田野调查》，上海社会科学院出版社 2004 年版。

　　郝时远主编：《田野调查实录》，社会科学文献出版社 1999 年版。

　　胡鸿保主编：《中国人类学史》，中国人民大学出版社 2006 年版。

　　金启孮：《北京城区的满族》，内蒙古大学出版社 1989 年版。

　　金启孮：《北京郊区的满族》，内蒙古大学出版社 1989 年版。

　　刘家驹：《清朝初期的八旗圈地》，文史哲出版社 1964 年版。

　　刘绍棠：《蒲剑》，《刘绍棠文集》，北京十月文艺出版社 2000 年版。

　　刘小萌：《满族的社会与生活》，北京图书馆出版社 1998 年版。

　　刘小萌：《清代北京旗人社会》，中国社会科学出版社 2008 年版。

　　王建民等：《中国民族学史》，云南教育出版社 1998 年版。

　　王立群：《民国时期河北旗地的管理（1912—1934）》，河北大学硕士学位论文 2006 年。

邢新欣：《清代的王庄》，中国社会科学院历史研究所博士论文2009年。

赵令志：《清前期八旗土地制度研究》，民族出版社2001年版。

赵世瑜：《小历史与大历史——区域社会史的理念、方法与实践》，生活·读书·新知三联书店2006年版。

[日] 滋贺秀三：《中国家族法原理》，张建国等译，法律出版社2003年版。

学术论文

定宜庄、胡鸿保：《寻找满族——思考"少数民族社会历史大调查"及其影响》，载《清华大学学报》，2009年第2期。

定宜庄、邱源媛：《清初"浑托和"考释》，载《燕京学报》新二十八期，2010年5月。

定宜庄、邱源媛：《旗民与满汉之间：清代"随旗人"初探》，载《清史研究》，2011年第1期。

刘小萌：《从房契文书看清代北京城中的旗民交产》，载《历史档案》1996年第3期。

邱源媛、定宜庄：《下坡屯的老商家》，载《"区域、跨区域与文化整合"社会史国际学术研讨会论文集》，天津人民出版社2012年版。

邱源媛："Household Registration Booklets of the Estate Stewards under the Imperial Household Department：Population Registers and Genealogies"（《清代内务府庄头户口册：丁册与家谱》），载韩国首尔大学《东亚家庭人口学会议》论文集，2012年1月。

邱源媛：《清代畿辅地区内务府皇庄的征纳》，载《纪念王锺翰先生百年诞辰学术文集》，中央民族大学出版社2013年版。

邱源媛："The Eight Banner Manors and the Qing Economy：Property Rights in North China during the Seventeenth Century"（《八旗庄园与清代的经济：十七世纪华北地区的地权问题》），2014年全美亚洲年会提交论文。

邱源媛：《清代畿辅地区内务府庄头户口册研究》，载《中国社会科学院历史研究所学刊（第九集）》，商务印书馆 2015 年版。

王锺翰：《清代八旗中的满汉民族成分问题》，载《王锺翰学术论著自选集》，中央民族大学出版社 1999 年版。

王锺翰：《清代旗地性质初探》，载《王锺翰学术论著自选集》，中央民族大学出版社 1999 年版。

韦庆远：《论"八旗生计"》，载《社会科学辑刊》，1990 年第 5 期、第 6 期。

韦庆远：《〈庄头家谱〉与清代对旗地的管理》，载《中国社会经济史研究》，2001 年第 2 期。

杨学琛：《清代旗地的性质及其变化》，载《历史研究》，1963 年第 3 期。

赵文铎：《建国以来清代八旗土地制度研究综述》，载《北华大学学报》，2006 年 6 月。

赵令志：《京畿驻防旗地浅探》，载《清史研究》，1999 年第 3 期。

赵令志：《清代直省驻防旗地浅探 》，载《黑龙江民族丛刊》，2001 年第 2 期。

赵令志：《论清初畿辅的投充旗地》，载《河北学刊》，2002 年第 1 期。

赵世瑜：《祖先记忆、家园象征与族群历史——山西洪洞大槐树传说解析》，载《历史研究》，2006 年第 1 期。

周远廉、杨学琛：《关于清代皇庄的几个问题》，载《历史研究》，1965 年第 3 期。

《庄头之报酬（保定所属各县习惯）》，载《法律评论（北京）》，1925 年第 103 期。

索　引

B

C

潮白河/8，9，32，49，109，141，193，196，197，220

陈厨营/150，228，230，231，232，233，234，240，241，243，247，248，249，251，252，253

从龙入关/21，115

D

大槐树/117，143，235，236，253，254，263，268

大粮庄头/2，10，12，13，98，181

大营村/13，31，176，177，178，179，180，181，182，183，184，185，186，187，188，190，191，193，257

带地投充/24，191，241，242

地主/2，7，46，71，77，85，86，88，89，90，92，94，95，96，97，100，129，147，157，161，162，164，165，168，174，175，183，185，195，198，202，213，218，222，223，224，225，226，245，256，257，258，261，263

丁册/10，11，29，38，52，58，122，139，191，248，267

都虞司/22，24，25，193

E

二等庄头/28

G

沟北/13，107，108，109，116，119，138，139，140，141，142，143，144，146，147，205，206，207，208，257

管理三旗银两庄头处/193

管领/10，11，21，22，24，25，38，51，52，58，107，108，122，

139，181

官庄/19

H

汉军/16，21

汉人/7，19，22，23，24，25，71，76，78，79，81，137，144，152，153，155，156，157，158，189，190，236，242，243，247，253，254，256，257，258，259，261，263

汉族/1，17，33，80，98，101，102，103，104，108，136，147，148，149，150，183，186，187，189，234，236，237，253，254，262

行辈字/11，12，38，39，65，66，88，107，117，118，141，180，181，194，195，238，239，249

河北/2，13，14，17，27，28，29，79，85，136，150，168，228，229，230，231，232，236，243，251，266，268

红楼梦/4，6，7，266

后营村/14，230，232，236，243

户口册/10，11，12，13，17，24，25，26，27，28，29，30，31，36，38，39，40，51，52，58，64，65，67，84，106，107，113，117，118，119，120，122，129，132，135，139，140，141，143，150，157，176，177，178，181，191，193，206，231，233，236，242，247，248，249，250，257，259，267，268

华北/20，43，69，157，158，182，193，245，254，258，262，263，267

皇粮庄头/1，2，3，4，5，6，7，10，16，17，20，21，25，31，34，35，39，44，82，113，114，150，177，185，187，188，189，190，223，241，242，256，260，261

后裔/2，7，8，9，13，109，231，262

271

J

畿辅/2，6，9，11，14，17，19，20，21，25，26，28，29，248，250，256，262，263，266，267，268

家谱/11，12，13，40，41，42，51，81，98，120，121，122，132，134，141，144，145，146，191，192，206，208，234，237，238，239，241，243，247，248，249，250，251，252，259，267，268

京郊/1，2，5，7，9，13，14，17，33，107，193，228，230，262，266

军户/232，233

K

口述/9，12，13，14，21，31，34，65，66，68，69，98，134，137，139，157，193，249，253，262，263

会计司/10，13，21，22，27，28，38，52，58，68，83，84，106，107，122，139，181，193，260，265

L

老罕王/18，113，116，206，253，263

老圈庄/6，21，22，24，25，26，27，28，29，115，253，258

老圈庄头/6，21，22，24，25，26，27，28，29，115，253，258

李桥/13，17，18，107，109，110，111，112，114，117，119，129，130，131，138，143，147，148，149，151，160，190，193，196，197，206，259

李遂/13，14，18，83，85，107，109，110，116，119，132，138，141，142，147，164，167，169，181，190，205，207，208，214，218，223，224，227，257

M

N

T

W